W0306419

BRITNEY

DU MÊME AUTEUR

Ariana Grande, L'Archipel, 2021.
Harry Styles, Hauteville, 2021.
One Direction, la véritable histoire, City, 2013.

DANNY WHITE

BRITNEY

LA BIOGRAPHIE NON AUTORISÉE

traduit de l'anglais
par Sebastian Danchin

l'Archipel

Cet ouvrage a été publié en 2022 sous le titre
Britney, Breaking Free,
par Michael O'Mara Books Limited,
6 Lion Yard, Tremadoc Road, Londres SWA7NQ.

Notre catalogue est consultable à l'adresse suivante :
www.editionsarchipel.com

Éditions de l'Archipel
92, avenue de France
75013 Paris

ISBN 978-2-8098-4625-6

Copyright © Danny White, 2022.
Copyright © L'Archipel, 2024, pour la traduction française et l'épilogue.

INTRODUCTION

Lorsque Britney Spears a été libérée en 2021 de la mise sous tutelle dont elle faisait l'objet, les journalistes massés devant le tribunal ont demandé à son avocat à quelle date on pouvait espérer un nouveau disque de la pop star. L'intéressé a répondu par une formule lapidaire qui résumait bien la situation : « C'est à elle de décider. »

Britney attendait depuis une éternité de reprendre en main son destin, cependant la question qui se posait n'était pas tant de savoir ce qu'elle ferait à l'avenir, mais ce qui s'était passé avant et pendant cette période. Cette icône de la musique pop, pourtant connue pour son caractère tranché et son franc-parler, avait été soumise des années durant à un régime particulièrement draconien. Non content de décider de tout pour elle, jusqu'à la couleur de ses meubles de cuisine, son père l'avait placée, contre sa volonté, dans un établissement psychiatrique. Britney était dans l'incapacité de s'offrir une tasse de café sans devoir se justifier. Elle-même considérait le traitement auquel elle était soumise comme une forme de « traite sexuelle ». Restait à comprendre comment on avait pu en arriver là, quels démons avaient pu l'entraîner dans une spirale aussi destructrice.

La carrière de Britney a toujours été marquée par de fortes contradictions. Dès ses débuts, alors qu'elle tentait de percer dans la chanson, les magnats du disque ont été fascinés par le contraste violent entre son parcours d'adolescente chrétienne sage dans le Sud traditionaliste et son image de nymphe sulfureuse. Les paroles ambiguës de son tout premier succès, « ...Baby One More Time », avaient des connotations masochistes, et on la voyait danser de façon lascive en uniforme de collégienne dans le clip qui accompagnait la chanson. La première fois qu'on l'a découverte à la une d'un grand magazine, elle posait sur un lit dans une posture érotique, entourée de jouets d'enfant. Elle était tout juste âgée de dix-huit ans à l'époque.

Pendant des années, Britney a insisté sur sa virginité dans ses interviews, en dépit du contenu provocateur de ses chansons et de ses clips. Elle jouait sur les deux tableaux, ce qui lui a valu l'adulation du grand public. Il est toutefois difficile de jouer un tel jeu sans en payer le prix, et Britney a fini par se lasser de l'obsession des médias au sujet de sa sexualité. Elle trouvait dérangeantes les questions qu'on lui posait invariablement à ce sujet, tout comme elle a très mal vécu la façon dont les médias ont fait peser sur ses épaules la responsabilité de sa séparation avec Justin Timberlake. Dès 2002, Britney a commencé à montrer des signes de lassitude, comme si sa passion s'était éteinte, et elle n'a pas tardé à craquer sous le regard inquisiteur de la presse populaire.

Elle s'est mariée à Las Vegas à la suite d'une beuverie, puis elle a divorcé cinquante-cinq heures plus tard lorsque sa famille et son manager ont compris avec effroi que ce conjoint sorti de nulle part avait accès à sa fortune. Elle s'est rasé la tête en direct sous l'œil des caméras, et s'en est prise à la voiture d'un photographe à coups de parapluie. À l'époque, elle enchaînait les cures de désintoxication. Ses parents, tous deux frappés par des tragédies lorsqu'ils étaient enfants, ne cachaient pas leur inquiétude pour elle. Certains membres de l'entourage de leur fille les inquiétaient et ils se faisaient du souci pour leurs petits-enfants.

Tout au long de sa période de tutelle, les nouvelles contradictions qui sont apparues ont dérouté les fans. Britney, véritable bourreau de travail, passait son temps en studio, sur scène, ou en promotion, enchaînant les concerts à Las Vegas. Mais alors qu'elle donnait d'elle l'image d'une artiste stable et active, ses tuteurs insistaient sur sa vulnérabilité de façon à justifier leur emprise sur elle.

Tout le monde croit connaître Britney Spears. Ses premiers fans l'ont vue grandir après avoir assisté à son arrivée dans l'arène musicale en 1998, tandis que les plus jeunes la connaissent depuis leur naissance. Britney a vendu plus de cent cinquante millions de disques et monopolise depuis ses débuts l'attention des médias. On a pu l'admirer à son zénith, lorsqu'elle arpentait les plus grandes scènes, mais aussi à son nadir, lorsqu'il a fallu lui enfiler une camisole de force pour la conduire dans un établissement psychiatrique.

La princesse de la pop a vu de nombreuses stars monter au firmament avant de s'étioler. En 1998, à l'époque de son premier single, elle côtoyait dans les hit-parades des artistes tels que Boyzone, All Saints et Aqua, oubliés depuis. Quant aux vedettes avec lesquelles elle partage la scène aujourd'hui, elles étaient encore inconnues lorsque Britney effectuait ses débuts : Adele avait dix ans, Harry Styles quatre, et Billie Eilish n'était pas née. Cela n'empêche pas Britney de continuer à rythmer nos vies avec ses chansons, et de fasciner les médias.

Pour des millions de gens, Britney fait quasiment partie de la famille, mais la connaissons-nous vraiment ? Au regard de sa résilience artistique, de l'ampleur de son succès et des drames qui ont marqué son parcours, il faut voir en elle une icône comparable à Marilyn Monroe ou Lady Di au lieu de la mesurer aux étoiles filantes du show-biz actuel. À l'image de Marilyn et de Diana, son image déborde le cadre du domaine qui l'a rendue célèbre. Elle symbolise le poids que fait peser le succès sur les épaules des vedettes féminines.

En dépit des scandales, des drames et des obstacles qu'elle a connus, Britney n'en garde pas moins le cap contre vents et marées. Le monde de la chanson et du spectacle a beau être impitoyable, cela fait maintenant près d'un quart de siècle qu'elle se maintient tout en haut de l'affiche. Par le passé, de nombreuses divas se sont vantées, en interview ou dans leurs chansons, d'être des survivantes, mais Britney l'a fait sous nos yeux.

Encore faut-il se glisser dans les coulisses de sa vie si l'on entend comprendre comment elle a pu accomplir un tel exploit. Qui est vraiment Britney Spears ? Comment trier entre vérités et mensonges dans la profusion de gros titres de la presse populaire ? Comment en est-elle arrivée à être placée sous tutelle, et comment en est-elle sortie ? En racontant son parcours, le présent ouvrage s'efforce de répondre à ces interrogations.

I

UNE FILLE PRESSÉE

À deux ans, Britney prenait déjà des cours de danse et débutait sur scène comme chanteuse à quatre. À cinq, elle chantait des heures durant dans la salle de bains familiale devant ses peluches et ses poupées. À six, elle participait à son premier concours. Britney a toujours été une fille pressée.

Britney Jean Spears est née le 2 décembre 1981 au sein d'une famille sudiste de confession baptiste. Sa mère, Lynne, était fille d'un éleveur laitier et dirigeait une crèche. Elle a connu Jamie Spears, le père de Britney, au lycée, et le couple s'est marié à vingt et un ans. Leur première année de vie commune a été « idyllique », ainsi que l'écrit Lynne dans des mémoires, intitulés *Britney Spears' Heart to Heart*[1], écrits à quatre mains avec Britney. Les Spears ont brièvement vécu en Floride où ils se sont constitué un petit pécule, mais leur histoire n'avait rien d'un conte de fées. Lynne s'était amourachée de Jamie avant de l'épouser, mais c'est seulement au cours de leur première année de mariage qu'elle a appris à l'aimer vraiment.

---

1. Britney et Lynne Spears, *Britney Spears' Heart to Heart*, Three Rivers Press, 2000 (non traduit en français). (*Toutes les notes sont du traducteur.*)

Lorsqu'elle est tombée enceinte, Jamie et elle ont accueilli la nouvelle avec joie. Il s'est montré aux petits soins pour elle tout au long de la grossesse, satisfaisant ses envies de glaces, de barres chocolatées, de poulet frit, de poires et de fromage blanc. Neuf mois après leur mariage naissait un fils prénommé Bryan. Lynne s'est d'abord inquiétée de ce que l'on pourrait dire dans son entourage, l'arrivée de ce garçon étant survenue aussi rapidement après le mariage, mais elle a bientôt embrassé avec ferveur son rôle de mère.

Britney est arrivée dans la foulée. L'accouchement a duré vingt et une heures, mais sa mère ne lui en a jamais tenu rigueur, trop heureuse que tout se soit finalement bien passé. Les Spears vivaient alors à Kentwood, au cœur de la Louisiane rurale. « Un patelin minuscule », à en croire Britney. Jamie travaillait dans le bâtiment, mais à mesure que Britney grandissait, les emplois dans ce secteur se raréfiaient et Jamie était contraint de chercher du travail toujours plus loin.

Kentwood avait beau être un endroit modeste, les Spears s'y sentaient chez eux. « Ce n'était pas vraiment la capitale de l'exotisme, ainsi que l'a écrit plus tard Lynne. Il y avait un café, la bijouterie Connie's Jewellers, quelques magasins proposant des produits bon marché, et un drive-in Sonic où tout le monde se retrouvait[1]. »

Jamie Lynn, la petite sœur de Britney, a raconté par la suite que tout le monde se connaissait par son nom et se saluait à Kentwood. « Le genre d'endroit où chacun sait tout sur les autres[2] », ajoute-t-elle dans ses mémoires,

---

1. Lynne Spears, *Through the Storm*, Thomas Nelson, 2010 (non traduit en français).
2. Jamie Lynn Spears, *Things I Should Have Said*, Worthy Books, 2022 (non traduit en français).

Things I Should Have Said. En 2022, Kentwood compte 2 448 habitants et Britney en est l'enfant la plus célèbre.

Jamie et Lynne ont tout fait pour donner à Britney un cadre de vie agréable. Le salon, avec sa moquette beige et son canapé bleu, accueillait un piano grâce auquel Britney s'accompagnait lorsqu'elle chantait et autour duquel elle aimait danser, s'exerçant aux sauts périlleux arrière.

Lorsque Britney avait « à peu près deux ans », raconte Lynne, elle a pris ses premiers cours de danse à la Renee Donewar School of Dance. La maman, très fière, se souvient que Britney, toute mignonne avec son tutu et ses ballerines, dirigeait déjà les autres enfants dont la plupart sortaient à peine de la petite enfance.

Lynne était ravie de son « adorable petite poupée », comme elle le raconte dans ses souvenirs, usant d'une expression qui annonce inconsciemment la façon dont sa fille sera transformée en objet avec l'arrivée du succès. Le destin de Britney a toujours été de devenir une star. À en croire Lynne, quand Britney avait « un an ou deux », elle posait déjà sur les photos, « les mains sur les hanches, avec une moue boudeuse[1] ». Britney deviendra par la suite l'une des stars les plus photographiées au monde.

Ses proches estiment que Britney tire son talent musical de sa famille maternelle anglaise. Sa grand-tante Joan Woolmore a expliqué au *Daily Mail* qu'elle et sa sœur, Lilian, la grand-mère de Britney, tout en ayant connu une « jeunesse modeste », n'en aimaient pas moins « danser et jouer de la musique ». À l'entendre, leur père mettait de l'argent de côté pour leur permettre de prendre des cours de danse et de piano. Les deux sœurs ont ainsi appris la musique à l'opéra royal de Covent Garden. « On était championnes de jitterbug », se souvient Joan.

1. Lynne Spears, *op. cit.*

Lors d'un séjour en Angleterre, Lynne a fait la connaissance de sa tante Joan et de son oncle Archie. « J'étais pleine d'admiration pour la vie en Angleterre, écrit-elle dans *Heart to Heart*. En prenant le thé avec le reste de la famille dans le jardin des Woolmore, j'ai pu m'apercevoir que les Anglais avaient le plus grand respect pour l'éducation et les voyages, estimant que ceux-ci contribuaient largement à l'éducation[1]. »

La future chanteuse a grandi dans une chambre aussi petite qu'encombrée, notamment par le nombre impressionnant d'ours en peluche et de poupées qu'elle possédait. Elle les emportait dans la salle de bains où elle leur offrait des spectacles de danse et de chant. La présence d'un grand miroir lui permettait de se regarder pendant qu'elle se produisait devant ses jouets. Perchée sur le rebord de la baignoire, elle était fascinée par son propre show. Britney aura été la toute première fan de Britney, s'entraînant à sourire et à envoyer des baisers à un public imaginaire.

Lynne n'hésitait pas à effectuer un trajet de cinquante kilomètres en voiture jusqu'à la petite ville de Hammond, à mi-chemin entre Kentwood et La Nouvelle-Orléans, où Renee Donewar enseignait la danse classique. Le ballet n'était pas un simple hobby pour Britney qui prenait cet apprentissage très au sérieux. Elle apprenait plus vite que les autres, remportait tous les prix et n'avait aucune patience avec les filles qui ne se donnaient pas autant de mal qu'elle. De nombreux critiques musicaux ont écrit par la suite que Britney était meilleure danseuse que chanteuse. Quelles que soient les opinions des uns et des autres, il n'en reste pas moins que ces premiers cours lui ont permis de maîtriser l'art de la danse. C'est aussi

1. Britney et Lynne Spears, *op. cit.*

dans ce cadre qu'elle a pu manifester pour la première fois son extraordinaire capacité de travail.

Britney avait quatre ans lorsque sa prof de danse lui a demandé de danser en solo lors d'un récital. « J'ai assisté à l'événement, très fière comme on peut s'en douter, écrit la mère de Britney. En même temps, je me demandais vraiment d'où elle tenait son talent[1]. » Lynne était prête à tout pour soutenir sa « Brit ». « Quel meilleur moyen de donner un sens à sa vie qu'en aidant un enfant à donner un sens à la sienne[2] ? » C'est précisément le rôle auquel s'est consacrée Lynne en aidant Britney à nourrir sa passion pour la musique.

La petite fille, très sportive, aimait également jouer au basket les soirs d'été. Elle était meneuse de son équipe à l'école et portait le numéro 25 sur son maillot. « J'adorais ça, explique-t-elle dans *Heart to Heart*. J'aurais passé des nuits entières à jouer au basket si j'avais pu, mais il fallait que je me lève tôt pour aider ma grand-mère dans son épicerie[3]. » Également gymnaste émérite, Britney pratiquait ce sport cinq soirs par semaine.

Elle se perfectionnait à la maison, enchaînant inlassablement les sauts périlleux arrière et d'autres mouvements grâce à la poutre installée par son père à son intention. Elle participait localement à diverses compétitions, et s'est même inscrite à un stage d'été organisé par l'entraîneur olympique Béla Károlyi[4]. Ce dernier a gardé de Britney le souvenir d'une « petite fille qui était dans l'excellence ». Avec le temps, Britney a toutefois compris que

1. Lynne Spears, *op. cit.*

2. *Idem.*

3. Britney et Lynne Spears, *op. cit.*

4. Károlyi a notamment entraîné Nadia Comăneci avant d'émigrer aux États-Unis en 1981.

la gymnastique perdait de son attrait pour elle à mesure qu'elle gravissait les échelons de ce sport.

Elle a expliqué à sa mère que la vie de gymnaste était trop dure pour elle et qu'elle préférait consacrer toute son énergie à la danse. Lynne elle-même commençait à éprouver des doutes pour avoir vu de jeunes gymnastes passer leur temps à se peser et à s'affoler chaque fois qu'elles prenaient cinq cents grammes. Après un moment d'hésitation, Lynne a fini par accepter, estimant qu'il était important de se fier à l'instinct de sa fille.

À force de discuter entre elles, Lynne et Britney devenaient très proches. Au sein de la famille, les affinités et les similitudes entre la mère et la fille frappaient tout le monde. « Britney disait quelque chose, et ça me rappelait Lynne au même âge[1] », raconte Sandra, la tante de Britney, dans *Heart to Heart*.

Lynne se souvient très précisément du jour où elle a compris que Britney avait vraiment une voix. L'enfant jouait au trampoline dans le jardin en chantant une chanson de Sinéad O'Connor au rythme de ses sauts. Elle rebondissait très haut chaque fois que la mélodie s'envolait dans les aigus, et cette chorégraphie chantée, improvisée avec talent, a convaincu Lynne que sa fille était incroyablement douée.

Elle n'a pas immédiatement tiré les conclusions de ce constat. Lors d'un entretien avec Oprah Winfrey, Lynne a volontiers reconnu que de nombreuses mères de famille ont tendance à exagérer le potentiel de leurs enfants. « C'est vrai, et c'est même pour cette raison qu'il m'a fallu du temps, expliquait-elle à cette occasion. J'ai pris conscience qu'elle était différente quand elle avait environ quatre ans. Elle en avait sept quand j'ai vraiment compris

1. Britney et Lynne Spears, *op. cit.*

que c'était une vedette en herbe. Elle était plutôt timide de nature, mais il suffisait qu'elle monte sur scène pour se métamorphoser du tout au tout. »

De son côté, Britney s'est souvenue par la suite, lors d'une interview sur MTV, combien elle aimait se produire pour les relations de sa mère. « Je passais mon temps à danser chaque fois qu'elle invitait des amis, au point qu'elle me disait : « Tais-toi donc un peu, Britney. Tu ne vois pas qu'il y a du monde ? » Je passais mon temps à me donner en spectacle. » Il n'était pas rare que les invités soient persuadés d'entendre la radio tant elle chantait bien. Quant à Lynne, elle se souvient que Britney se vexait « si on ne laissait pas tout tomber pour la regarder[1] ! ».

La mère et la fille, portées par cette connivence, sont devenues très proches. Dans *Heart to Heart*, Britney note qu'elle partageait avec sa mère « quelque chose de rare ». Elle ajoute : « En grandissant, j'ai connu tellement de filles qui passaient leur temps à se chamailler avec leur mère. À propos de tout : les garçons, les fringues, l'heure à laquelle elles devaient rentrer le soir. Et ça me rendait triste[2]. » Dans le même ouvrage, Lynne écrit qu'elle irait « sur la Lune pour sa fille, et réciproquement ».

À l'âge de quatre ans, Britney a troqué ses peluches et ses poupées contre un véritable auditoire : les fidèles de l'église protestante fréquentée par ses parents, la First Baptist Church. La Greenlaw Church était plus proche du domicile familial, mais c'est à la First Baptist qu'elle a chanté en public pour la première fois.

Ce jour a beaucoup compté pour elle. Britney chantait déjà au sein de la chorale d'enfants, mais elle a été prise par le trac au moment d'interpréter son premier solo

1. Lynne Spears, *op. cit.*
2. Britney et Lynne Spears, *op. cit.*

lors de l'office de Noël. Elle a interprété *What Child Is This?*, un hymne célébrant la naissance du Christ dont la mélodie est empruntée à *Greensleeves*[1].

Britney a montré de quoi elle était capable, la tête penchée sur le côté. « Elle a stupéfié tout le monde[2] », écrit Lynne en expliquant que la ville ne tarissait pas d'éloges sur cette petite fille « incroyable ». Le reste de la planète n'allait pas tarder à suivre cet exemple.

Comme le dit sa professeure de chant, Britney avait « du coffre » lorsqu'elle était petite. Il faut bien reconnaître que la future star ne s'était pas choisi n'importe quelles modèles. « J'admirais énormément Whitney Houston, s'est-elle confiée plus tard au magazine professionnel *Variety*. Pour moi, c'était la reine. Sinon, il y avait aussi Janet Jackson. Mon Dieu ! » Britney était également fan de Madonna et de Mariah Carey. Lorsque la petite fille était seule en voiture avec sa mère, Lynne mettait la radio à fond et Britney chantait en même temps. Son admiration pour Madonna, durable, a marqué sa carrière dans diverses circonstances, notamment lorsque les deux stars de la pop se sont embrassées lors d'une cérémonie de remise de prix, mais aussi lorsque Madonna a apporté son soutien à sa cadette à l'époque où elle se battait contre sa mise sous tutelle.

Britney a poursuivi son chemin en chantant lors des fêtes scolaires, en particulier le jour de la fête des Grands-Parents où elle a interprété l'hymne national américain, ou bien encore lors d'un pique-nique organisé par l'école.

---

1. À en croire la légende, cette célèbre chanson populaire anglaise aurait été composée au début du XVIe siècle par le roi Henri VIII, mais son existence n'est attestée que plus tardivement, à l'époque de la reine Elizabeth Ire.
2. Lynne Spears, *op. cit.*

Elle avait six ans lorsqu'elle a participé à son premier concours de chant, à l'occasion de la fête des éleveurs laitiers de Kentwood. Adorable avec un chapeau haut de forme sur la tête et une canne serrée dans son poing, elle a gagné haut la main.

Lynne se souvient d'avoir été fière de cette victoire, mais plus encore de sa maîtrise de la scène. Britney a enfoncé le clou en remportant une compétition autrement plus importante, un concours de talents régional, face à des concurrentes venues de toute la Louisiane, mais aussi du Texas, de l'Alabama et du Mississippi.

À l'époque, Britney fréquentait la Parklane Academy, une école privée située dans la petite ville voisine de McComb, Mississippi, dont la devise était « l'excellence en matière d'éducation chrétienne ». Cet établissement était assez récent puisqu'il avait ouvert ses portes dans les années 1970. Il se limitait à un bâtiment en tôle ondulée de plain-pied. L'enseignement qu'on y donnait était profondément marqué par la religion. Même les exercices de maths se référaient à des histoires tirées de la Bible. La journée débutait chaque matin à huit heures par la lecture d'un passage des Écritures. Les enseignants étaient eux-mêmes issus d'organisations chrétiennes telles que le mouvement True Love Waits prônant l'abstinence avant le mariage. Ils enseignaient aux élèves le créationnisme dans des salles de classe aux murs décorés de crucifix.

Les enseignants recommandaient à Britney et ses camarades de « remercier Dieu pour ses bienfaits », ajoutant que « si l'on fait don à Dieu du meilleur de soi, il pourvoira au reste ». L'uniforme de l'école, rouge et bleu avec une lettre P brodée, était infiniment plus austère que celui porté par la chanteuse lorsqu'elle a tourné le clip de son premier succès, « ...Baby One More Time ». Chaque matin, elle montait dans un bus scolaire jaune afin de rejoindre l'école, à vingt-cinq minutes de route de la maison de ses parents. Britney avait « des tonnes d'amis » et a gardé de cette période le souvenir d'une époque « très drôle ». Sans être turbulente, elle n'était pas non plus une élève modèle. « Je n'ai jamais été le chouchou de la maîtresse parce que je parlais beaucoup trop en classe », a-t-elle expliqué à l'animatrice de radio et de télé anglaise Jo Whiley, ajoutant qu'elle avait même reçu une fessée un jour pour la punir de cette mauvaise habitude et que cet épisode l'avait « bouleversée ». En dépit de ce défaut, elle avait toujours de bonnes notes, essentiellement des A et des B.

La situation n'était pas aussi rose à la maison où les parents de Britney avaient du mal à joindre les deux bouts. Il leur arrivait fréquemment de ne pas pouvoir régler leurs factures. Les fournisseurs d'énergie les menaçaient régulièrement de leur couper le gaz et l'électricité. Le jour où la chaudière familiale a lâché, les Spears n'ont pas eu les moyens de la réparer et ils ont grelotté pendant deux hivers en se chauffant tant bien que mal avec des chauffages d'appoint. Il faisait si froid chez eux que leur haleine se transformait en buée. Et lorsque Britney ouvrait la porte du frigo, elle trouvait celui-ci vide la plupart du temps.

Jamie profitait de la proximité de la maison familiale avec la forêt pour aller chercher du bois afin de cuire le dîner. À en croire Steve Dennis, l'auteur de *Britney: Inside the Dream*[1], il arrivait à la future chanteuse de manger des ragoûts de lapin ou d'écureuil. Lynne se voyait parfois dans l'obligation d'emprunter de l'argent à ses amies. Et lorsque leur ligne téléphonique a été coupée, les Spears l'ont vécu comme une humiliation.

---

1. Steve Dennis, *Britney: Inside the Dream*, HarperCollins, 2010 (non traduit en français).

Jamie et Lynne n'ont jamais cherché à cacher ces problèmes à leurs enfants. La plomberie fuyait, la peinture s'écaillait et l'électro-ménager était déficient, mais à les entendre, l'essentiel était qu'ils continuent à s'aimer. Ils s'évertuaient même à transformer leurs difficultés en leçon de vie, expliquant à leurs enfants que l'on n'a rien dans la vie sans travailler, un message que l'on retrouvera par la suite dans l'un des plus grands tubes de Britney, « Work Bitch ».

En attendant de mettre en pratique cette formule lorsqu'elle se lancera dans la chanson, Britney a appris à repérer les bonnes affaires. Lynne évoque avec fierté la façon dont sa fille faisait les soldes et parvenait à se donner des airs de princesse en dépensant moins de 20 dollars. Il arrivait aussi qu'elle porte des affaires données par des amies qui n'en avaient plus l'usage.

Britney a participé à la création dans son école de la comédie musicale *Give Thanks America*. Elle a également interprété en solo la vieille ballade « Lavender's Blue ». Dans le public ce jour-là se trouvait sa petite sœur, Jamie Lynn, née à McComb le 4 avril 1991. Lynne, leur mère, se souvient que cette grossesse inattendue a été « le choc de notre vie ». Le couple pensait ne plus avoir d'enfants, les Spears ne voulaient « à aucun prix » d'un troisième, comme elle l'a avoué par la suite.

Jamie Lynn reconnaît elle-même dans ses mémoires, *Things I Should Have Said*, qu'elle était un « faux pas ». Bryan avait douze ans, Britney neuf, et leurs parents avaient décidé de s'en tenir là. Jamie avait même subi une vasectomie. Et puis Lynne s'est levée un matin en se sentant nauséeuse et son médecin, consulté, lui a expliqué qu'elle était enceinte. La surprise a été totale, surtout à la suite de l'opération de Jamie, mais l'énigme a été élucidée lorsqu'il s'est avéré qu'il n'avait pas procédé à la visite de contrôle réglementaire après l'intervention. Lynne, très mécontente, n'a pas adressé la parole à son mari pendant plusieurs semaines.

Britney n'en était pas moins ravie d'avoir une petite sœur. Elle devenait de ce fait l'enfant du milieu, dont nombre de théories affirment qu'il est souvent exclu, ignoré, ou négligé. À voir la façon dont les Spears ont toujours soutenu Britney dans ses désirs de jeunesse, rien n'indique qu'elle ait souffert de ce syndrome. Elle était littéralement fascinée par sa sœur. Lynne Spears raconte dans ses mémoires, *Through the Storm*, que Britney regardait le bébé « avec adoration » en tenant « ce petit paquet emmitouflé dans une couverture avec toute la tendresse et l'attention d'une mère[1] ».

Quant à Jamie Lynn, elle a écrit que Britney était devenue pour elle « une petite mère », capable de « tout : donner le bain, à manger, jouer et changer les couches[2] ». Bryan et Britney avaient l'âge de mener leur propre existence, bien sûr, mais « ils trouvaient toujours le temps de s'occuper d'elle ». De l'avis de Jamie Lynn, Britney était « très fille » et s'assurait que sa petite sœur était toujours habillée « de façon adorable », ce que confirme leur mère.

« Du jour où je suis arrivée, écrit Jamie Lynn, j'ai été le bébé de Britney[3]. » Comme Lynne travaillait, Britney prenait volontiers le relais. « Elle était nettement plus vieille que moi et adorait s'occuper de moi. Maman était géniale, mais ma sœur me traitait comme si j'étais sa poupée[4]. » Britney allait jusqu'à encourager le carac-

1. Lynne Spears, *op. cit.*
2. Jamie Lynn Spears, *op. cit.*
3. *Idem.*
4. *Idem.*

tère théâtral de sa jeune sœur. D'après cette dernière, elle doit à Britney son assurance lorsqu'elle se produit en public.

La sœur de Britney, entraînant ses lecteurs dans la maison où elle a grandi avec ses aînés, explique que la famille Spears possédait « le don de vivre ensemble et un amour sans limites ». Elle ajoute qu'il y avait des proches et des amis « plein le jardin tous les week-ends[1] ». Les enfants jouaient sous le grand arbre, la viande grillait sur le barbecue, les voisins venaient à l'improviste. Il arrivait aussi que les enfants Spears envahissent le jardin des voisins, qui disposaient d'une piscine.

Au lendemain de la naissance de Jamie Lynn, son père s'est lancé dans un régime. Il s'est arrêté de boire et multipliait les exercices dans la salle de sport dont il était le gérant à l'époque. À chacun de ses passages, Britney trouvait le moyen de bouleverser les habitudes. À la musique country qui rythmait habituellement les efforts des haltérophiles succédait brusquement un répertoire pop sur lequel dansait la fillette. Celle-ci n'épargnait pas les amateurs de sauna : vêtue d'un bikini, elle multipliait à leur intention les vocalises.

Britney a également chanté au mariage de son oncle John Mark Spears avec sa tante Chanda. La cérémonie a eu lieu à l'église Nazarene de Magnolia, dans le Mississippi. Britney a interprété « Love Can Build a Bridge » de Naomi Judd d'une façon magistrale qui a impressionné sa tante. « Seigneur, a raconté cette dernière. Elle était encore meilleure à l'époque qu'aujourd'hui. Elle ferait bien de retrouver sa voix naturelle d'autrefois, cette gamine était une vraie chanteuse. Elle avait une voix magnifique qui donnait des frissons à tous ceux qui

1. *Idem.*

l'écoutaient. Elle était extraordinaire, personne ne vous dira le contraire. »

Il ne restait plus à Britney qu'à voir jusqu'où la mènerait cette voix extraordinaire. Lorsqu'elle avait huit ans, Britney a passé une audition pour une émission de télévision très populaire du groupe Disney, « The All-New Mickey Mouse Club ». Elle a été alertée par une amie qui lui a donné une coupure de presse dans laquelle il était fait mention d'auditions publiques à Atlanta. Les producteurs de l'émission étaient en quête d'enfants ordinaires doués de talents particuliers.

Britney, tout excitée à l'idée de participer à ce concours, a convaincu Lynne de la conduire dans la première ville de la Georgie, à huit cents kilomètres de là. Britney a profité du long trajet pour s'entraîner en répétant inlassablement la chanson qu'elle avait choisie, le classique « Sweet Georgia Brown ». Le périple ne s'est pas limité à ces huit heures de route, il leur a fallu patienter huit heures de plus avant que ne survienne le tour de Britney. Vêtue d'une tenue léopard noir et blanc, elle a interprété sa chanson en y ajoutant quelques sauts périlleux arrière, histoire de dévoiler au jury l'ampleur de son talent. Le directeur de casting, Matt Casella, a expliqué par la suite sur MySpace qu'il avait été subjugué par « l'assurance et la facilité » avec lesquelles Britney se produisait. Il a ajouté qu'elle était « la petite fille de huit ans la plus talentueuse » qu'il ait jamais auditionnée. C'était « une gamine unique ».

Sur plusieurs milliers de concurrents, Britney faisait partie de la demi-douzaine qui ont été sélectionnés. Elle a beaucoup impressionné le jury lors de l'audition suivante, mais sa candidature n'a pas été retenue au prétexte qu'elle était trop jeune. Tous ceux qui ont finalement participé à l'émission avaient en moyenne cinq ans de plus qu'elle. Une autre chanteuse qui a fait forte impression lors de ces auditions, également recalée à cause de son jeune âge, n'était autre que Christina Aguilera.

Cet échec n'a pas refroidi les ardeurs de Britney qui a continué de travailler dur avec l'intention de réussir un jour dans le milieu du spectacle. Sa détermination était étonnante : un jour où elle se rendait chez sa dentiste à l'âge de huit ans, elle lui a expliqué qu'elle avait besoin d'avoir un sourire parfait car elle serait un jour une star. Elle se constituait ce que sa sœur a appelé par la suite un « CV » avec l'intention de conquérir le monde.

Curieusement, celui qui n'a pas accepté sa candidature lors des auditions du « All-New Mickey Mouse Club » lui a ouvert une porte quelques mois plus tard. En 1990, Casella a demandé à Jean, son assistante, de contacter la célèbre manageuse new-yorkaise Nancy Carson, afin de lui parler de cette jeune chanteuse qui l'avait tant impressionné. Comme il était rare que Casella s'intéresse d'aussi près à une artiste en herbe, Carson a écouté son conseil.

Depuis ses bureaux de Broadway, Carson a lancé les carrières de nombreuses célébrités, qu'il s'agisse de Ben Affleck, de Matt Damon, de Cynthia Nixon ou encore de Mischa Barton. Habituée à repérer des talents émergents, elle savait comment s'y prendre. Ainsi qu'elle le raconte dans ses mémoires, *Raising a Star*[1], les trois qualités principales qu'elle recherchait chez ses poulains étaient la motivation, le look, et le talent. Elle a trouvé les trois chez Britney.

À la suite du coup de fil passé par l'assistante de Casella, Nancy Carson a été contactée par Lynne Spears à qui elle a demandé de lui envoyer un courrier accompagné d'une vidéo. Jamie s'est chargé de rédiger la lettre, expliquant

---

1. Nancy Carson, et Jacqueline Shannon, *Raising a Star*, St. Martin's Griffin, 2005 (non traduit en français).

à Carson que sa fille était disposée à consentir tous les efforts nécessaires pour réussir. Les Spears ont ajouté à ce courrier une vidéo de Britney chantant des titres aussi divers que « Shine On », « Harvest Moon », « Cry », « Nothing Compares 2 U » et « This Is My Moment ».

Carson s'est montrée impressionnée par les trois premières interprétations, nettement moins par « This Is My Moment », trouvant que Britney ne chantait pas très juste sur cette version. Elle n'en a pas moins pris contact par téléphone avec Jamie et Lynne en se disant prête à les recevoir à New York. Un tel déplacement n'était pas simple pour la famille Spears. Lynne, enceinte à l'époque, n'était pas en état de prendre l'avion, sans parler des dépenses afférentes. Ils ont donc pris la décision d'effectuer en train ce trajet de plus de deux mille kilomètres.

L'équipée ne comptait pas moins de sept personnes. En plus de Britney et de ses parents, Bryan, son ami Hunter, la tante Jeanine et la cousine Tara ont pris place dans une cabine à deux couchettes. Le trajet a duré un peu plus de vingt-six heures, laissant à Lynne tout le loisir de se souvenir des avertissements de ses voisins, convaincus qu'elle était « folle » d'emmener sa petite fille à New York, capitale du crime et du péché aux yeux de nombreux Américains.

Il est vrai que le contraste ne pouvait être plus grand entre Kentwood et la première ville d'Amérique. Dès leur arrivée à la gare Pennsylvania dans le quartier de Midtown à Manhattan, Britney et les siens ont été éberlués par le bruit et la foule. Les immeubles touchaient le ciel, les gens étaient tous pressés, les rues embouteillées. À en croire la légende, Britney aurait même demandé à ses parents où étaient les vaches ! Les Spears disposaient d'un budget très limité. Tous se sont entassés dans une chambre d'hôtel, allant d'un endroit à l'autre à pied afin d'économiser les frais de déplacement. Il pleuvait et ils ne disposaient en tout et pour tout que d'un seul parapluie. À la lecture de ces détails, on imagine sans peine l'ampleur du sacrifice que représentait une telle épopée.

L'heure du grand rendez-vous arrivée, les Spears se sont présentés dans les bureaux de Nancy Carson qui a voulu voir Britney seule dans un premier temps. La fillette lui a fait forte impression. « Elle était toute timide lorsqu'elle est entrée dans mon bureau », se souviendra plus tard la manageuse. Elle a raconté la suite au *Pittsburgh-Post Gazette* : « À l'instant où je lui ai demandé de chanter, j'ai vu s'épanouir une véritable petite interprète. » Le sacrifice consenti par les parents de Britney en valait la peine, elle avait réussi son audition.

Il restait toutefois un problème à régler : les origines sudistes de Britney que trahissaient son accent comme son comportement. Elle répondait à toutes les questions de Carson par « Oui, madame » ou « Non, madame », comme le veut la politesse sudiste, ce qui était trop. De façon amusante, lorsque Carson a demandé à Britney de modérer un peu ses ardeurs en la matière, la fillette lui a répondu : « Oui, madame. » La manageuse a compris qu'il ne serait pas facile de remodeler sa nouvelle recrue.

Lorsque Jamie et Lynne ont été reçus à leur tour par Carson, ils se sont montrés très directs. Ils ont immédiatement voulu savoir si leur fille avait une chance de devenir une star. Ils n'avaient pas les moyens, financièrement et psychologiquement, d'entretenir un tel espoir s'il était vain. Carson leur a répondu que Britney était sans doute capable de réussir à condition de passer l'été à New York afin d'apprendre le métier et de passer des auditions. En clair, elle avait un potentiel réel, encore fallait-il l'exploiter.

Cette proposition représentait un défi financier majeur pour les Spears. Carson leur a demandé de réfléchir sans chercher à leur mentir, précisant que rien n'était garanti et qu'il serait absurde de « vendre la ferme familiale ».

Lynne a néanmoins trouvé le moyen d'effectuer un séjour à New York avec Britney et sa petite sœur encore bébé. La mère et ses deux filles se sont installées dans un minuscule appartement proche de la 48e Rue, dans le quartier des théâtres, depuis lequel il leur était facile de se rendre à pied dans les différents lieux où Britney suivait des cours. Elle a fréquenté, cet été-là, la Professional Performing Arts School et le Broadway Dance Center, sans oublier les rendez-vous dans les bureaux de l'agence Carson où se rendait Britney, accompagnée de sa mère qui promenait Jamie Lynn dans sa poussette. À cette occasion, Lynne aura apporté à sa fille un soutien sans faille, faisant preuve d'un dévouement absolu, et Carson n'a jamais oublié cette mère de famille exemplaire qui sortait péniblement de l'ascenseur avec sa fille et son bébé.

C'est à cette époque que Britney et sa mère ont fourni les efforts qui ont fini par payer. Lynne changeait régulièrement d'appartement, en quête perpétuelle d'un logement moins cher, pendant que Britney suivait des cours de chant avec Gene McLaughlin et Robert Marks.

Au Broadway Dance Center, elle s'est perfectionnée auprès du chorégraphe Frank Hatcher. Une fois de plus, sa rigueur a impressionné tous ceux qui l'ont côtoyée.

À New York, on a poussé Britney à relever le seuil de ses ambitions. Chaque fois qu'elle rencontrait un nouveau prof, il lui posait la même question : « As-tu vraiment envie de réussir ? » Elle répondait invariablement par l'affirmative. Ses instructeurs étaient tous frappés par son professionnalisme et sa capacité de concentration. Tous avaient pourtant l'habitude des jeunes prodiges, mais Britney donnait le sentiment d'être prête à tout pour réussir. Carson a décrit la petite Britney de cette époque comme une éponge qui assimilait tout ce qu'elle pouvait apprendre.

Dans le même temps, elle passait des auditions. Elle a notamment posé sa candidature à un rôle dans *Les Misérables*, ou encore proposé ses services dans une comédie musicale qui se donnait off-Broadway. Par un étrange effet du hasard, *Ruthless! The Musical* racontait l'histoire d'une jeune élève fermement décidée à obtenir le rôle principal d'un spectacle mis en scène au sein de son établissement scolaire. Britney a commencé par auditionner pour un rôle secondaire, en vain. Lorsque l'actrice sélectionnée pour le premier rôle s'est retirée du projet, on a engagé Britney comme doublure de la nouvelle actrice choisie comme tête d'affiche.

Malheureusement pour Britney, l'actrice concernée, Laura Bell Bundy, était presque toujours présente, de sorte qu'elle est rarement montée sur scène alors qu'elle était prête en coulisses. Lorsque Bundy s'est brièvement absentée afin de tourner un film, Britney a enfin pu interpréter le rôle principal au Players Theater, un établissement de deux cent quarante-huit places situé à Greenwich Village.

Sur le site broadway.com, l'une des vedettes du spectacle a déclaré que Britney avait « de la voix ».

La plupart du temps, elle se contentait d'attendre en coulisses, prête à monter sur scène, et il était près de minuit lorsqu'elle regagnait leur appartement avec sa mère. Britney a raconté par la suite que connaître son rôle par cœur dans l'espoir vain de fouler la scène avait fini par l'ennuyer. Alors que Noël approchait, la frustration de ces heures pénibles et le cafard ont fini par prendre le pas, si bien que Britney a demandé à être remplacée.

De retour à Kentwood, elle a franchi les étapes successives de l'adolescence. Elle a fait la connaissance d'un camarade de son frère, un certain Donald Reginald Jones. Reg – ainsi que le surnommaient ses proches – a commencé par trouver Britney trop jeune, au prétexte qu'elle avait trois ans de moins que lui. Après quelque temps, ils ont fini par sortir ensemble.

En attendant, Britney était censée passer une nouvelle audition.

2

MICKEY MOUSE

Vingt ans avant l'arrivée en trombe sur les petits écrans des émissions « American Idol » et « The X Factor » (dont Britney a un temps intégré le jury), un programme très bon enfant monopolisait l'attention des téléspectateurs américains. « Star Search », lancé en 1983, proposait à ses participants de concourir dans dix catégories différentes, de la danse à la comédie en passant par un genre pour le moins bâtard, le « porte-parolat ». À chaque fois, il s'agissait de donner vie au rêve américain. L'émission s'est arrêtée en 1995 avant d'être relancée en 2003 et 2004, portée par la mode des nouveaux télé-crochets.

Ce programme reposait sur un face-à-face entre deux artistes ou groupes, en présence de quatre jurés auxquels il était demandé d'accorder aux candidats une note allant d'un à quatre en passant par des quarts de points. En comparaison avec les shows plus récents dont le cynisme et les recettes souvent cruelles ont pour objectif de booster l'audimat, « Star Search » brillait par son atmosphère bienveillante. On s'en doute, les recalés étaient déçus, mais il s'agissait avant tout d'aider les candidats, au lieu de multiplier les obstacles sur leur route.

Un prix de 100 000 dollars attendait l'adulte qui remportait le concours, tandis que le gagnant de la catégorie junior repartait avec 10 000 dollars. Au nombre de ceux qui ont participé à l'émission figurent des artistes tels que Christina Aguilera, Rosie O'Donnell, Justin Timberlake, Usher et… Britney Spears.

La participation de cette dernière, en 1991, a joué un rôle crucial dans sa carrière. Elle a pris l'avion à destination de Los Angeles avec sa mère pour la finale. Lynne a expliqué par la suite que ce moment restera « sans doute la première grande réussite de Britney[1] ».

Lors de la première épreuve, Britney a interprété « I Don't Care ». Alors âgée de dix ans, elle paraissait particulièrement menue, mais elle s'est chargée de dissiper cette image avec sa gouaille, ses sourires entendus, l'assurance avec laquelle elle agitait son index, et son interprétation parfaite. Forte d'un score de 3,75, Britney a été autorisée à prendre part à l'étape suivante. Lorsqu'on lui a demandé comment elle envisageait la suite, elle a répondu : « Formidablement bien. » On constate que Britney avait déjà le sens de la concision.

Au moment de la diffusion, on a laissé croire aux téléspectateurs que la manche suivante se déroulerait une semaine plus tard, mais le tournage de la finale a eu lieu quatre heures seulement après la fin de la première épreuve. Cette fois, tout ne s'est pas aussi bien passé pour la jeune chanteuse.

La chanson country qu'elle a interprétée, « Love Can Build a Bridge », est avant tout destinée à des artistes masculins qui ont connu l'amour. Demander à une enfant de traduire des sentiments aussi adultes dans son interprétation était une gageure et la version de Britney en a pâti.

---

1. Lynne Spears, *op. cit.*

Alors qu'approchait la conclusion de la chanson, elle a haussé les épaules en se lâchant vocalement, mais cette composition ne la présentait pas à son avantage. Son équipe avait bien tenté de convaincre les producteurs du show d'opter pour un autre choix, mais ils n'ont rien voulu entendre et Marty Thomas, son rival ce soir-là, a remporté le concours à un quart de point près.

Lors de l'annonce du résultat, Britney s'est efforcée de sourire, mais sa déception était palpable. Elle a donné l'accolade à Thomas avant de quitter la scène, puis elle a fondu en larmes dans sa loge, recroquevillée sur le canapé.

Britney n'en rajoutait pas, elle était vraiment triste. Elle n'arrêtait pas de revoir sa prestation dans sa tête en se demandant quelle erreur elle avait pu commettre. Elle pensait aussi à tous les habitants de Kentwood, rivés devant leur petit écran, et se sentait mortifiée à l'idée d'affronter leurs regards. On s'en doute, Lynne a eu mal au cœur pour sa fille, mais elle l'a poussée à se montrer bonne perdante en montrant à Thomas qu'elle était heureuse pour lui.

La fin de l'émission a été un crève-cœur pour Britney. Elle a donné lieu à un incident annonciateur de son objectification future. L'animateur du show, Ed McMahon, a interviewé Britney pendant que les jurés notaient sa prestation. Du haut de ses soixante-neuf ans, il a insisté sur les « jolis yeux adorables » de la petite fille de dix ans qu'il avait en face de lui en lui demandant si elle avait un petit copain. « Non, monsieur », a-t-elle répondu. Et lorsqu'il lui a demandé pour quelle raison, elle a répliqué : « Parce que les garçons sont méchants. »

McMahon, affirmant n'être pas méchant, a voulu savoir si elle accepterait qu'il devienne son petit copain. « Euh… ça dépend », a-t-elle rétorqué. Si l'on peut difficilement soupçonner McMahon, disparu depuis, d'un comportement douteux, il n'en reste pas moins que cette séquence étrange a mal vieilli. Malheureusement pour Britney, ce n'était pas la dernière fois qu'elle allait devoir subir les questions gênantes des médias.

À peine avait-elle disparu des radars à la suite de son échec que Britney retrouvait les feux de la rampe. En 1993, Matt Casella s'est mis en quête d'une nouvelle équipe de jeunes chanteurs pour le Mickey Mouse Club. Plus de vingt mille enfants ont été auditionnés, mais Casella recherchait la qualité, de sorte qu'il a contacté de nombreux agents et autres découvreurs de talent. À cette occasion, Carson lui a reparlé de Britney en lui expliquant qu'elle avait bien grandi depuis la dernière fois qu'il l'avait vue. À peine âgée de onze ans, Britney est donc retournée à New York où elle a été testée sur la chanson « Running Back to You ». On lui a aussi demandé de préparer un petit discours, et elle a choisi comme thème la petite souris.

Les auditions suivantes avaient lieu à Orlando, en Floride. Britney attendait son tour lorsqu'elle a appris qu'elle était sollicitée pour jouer dans un film intitulé *Gordy*. La proposition était tentante, ce n'est pas tous les jours qu'on vous propose de jouer au cinéma ! Mais comme il lui fallait choisir, elle a estimé que travailler pour Disney était davantage dans ses cordes.

Lors des auditions d'Orlando, elle faisait partie d'un groupe de vingt-trois enfants testés pour sept places seulement. Au nombre de ses concurrents figuraient trois autres futures stars : Christina Aguilera, Jessica Simpson, et Justin Timberlake. Tous étaient notés sur dix dans six catégories différentes : le chant, la scène, la personnalité face aux caméras, la danse, le caractère, et le look. En obtenant un huit pour son look et 8,5 dans toutes les autres disciplines, Britney a obtenu la meilleure moyenne. Au terme d'une opération de longue haleine, les producteurs du Mickey Mouse Club tenaient enfin les Mouseketeers dont ils avaient besoin, à savoir des artistes en herbe qui n'avaient pas encore été « marqués par les agents et Hollywood », ainsi que l'a exprimé la productrice Sarah Elgart dans l'émission « E! News ».

Britney avait regagné Kentwood lorsqu'elle a reçu le coup de téléphone lui annonçant son engagement. On imagine sans mal son excitation, tout comme celle de la petite bourgade. Le 23 avril 1993 a même été décrété « Britney Spears Day ». La presse locale a consacré plusieurs pages à la jeune chanteuse, les magasins du cru ont affiché en vitrine des messages de félicitations et d'encouragement, et l'équipe de base-ball locale lui a offert un énorme gâteau lors d'une fête organisée dans un parc, ce qui a été pour Britney l'occasion de chanter « I Will Always Love You ».

Le maire de Kentwood a publié un communiqué officiel dans lequel il félicitait Britney, ajoutant que la petite ville avait vu « grandir son talent » et que ses prestations « chaleureuses procuraient beaucoup de bonheur à tous ». L'édile invitait ainsi ses administrés à « applaudir sa réussite et à lui souhaiter le meilleur au moment où elle franchit un nouveau cap dans une carrière prometteuse ».

Les parents de Britney ont répondu en publiant leur propre communiqué. Ils insistaient sur le fait que Britney avait connu « de nombreux moments marquants » au cours de sa « très jeune vie », mais que jamais elle n'avait été confrontée à « rien de plus émouvant ». Ils concluaient de la façon suivante : « Merci, Kentwood, de votre soutien et de vos encouragements. On vous aime. » Ce tapage public était d'autant plus curieux que personne ou presque à Kentwood n'était équipé du câble, de sorte que la population locale n'avait aucun moyen de regarder l'émission dont Britney allait devenir l'une des vedettes.

Le cachet hebdomadaire versé par le Mickey Mouse Club aura été d'un grand secours à la famille Spears. Tous les jeudis, Lynne touchait un chèque de 1 500 dollars au nom de sa fille. Cette manne était une véritable bouée de sauvetage alors que Jamie était professionnellement au bout du rouleau.

Un nouveau chapitre était en train de s'écrire pour Britney qui a pris le chemin de la Floride avec sa mère et la petite Jamie Lynn. Ce trio, le même qu'à New York, s'est installé dans un appartement d'une banlieue d'Orlando.

Britney a rencontré dès le premier jour son instructeur en chef, Chuck Yerger. Ce dernier a été frappé par sa gentillesse et son innocence. Il reconnaîtra par la suite s'être demandé comment une petite fille aussi adorable avait réussi à survivre aux auditions, craignant que le métier ne finisse par la dévorer.

Britney et les autres membres de l'équipe ont rapidement appris qu'ils seraient scolarisés à raison de trois heures par jour. Britney suivait des cours d'anglais, d'histoire, d'études sociales et de mathématiques dans le pavillon accueillant les classes, sous la tutelle d'enseignants qui veillaient à maintenir au plus haut son niveau scolaire. Parallèlement, les jeunes recrues du Club ont commencé à répéter un spectacle donné devant leurs aînés. Bien des années plus tard, les médias ont fait des gorges chaudes de la rivalité entre Britney et Christina Aguilera. À l'époque où elles vivaient à Orlando, elles s'entendaient pourtant très bien. L'esprit de compétition qui les animait les a même beaucoup aidées. Britney, qui dansait mieux que sa camarade, a toujours encouragé Aguilera.

De son côté, cette dernière a poussé Britney à se surpasser sur le plan vocal, le tout sous la direction d'un coach nommé Robin Wiley qui leur dispensait ses conseils dans une petite caravane.

Britney admirait également Keri Russell, une autre de ses condisciples. Britney, plus jeune que Russell, était très fière que son aînée la prenne sous son aile. Elles se rendaient ensemble dans le centre commercial voisin où Britney ne manquait jamais de demander à Russell de lui prodiguer des conseils, sur le métier du spectacle comme sur les garçons. Nikki DeLoach, autre membre du Mickey Mouse Club, a expliqué par la suite dans l'émission « E! True Hollywood Story » que certaines de ses consœurs avaient passé un pacte entre elles : « Christina m'a expliqué que les plus jeunes avaient fait le vœu entre elles de toutes devenir un jour des stars. »

Si Britney s'intéressait aux filles, elle n'en était pas insensible pour autant aux garçons. Elle s'est même amourachée de Tony Lucca, un membre du Club qui était le petit ami de Keri Russell. Âgé de dix-sept ans à l'époque, il a avoué par la suite sur la chaîne E! que Britney lui avait fait forte impression. Les aînés « demandaient toujours à Britney de leur détailler les chorégraphies car elle avait une excellente mémoire en la matière ». Il ne s'est pourtant jamais rien passé entre eux : « Elle en pinçait peut-être un peu pour moi, s'est-il souvenu par la suite, mais c'est surtout qu'elle adulait Keri, dont j'étais le petit ami. »

Britney était d'ailleurs plus proche de Justin Timberlake qu'elle a embrassé furtivement un jour à l'occasion d'un jeu. Lui-même l'admirait, au point de dire à son grand-père, un jour où il lui rendait visite, qu'il épouserait Britney le moment venu. Natif de Memphis, Tennessee, où il a vu le jour le 31 janvier 1981, Timberlake avait la musique dans le sang.

Son père dirigeait la chorale d'une congrégation baptiste et sa famille comptait déjà plusieurs musiciens. Son grand-père lui ayant fait découvrir les artistes de musique country Johnny Cash et Willie Nelson, il a commencé par chanter de la country et du gospel avant d'intégrer le Mickey Mouse Club. Il avait également participé à l'émission « Star Search », à l'âge de onze ans, sous le nom de Justin Randall. On verra que ce premier baiser échangé avec Britney était prémonitoire.

Le quotidien des membres du Club n'était pas aussi rose qu'on pourrait l'imaginer. Britney se levait tous les matins à sept heures et enchaînait ensuite douze heures de répétitions et trois heures de plateau filmé. On enseignait notamment aux jeunes recrues l'art de sourire. Il s'agissait de lancer la tête en arrière et de retrousser la lèvre inférieure afin de révéler au mieux des dents savamment blanchies. Le média training faisait également partie de leur quotidien, sous la direction de spécialistes des relations publiques venus d'Hollywood qui expliquaient à leurs élèves comment apporter des réponses insipides aux questions des journalistes.

Certains critiques se sont plaints de la fadeur des réactions de Britney en interview, mais il faut bien comprendre qu'elle a été formée de cette façon. En l'espace de six mois, avec le Club, elle a enregistré cinquante-cinq émissions dont aucune n'avait encore été diffusée lorsqu'elle a repris le chemin de Kentwood au terme de son engagement.

Quand le show a finalement été programmé sur le Disney Channel du lundi au jeudi à 17 h 30, les jeunes téléspectateurs se sont rapidement entichés de Britney qui a reçu un courrier impressionnant de fans admiratifs de ses talents de danseuse.

Lors de ces émissions, on peut voir Britney et Timberlake chanter « I Feel for You » de Prince en compagnie de Dale Godboldo. Britney fait preuve d'une assurance inversement proportionnelle à sa taille lors de cette séquence. On la suit jusqu'à Kentwood où elle dévoile son univers à son public. On la voit au volant d'un kart où elle affirme son « goût de la vitesse ». Elle joue au basket en se donnant à elle-même le surnom d'« Air Britney », on la découvre dans le restaurant de fruits de mer de sa grand-mère (« Vous ne trouverez nulle part de meilleures crevettes ») où elle va jusqu'à montrer à son public comment éplucher les écrevisses. « Le meilleur, c'est la tête, affirme-t-elle. Je mange comme quinze. »

De retour à Orlando pour une nouvelle saison de l'émission, elle ne se doutait pas qu'il s'agissait de la dernière. Lorsque le producteur en a fait l'annonce aux jeunes participants, les larmes ont coulé librement. Le show était soumis à de rudes contraintes financières, et les dirigeants de Disney estimaient que le Mickey Mouse Club avait fait son temps. Cela n'a pas empêché Nancy Carson de déclarer, dans un journal de Pittsburgh, toute son affection pour Britney, précisant qu'avoir été sa manageuse l'avait bien servie : « De nombreuses personnes sont venues me trouver pour représenter leurs intérêts à la suite de ce que j'ai fait pour Britney. »

Les équipes du Club déclaraient de façon unanime que Britney était une adolescente saine et innocente, tout en reconnaissant chez elle une certaine propension à la rébellion. Lynne Spears, citée dans un article du *National Enquirer*, croit savoir que sa fille a commencé à boire peu après son arrivée au Club. De retour à Kentwood, il lui est aussi arrivé de commettre quelques bêtises, parfois sous l'influence de son frère.

À treize ans, Britney a voulu apprendre à conduire. Le *Lézard vert*, le vieux pick-up familial, lui permettait de s'entraîner avec sa cousine Laura Lynne, toujours en présence d'un adulte. Presque toujours, plus exactement.

Un soir, les deux ados se sont éclipsées discrètement avec l'intention de faire le tour du pâté de maisons au volant du *Lézard vert*. Elles ont été dénoncées par Bryan et les parents Spears ont décidé de sévir en interdisant à Britney de sortir jusqu'à nouvel ordre, lui enjoignant en prime de nettoyer le jardin. «Je la vois encore, furieuse, en train de ramasser des brindilles et de les jeter dans un seau, en pleurant comme une Madeleine, écrira plus tard Lynne. Elle en voulait tellement à Bryan[1] !»

Celui-ci a également dénoncé Britney le jour où elle s'est rendue avec des amies chez un garçon de McComb. Il a suivi les filles en compagnie d'un copain et s'est empressé de rapporter ce qu'il avait vu. Britney, punie, s'est vu obligée de se promener dans le quartier, armée d'un seau, avec l'ordre de ramasser tous les détritus qu'elle trouvait. Bryan l'a photographiée pendant qu'elle effectuait cette corvée, en larmes. Il souhaitait lui montrer à quels ennuis on s'exposait quand on était rebelle, surtout quand on grandissait trop vite, ce qui était le cas de Britney.

Cette dernière avait quatorze ans quand elle a commencé à sortir avec Reg Jones, cet ami de Bryan croisé quelques années auparavant. Reg, malgré sa silhouette musclée et sa belle allure, avait besoin d'une cavalière pour le bal de rentrée du lycée. Il a demandé à Britney si son père lui donnerait l'autorisation de l'accompagner et l'adolescente a posé la question à Jamie. Ce dernier a convoqué Reg dans le restaurant de fruits de mer de la grand-mère Spears et lui a posé de nombreuses questions tout en nettoyant des écrevisses, après quoi il lui a donné sa bénédiction. En dépit de l'autorisation paternelle, Bryan a eu le plus grand mal à s'habituer à l'idée que son copain Reg sorte avec sa petite sœur. Le soir du bal, une Britney en jolie robe de soirée noire a dansé avec Reg. Il était entendu qu'il reconduirait la jeune fille chez ses parents à une heure du matin, et il

1. Lynne Spears, *op. cit.*

s'est acquitté de sa mission avec dix minutes d'avance. À mesure que s'installait sa relation avec Britney, de nouvelles règles ont été édictées. Comme elle avait moins de quinze ans, la présence d'un chaperon était indispensable, quelles que soient les circonstances. Et si d'aventure aucun adulte n'était disponible, les Spears demandaient à Britney et Reg de garder la petite Jamie Lynn afin de leur éviter de commettre des bêtises.

Britney et Reg se sont embrassés pour la première fois le jour où il lui a envoyé des roses pour la consoler d'avoir raté son examen de conduite. « Pas de souci, ma chérie, tu réussiras la prochaine fois », a écrit Reg sur la petite carte qui accompagnait le bouquet. Comme une fête était organisée le même jour, Britney a tenu à le remercier en l'embrassant, debout sur la pointe des pieds. Cet instant charmant n'a pas duré longtemps car la mère de Reg s'est interposée aussitôt en leur disant : « Ce n'est pas convenable, je ne suis pas contente. »

Cela n'a pas empêché Britney et Reg de faire du shopping ensemble, une activité qui plaisait davantage à la première qu'au second. Reg se rattrapait en emmenant Britney à la chasse au dindon sauvage. Harcelée par les moustiques, elle se défendait de son mieux en les écrasant, mais ses mouvements désordonnés faisaient fuir les proies de Reg et de ses compagnons de chasse au plus mauvais moment. Une autre fois, Reg a emmené Britney (et Jamie Lynn) chasser le cerf. À en croire les souvenirs de Reg, recueillis par Sean Smith dans son livre *Britney: The Unauthorized Biography*[1], ils ont abattu deux bêtes ce jour-là et Jamie Lynn, sans comprendre qu'elles étaient mortes, a voulu les caresser.

1. Sean Smith, *Britney: The Unauthorized Biography*, Pan Books ; Unabridged Edition, 2006 (non traduit en français).

Britney avait quinze ans lorsque Reg est tombé malade et il a pu constater combien elle était attentionnée. Il s'était rendu dans le Colorado avec sa mère, en compagnie de Britney, et ces vacances ont débuté sous les meilleurs auspices. Les adolescents ont fait du roller et du rafting jusqu'à ce que Reg soit victime d'une intoxication alimentaire, le contraignant à rester couché. Britney n'a pas quitté son chevet pendant plusieurs jours, sinon pour aller lui acheter une tenue propre. Il passait son temps à vomir et elle tenait invariablement le seau, preuve de son dévouement infaillible.

De son côté, Reg affichait la plus grande galanterie. Il tenait à tout payer lorsqu'ils sortaient ensemble et lui a acheté une bague, ainsi qu'un collier. De son côté, Britney ne manquait jamais de lui apporter son soutien lors des matchs de football américain. Il lui tenait la main au cinéma lorsqu'ils allaient voir des films à l'eau de rose. Le soir, ils s'asseyaient au bord du lac et contemplaient le ciel étoilé. Ce tableau romantique peut sembler idyllique, mais le soupçon et la jalousie n'étaient pas loin.

Des rumeurs ont couru, selon lesquelles Britney flirtait en l'absence de Reg, et Britney a reçu plusieurs messages lui signalant que Reg lui était infidèle. Un autre écueil s'est présenté lorsque Lynne a commencé à s'inquiéter de la relation amoureuse de sa fille. Elle craignait de voir Britney mettre en péril son avenir en se lançant trop jeune dans une relation à long terme.

La carrière de la jeune chanteuse se poursuivait, mais elle pouvait dérailler à tout instant. Il lui suffisait de négliger une opportunité unique, de rencontrer un obstacle inattendu, de laisser passer sa chance pour que s'écroulent tous ses rêves de gloire. C'est ce qui a bien failli se produire lorsque Britney a envisagé de se joindre à un ensemble qui se voulait l'équivalent américain du groupe pop britannique Girls Aloud.

L'idée de lancer un ensemble féminin est venue de Lynn Harless, la mère de Justin Timberlake, lorsqu'elle a pris la mesure du succès du boys band de son fils, *NSYNC, en 1997. Elle avait même trouvé un nom pour cet équivalent féminin, Innosense. Nikki DeLoach, que Britney avait connue à l'époque du Mickey Mouse Club, en a été la première recrue. Britney, à la veille de ses seize ans, devait la rejoindre. Lynn Harless a contacté Lynne Spears et Britney a rejoint avec sa mère le domicile des Timberlake à Memphis afin de trouver un accord. Ce projet bénéficiait en outre du soutien de Lou Pearlman, le millionnaire responsable du succès des Backstreet Boys, et Britney est allée jusqu'à se faire photographier en compagnie des autres membres du groupe.

Vingt-quatre heures avant la signature du contrat, Harless a reçu un appel l'avertissant que Jamie refusait de voir sa fille intégrer ce groupe, persuadé qu'une carrière solo était préférable pour elle. Innosense n'a pas rencontré le succès, alors que Britney a pleinement réussi dans une carrière sous son nom, preuve que Jamie ne s'était pas trompé. Ironie de l'histoire, le groupe a ouvert la scène lors de la première tournée de Britney.

À ce stade, la jeune chanteuse bénéficiait des conseils d'un nouveau parrain. Larry Rudolph, natif du Bronx et new-yorkais dans l'âme, était un avocat respecté dans le métier du spectacle. Sorti de l'université Hofstra en 1988 avec un diplôme de droit, il avait pour clients des personnalités du spectacle et se destinait à une carrière de manager.

Connu pour son franc-parler, Rudolph s'est étonné de trouver une chanteuse très différente de ce qu'il croyait lors de sa première rencontre avec Britney. Ainsi qu'il l'a raconté par la suite à un journaliste du *Hollywood Reporter*, il a découvert une jeune fille « introvertie » qui ne le regardait jamais dans les yeux. À le croire, elle se contentait de répondre par « Oui, monsieur » et « Non, monsieur » aux questions qu'il lui posait. Britney avait encore un fort accent sudiste, en particulier lorsqu'elle était en présence d'inconnus avec lesquels elle se sentait mal à l'aise. Heureusement pour elle, Rudolph n'était pas un débutant et possédait le don de dénicher de nouveaux talents.

Cette rencontre n'aurait pu se dérouler à un meilleur moment. Britney bénéficiait du soutien des siens et poursuivait sa scolarité à domicile de façon à pouvoir se présenter aux rendez-vous et autres auditions qui lui étaient proposés. Jamie ne trouvait toujours pas d'emploi stable, mais il était prêt à tout pour permettre à sa fille de réaliser son rêve, quitte à multiplier les heures supplémentaires ou à emprunter de l'argent à ses amis.

Tout l'amour du monde n'y aurait pas suffi, cependant. Britney avait également besoin d'un manager disposant des contacts et de l'influence nécessaires. Elle a pensé avoir trouvé la perle rare en la personne de Rudolph. À quatorze ans, elle connaissait « l'ennui » comme elle l'a écrit. « J'avais tellement envie de chanter à nouveau, alors j'ai appelé mon avocat à New York pour lui demander ce que je pouvais faire[1]. »

Rudolph lui a proposé des solutions et la carrière de la chanteuse pressée s'est brusquement emballée.

---

1. Britney et Lynne Spears, *op. cit.*

3

« OH BABY BABY »

Lorsque Britney lui a signifié son impatience, Rudolph lui a demandé de lui envoyer une maquette. Britney raconte l'avoir réalisée à l'aide d'un simple enregistreur en chantant dans le micro que lui tendait sa mère. Lynne n'a pas le même souvenir, elle explique dans *Through the Storm* avoir expédié à Rudolph un enregistrement de sa fille réalisé lors d'un mariage. Quoi qu'il en soit, l'enveloppe contenait également des portraits de Britney avec le look très étudié qu'elle avait adopté au moment des séances photo réalisées dans le cadre du projet Innosense. « Aucune maison de disques n'aurait pu espérer recruter une chanteuse plus jolie[1] », explique Rudolph, dans *Heart to Heart*.

Quant à la maquette, qu'elle ait été faite à la maison ou lors d'un mariage, il était clair qu'elle ne faisait pas l'affaire. Rudolph a envoyé à Britney deux versions d'une chanson de Toni Braxton : l'une avec la voix de la chanteuse afin qu'elle puisse apprendre les paroles, l'autre avec l'orchestre seul de façon qu'elle y ajoute sa voix en studio. Britney s'est exécutée, puis elle a renvoyé la bande et croisé les doigts. L'avocat a contacté plusieurs maisons de

1. Britney et Lynne Spears, *op. cit.*

disques ainsi que des éditeurs de musique. Trois labels ont manifesté leur intérêt : Mercury, Epic et Jive. Rudolph a expliqué à Britney qu'elle allait devoir chanter devant les principaux responsables de ces compagnies. La chanteuse a sélectionné trois chansons : « I Have Nothing », « Jesus Loves Me », et « Amazing Grace ». Elle bénéficiait d'une bande-orchestre pour l'une d'elles, mais elle a interprété les deux autres a cappella. À la fin de sa prestation, elle a salué son auditoire.

À l'évidence, cette expérience l'a marquée. Elle a expliqué par la suite au *Hollywood Reporter* qu'il n'avait pas été facile de se retrouver en présence d'une poignée de spectateurs impassibles, et non face à des fans en délire. « J'étais très nerveuse. J'ai l'habitude de chanter pour des foules importantes, et voilà que je me retrouvais face à dix patrons qui me regardaient fixement, calés dans leurs fauteuils, a-t-elle raconté. Je me suis dit : "Seigneur ! Le mieux est encore de fermer les yeux et de chanter du mieux que je peux." »

Les responsables de Mercury n'ont pas été enthousiasmés, et son audition chez Epic ne s'est pas très bien passée du point de vue des dirigeants du label. « Elle est arrivée, a gazouillé "I Will Always Love You" et j'ai attendu la fin avec impatience », s'est souvenu Michael Caplan, vice-président de la direction artistique d'Epic, à John Seabrook dans son livre *The Song Machine*. « Elle n'avait pas une très belle peau, était dotée d'une voix moyenne, alors nous ne l'avons pas prise sous contrat[1]. » Epic a laissé passer l'occasion de signer une future superstar.

L'un des premiers à réagir favorablement a été Jeff Fenster, vice-président des disques Jive, un label

---

1. John Seabrook, *The Song Machine*, W.W. Norton & Company, 2015 (non traduit en français).

indépendant fondé en 1981 par Clive Calder au sein du groupe Zomba. La marque possédait des bureaux à New York comme à Chicago, elle avait construit sa réputation dans les années 1980 et 1990 en recrutant des artistes de hip-hop, de R&B et de dance. Tout en notant que Britney chantait sur sa maquette dans une tonalité qui ne lui convenait pas, Fenster a cherché à en savoir davantage sur la jeune chanteuse. Il a également fait réaliser des portraits de cette dernière.

Barry Weiss, le président de Jive, a expliqué au magazine *Entertainment Weekly* que Fenster était arrivé un jour à une réunion du comité artistique en brandissant « une photo d'une très jolie jeune fille assise sur une nappe de pique-nique à carreaux rouge et blanc, comme celles qu'on voit dans les petits restaurants italiens ». Une telle pose n'avait rien d'habituel dans la pop et Weiss a trouvé que Britney ressemblait à « Dorothy dans *Le Magicien d'Oz* ».

Lors de l'audition, selon les dires de Weiss au magazine *EW*, Britney s'est présentée « avec une robe à cocktail noire et des hauts talons. Elle chantait vraiment très bien et avait un look extraordinaire alors qu'elle avait quinze ans. On a tout de suite pensé que c'était une occasion en or, d'autant qu'il n'y avait aucune chanteuse pop sur le marché à ce moment-là ».

Steve Lunt, l'un des directeurs artistiques de Jive, s'est confié à Seabrook : « Britney s'efforçait de chanter comme Toni Braxton, dans une tonalité bien trop grave pour elle. À certains moments, c'était pénible. Mais dès qu'elle montait dans les aigus, on retrouvait ses accents de petite fille et le résultat était très prometteur[1]. » Comme quoi, les séances de chant sur le trempoline avaient fini par payer.

1. *Idem.*

Lunt a également entrevu la possibilité de réunir deux univers différents à travers Britney: «Ses yeux se révulsaient quand elle chantait, je me souviens avoir pensé: "L'effet est étrange, mais ça aura de la gueule dans les clips." Un peu comme si le gospel de la vieille école se mettait à la page du sex-appeal actuel[1].» En une phrase, Lunt résume le contraste qui a marqué la carrière initiale de Britney. Cette contradiction entre la jeune fille sage élevée dans un milieu religieux et l'érotisme sauvage que l'on sentait poindre en elle.

À ce stade, il n'en reste pas moins que Britney avait les yeux révulsés lorsqu'elle chantait parce qu'elle se sentait nerveuse, et non par souci de paraître sexy. Toujours est-il qu'elle a fait du mieux qu'elle le pouvait lors de cette audition et qu'un «silence absolu» a accueilli la fin de sa prestation. Ce silence s'est d'ailleurs poursuivi au cours des deux semaines qui ont suivi son retour en Louisiane, jusqu'au jour où le téléphone a sonné. À l'autre bout du fil, Rudolph avait d'excellentes nouvelles.

Il a annoncé à Britney qu'il avait négocié en son nom un contrat de développement avec Jive. Selon Fenster, Britney était une artiste prometteuse en dépit de ses quinze ans et du fait qu'elle ne disposait pas d'un répertoire original. «J'ai tout de suite été frappé par ses qualités vocales et son potentiel commercial, si bien que je l'ai signée.» En réalité, le contrat initial prévoyait une possibilité de «retrait» dans un délai de quatre-vingt-dix jours si Britney ne donnait pas satisfaction. Dès le départ, la question de l'argent s'est posée de façon cruciale. De l'avis de Seabrook, le patron de Jive, Calder, s'intéressait à Britney en partie parce qu'il était persuadé de la prendre sous contrat à bon compte.

---

1. *Idem.*

« La décision de signer Britney Spears pour en faire l'ado du quartier, et non une diva à la Whitney Houston, marque un tournant dans l'histoire de la pop, a déclaré Seabrook au magazine *EW*. Clive Calder était connu pour sa radinerie, et une artiste telle que Whitney Houston coûtait cher à produire. Il a calculé que Britney Spears lui fournirait une chanteuse à bon compte parce qu'elle était jeune, originaire de Louisiane, et qu'elle n'avait aucune exigence. »

L'étape suivante consistait à coupler la chanteuse avec un auteur, et peu d'entre eux étaient aussi capables que Max Martin. À ce jour, ce Suédois a écrit ou coécrit vingt-cinq titres placés en tête des hit-parades américains, parmi lesquels « I Kissed a Girl » de Katy Perry, « One More Night » de Maroon 5, ainsi que « Shake It Off » et « Blank Space » de Taylor Swift. Martin figure en troisième position des auteurs de chansons totalisant le plus grand nombre de Numéro 1 sur les charts, derrière John Lennon avec vingt-six chansons et Paul McCartney avec trente-deux. Martin a également produit la plupart de ses compositions. Il a été couronné à onze reprises par le prix du Compositeur de l'année décerné chaque saison par l'American Society of Composers, Authors and Publishers[1].

Martin a été révélé par les Backstreet Boys en 1995, et Britney a pris la relève. L'auteur et la chanteuse ont rapidement appris à s'apprécier et à s'accorder mutuellement confiance. En 2011, Britney déclarait à *Rolling Stone* que Martin « comprend exactement ce que je lui explique quand je lui fais part de mes goûts musicaux. Il compose des mélodies incroyables et propose constamment des sonorités inédites, ce que j'adore ».

1. L'Ascap et son principal concurrent, BMI, sont les équivalents américains de la Sacem française et de la Sabam belge.

De son côté, Martin a évoqué sa rencontre avec Britney pour les lecteurs d'*EW*: «Je me trouvais en Floride quand Jeff [Fenster] m'a demandé de profiter de ce séjour aux États-Unis pour passer par New York afin de rencontrer cette fille.» Il se souvient que Britney était tirée à quatre épingles alors qu'elle avait tout juste seize ans. Martin, qui était son aîné d'une dizaine d'années seulement, a dû donner à Britney le sentiment d'être en présence d'un «producteur cinquantenaire de la vieille école». Britney a relaté sa version de cette rencontre au quotidien anglais *The Guardian*: «J'étais jeune à l'époque, si bien que je me sentais très nerveuse, mais il m'a immédiatement mise à l'aise avec sa gentillesse.»

Elle a été envoyée dans la foulée aux studios Cheiron de Martin à Stockholm afin d'y réaliser ses premiers enregistrements. Ce périple a bouleversé son quotidien comme celui de ses proches. La veille du départ, elle a écrit une lettre à Reg et lui a envoyé une carte postale peu après son arrivée. La différence de ton et de longueur de ces deux courriers est révélatrice des changements qu'elle était en train de vivre. «Les préparatifs de mon voyage en Suède me laissent tout excitée, écrivait-elle avant de monter dans l'avion. Si seulement tu pouvais venir avec moi, ce serait super.»

Cette jolie lettre se poursuivait sur le même ton, alors que le contenu de la carte postale expédiée à Reg après son installation en Suède était pour le moins lapidaire: «Tu me manques beaucoup, mais je suis trop occupée pour t'écrire autant que je le voudrais.» Les deux jeunes gens ont bien essayé de rester en contact par téléphone, mais la mère de Reg y a mis le holà en recevant une facture de 1 500 dollars.

Les relations à distance se délitent généralement, non pas tant du fait de la distance qu'à cause du fossé qui sépare, dans leur quotidien, les individus concernés. Il n'en a pas été autrement pour Britney et Reg dont la relation a rapidement battu de l'aile. Il est difficile de dire avec précision à quelle date ils se sont séparés, mais il est certain que cette rupture est intervenue lorsque la jalousie de Reg a pris le dessus.

À mesure qu'elle gagnait en notoriété et gravissait les échelons du show-biz, Reg ne l'a pas supporté. À en croire *Britney: The Unauthorized Biography* de Sean Smith, Reg aurait traité Britney de « p… de salope », mettant un terme brutal à leur relation. De son côté, Britney a fini par se lasser des doutes de son compagnon tout en étant triste de leur rupture. Au lendemain de cette séparation, elle déclarait même ne pas se croire capable d'aimer un jour quelqu'un d'autre avec autant de force.

Pendant son séjour en Suède, elle s'entretenait régulièrement avec sa mère par téléphone. Dans ses mémoires, *Through the Storm*, Lynne raconte que sa fille et elle ont pleuré « toutes les larmes de leur corps » à la veille du départ de Britney pour Stockholm. Par la suite, elles s'appelaient « en pleurs, on se disait chacune à notre tour combien on se manquait[1] ». À en croire Lynne, il leur arrivait de s'appeler jusqu'à huit fois par jour, ce qui laissait peu de temps à Britney pour enregistrer. Et accessoirement peu de temps pour écrire à Reg.

Britney n'en était pas moins très occupée. En règle générale, elle arrivait au studio vers quatorze heures et n'en repartait que douze heures plus tard, s'accordant une courte pause repas vers dix-neuf heures. C'est ainsi qu'elle a fêté ses seize ans au cours de son séjour. Le coproducteur de Martin, Rami Yacoub, se souvient que le vernis policé de Britney s'est craquelé, révélant un

1. Lynne Spears, *op. cit.*

bourreau de travail. Du fait de « sa grande timidité et de son incroyable gentillesse », les équipes de production n'ont pas immédiatement compris qu'elles étaient en présence d'une « grande artiste derrière son air innocent ». Martin en a pris conscience le jour où il a entendu gargouiller le ventre de Britney à travers son micro alors qu'elle venait d'enchaîner huit heures d'enregistrements en cabine. Lorsqu'il lui a demandé si elle avait faim, elle a répondu : « Non, tout va bien. » Il n'en a pas moins décrété une pause au cours de laquelle Britney a dévoré trois hamburgers.

Elle travaillait à ce moment-là sur la chanson qui allait lancer sa carrière en fanfare. Martin explique qu'il a écrit cette composition sur son dictaphone, un jour où la mélodie lui est venue alors qu'il s'endormait. « Je me souviens avoir réécouté [le dictaphone] quand [la chanson] a explosé, je chante un truc du style : "Hit me baby one more time", après quoi je me suis entendu dire : "Ouais, c'est plutôt cool" », a-t-il raconté au journaliste suédois Jan Gradvall. « La mélodie m'est venue en premier », précisait-il, avant de reconnaître que ce titre doit son originalité à Yacoub : « Il est nettement plus porté que moi sur le R&B et les musiques urbaines. Je suis davantage un mélodiste, et c'est beaucoup grâce à lui que cette chanson est devenue ce qu'elle est. »

Cette composition avait déjà une histoire lorsque Britney s'en est emparée. Martin l'avait initialement écrite pour le trio féminin TLC qui n'en avait pas voulu, ainsi que l'a expliqué T-Boz, l'une des trois chanteuses, en 2013 : « Vous croyez peut-être que j'allais chanter "Frappe-moi encore une fois" ? Jamais de la vie ! » Les Backstreet Boys ont eux aussi refusé ce titre lorsqu'il leur a été proposé, après quoi le label Arista a voulu que la chanteuse canadienne Deborah Cox s'en empare, mais

Martin n'était pas très chaud. En dernière minute, le producteur Simon Cowell a demandé que la chanson soit modifiée à l'intention de Five, son nouveau boys band. Cowell en avait tellement envie qu'il a proposé à Martin une Mercedes 500 SL en échange, mais le producteur a refusé, affirmant la destiner à une jeune chanteuse nommée Britney Spears. « Tu es cinglé, aurait réagi Cowell, selon son biographe, Tom Bower. Avec un nom pareil, jamais elle n'aura le moindre succès[1]. » À l'évidence, le verdict de Cowell n'était pas très avisé.

Britney s'est montrée ravie que Martin lui destine cette chanson. « Je savais que c'était un titre formidable, s'est-elle souvenue par la suite dans les colonnes du *Guardian*. Cette chanson était différente et je l'adorais, même si on ne peut jamais savoir comment un titre sera reçu par le public. » Le style vocal très particulier de Britney sur cet enregistrement explique en grande partie son attrait. John Seabrook explique que Britney a chanté de cette façon parce qu'elle s'évertuait à imiter la voix de Martin sur la maquette. « Martin a une voix extraordinaire et rares sont ceux qui ont entendu cette maquette, s'est-il confié à *EW*. J'ai pu l'écouter et c'est vrai que Max chante comme Britney, jusqu'aux interventions dont on pourrait penser qu'elles étaient improvisées. En fin de compte, Britney a littéralement copié Max[2]. »

Une autre source d'influence aura été un groupe pop anglais des années 1980. Lors d'une interview à *Rolling Stone* en 2000, Britney raconte avoir longuement écouté « Tainted Love » de Soft Cell la veille de l'enregistrement. Cette chanson de 1981 était devenue un véritable hymne

---

1. Tom Bower, *Sweet Revenge: The Intimate Life of Simon Cowell*, Faber & Faber, 2012 (non traduit en français).
2. John Seabrook, *op. cit.*

gay, mais elle y a vu « un titre sexy » et c'est cette perspective qu'elle a adoptée au moment d'enregistrer son single.

« Je voulais que ma voix sonne un peu rouillée, a-t-elle expliqué. Je voulais que ma voix groove avec le fond musical. La veille, je me suis couchée très tard, si bien que j'étais fatiguée en arrivant en studio le lendemain. Au moment d'enregistrer, je n'ai pas poussé ma voix, mais le résultat est cool. Je descends très bas dans les graves, ce qui donne à la chanson un air sexy. Je n'arrêtais pas de me dire : "Surtout, ne dors pas." »

Weiss a reconnu par la suite ne pas avoir été emballé par les « Oh bab-bay bay-bay » improvisés par Britney en studio. « On a trouvé ça très bizarre au début, a-t-il expliqué à *EW*. Ce n'était pas comme ça que Max avait écrit la chanson, mais ça marchait et on s'est dit que c'était une entrée en matière idéale pour elle. » C'était la bonne décision. Aujourd'hui encore, lorsque les gens pensent à Britney Spears, ils se souviennent souvent de ces « *oh baby baby* ».

Plus le travail en studio se poursuivait et plus la pression était forte pour tous les participants à l'enregistrement. La choriste Nana Hedin se souvient qu'elle s'évertuait à coller avec le style très particulier de Britney. « Je m'efforçais de chanter comme elle, a-t-elle raconté au *Guardian*. C'était un boulot difficile, mais très marrant. D'une certaine façon, je suis un perroquet. Quand j'enregistre avec un chanteur, j'essaie de rester fidèle à sa diction comme à l'atmosphère de la chanson. »

Il aura fallu pas moins de deux à trois semaines pour peaufiner l'enregistrement, mais ce travail a payé à la sortie du disque. Britney et toute l'équipe de production étaient ravies du résultat. Leur seule inquiétude était liée à la phrase clé du single, « *hit me one more time* ». Ils craignaient que cette phrase soit perçue comme une référence aux violences domestiques, voire une apologie de celles-ci. Dans l'esprit de Martin, «*hit me*» faisait allusion à un coup de fil, et non un coup de poing. Face à son refus de modifier les paroles de la chanson, la maison de disques a retiré du titre les mots *Hit Me* pour ne laisser que ...*Baby One More Time*.

Le titre, enfin prêt, a été lancé sur les ondes en septembre 1998 où il a connu un succès instantané. Le reste appartient à l'Histoire. En trois minutes et trente et une secondes, Spears «a donné naissance à la pop adolescente du nouveau millénaire. En pimentant d'une bonne vieille controverse son image de jeune voisine idéale, elle inventait une recette promise à un bel avenir», pouvait-on lire dans le *Guardian*. Ce démarrage en flèche a marqué la carrière de Britney, mais la chanson ne s'est pas arrêtée là. Elle a fait l'objet de reprises par des groupes aussi éclectiques que Travis, les Dresden Dolls et Tori Amos. On a pu l'entendre à la télévision dans la série *Glee* comme dans l'émission de télé-réalité «Popstars» où elle a donné lieu à une version fiévreuse de Darius Danesh d'une telle intensité que Britney elle-même s'en est inspirée par la suite un jour où elle se produisait à la télévision en Grande-Bretagne.

Avant tout, encore fallait-il alimenter la dynamique de la chanson en mettant sur pied une tournée de promotion de vingt-six villes qui a vu Britney chanter son single dans des centres commerciaux ou lors de concerts parrainés par des magazines adolescents. Cette techniquecommerciale avait déjà permis de familiariser le grand public avec d'autres artistes, à l'image de Tiffany qui s'était fait connaître de cette façon à la sortie de son premier single, «I Think We're Alone Now». Comparé à la sophistication et à l'extravagance de certaines de ses tournées suivantes, ce premier contact avec le public respirait la modestie. Britney se produisait sobrement avec deux danseurs et se contentait de porter autour du cou une cravate de collégienne annonciatrice du clip qui accompagnerait bientôt sa chanson.

En attendant, les responsables de promotion chez Jive faisaient parvenir le nouveau single à toutes les stations de radio du pays, en avant-première. La réaction a été enthousiaste. L'intro accrocheuse de la chanson et l'interprétation très originale de Britney n'ont pas tardé à résonner dans tous les centres commerciaux comme sur les autoradios des États-Unis.

L'ampleur de cette promo radio constituait la meilleure preuve que le label fondait de grands espoirs en Britney. Loin de se contenter de mettre des singles promo au courrier en espérant que le succès se matérialise tout seul, Jive se lançait dans une campagne majeure, ainsi que l'a raconté par la suite au *Guardian* Clarke Ingram, directeur des programmes de WPXY, une station de radio pop new-yorkaise : « Le responsable du label nous a montré une vidéo de Britney répétant la chorégraphie de sa chanson. J'ai tout de suite compris que j'étais en présence d'une star en devenir, et pas seulement d'un tube potentiel. Au cours du déjeuner qui a suivi, je me suis engagé à mettre la chanson en playlist. »

Au départ, Britney ne croyait que modérément à l'adhésion des stations de radio. « Je priais tous les soirs, a-t-elle expliqué par la suite. Mon Dieu, je t'en supplie, fais que ma radio locale en Louisiane passe ma chanson. Et mon vœu a été exaucé. Du jour au lendemain, elle passait sur toutes les radios importantes de New York et tout s'est accéléré pour moi. Je n'en revenais pas. »

Britney s'est également rendue à Nashville où elle s'est produite devant les dirigeants de Jive et de BMG. Tous ses efforts et ceux de son équipe payaient.

Elle n'a jamais oublié la première fois qu'elle a entendu son single à la radio. Elle rentrait de New York en avion, Lynne était venue la chercher à l'aéroport de La Nouvelle-Orléans, et sa voix est sortie des haut-parleurs de la voiture. Lynne avait contacté personnellement la station locale, elle se trouvait dans son club de fitness quand elle a entendu la chanson pour la première fois sur les ondes. Des moments inoubliables pour la mère et la fille.

En ce qui concerne la vidéo, le label a fait appel à un réalisateur nommé Nigel Dick, qui avait déjà tourné des clips pour les Backstreet Boys, *NSYNC, Tears for Fears et Oasis. Il a pris l'avion pour New York afin de rencontrer Britney, mais le concept initial qu'il a proposé n'a pas séduit la chanteuse, ainsi qu'il l'a expliqué sur son propre site : « J'ai proposé une idée assez nulle, le label m'a obligé à la rappeler et Britney m'a expliqué qu'elle voulait un clip dans lequel elle rêvasserait de garçons, rongée par l'ennui dans une salle de classe. Tout est parti de là. »

Le projet de départ consistait à transformer Britney en un mélange de Xena la Guerrière et de Power Ranger, mais la chanteuse se voyait davantage dans la peau d'une lycéenne rêveuse. Ce jour-là, elle a montré qu'elle ne craignait pas d'exprimer ses envies.

Le clip a été filmé au lycée de Venice où avait déjà eu lieu le tournage de *Grease*. Britney dansait littéralement dans les traces d'Olivia Newton-John et de John Travolta. Dans la vidéo, on assiste à la métamorphose d'une ado timide du Sud rural en chanteuse électrisante et sexy. Elle dévoile son nombril en faisant un nœud aux pans de son chemisier blanc et se met à danser de façon suggestive avec une moue boudeuse. À la vue du clip, il ne faisait guère de doute que les adolescentes s'identifieraient à elle et qu'elle plairait aux garçons. Restait à savoir comment réagiraient les adultes face à cette lycéenne aux allures provocantes. Au même titre que l'expression « hit me », cette audace posait question à l'heure où la planète s'apprêtait à découvrir Britney.

Alors que Britney ne croyait pas vraiment au succès, sa chanson s'est vendue à 500 000 exemplaires le jour de sa sortie aux États-Unis avant de se hisser en tête des charts. Pas seulement en Amérique, mais dans tous les pays où elle figurait dans les hit-parades. Au Royaume-Uni, « ...Baby One More Time » a été le plus grand tube de l'année 1999 avec un million quatre cent mille exemplaires vendus. Lorsque la chanson est entrée dans les charts pop américains à la première place, toute la famille Spears a été « sous le choc, à commencer par moi », comme l'a écrit Lynne.

On s'en doute, le single faisait déjà partie de l'univers sonore des adolescentes quand Britney a chanté en première partie de la tournée de *NSYNC. Ce n'était pas forcément un cadeau pour elle, car les fans du boys band étaient venus applaudir leur héros et personne d'autre. Surtout une fille. Pour avoir assisté elle-même à un concert des Backstreet Boys avant d'entamer sa carrière, Britney savait que l'artiste programmé en première partie se faisait chahuter.

Lors du concert d'ouverture de la tournée de *NSYNC, en Floride, elle a bien entendu quelques huées au moment de monter sur scène. « Le public était essentiellement constitué de filles, s'est-elle souvenue par la suite dans un entretien à *Billboard*, mais j'ai fini par les rallier à ma cause. J'avais des danseurs masculins sur scène avec moi, et je peux vous assurer que ça aide ! » L'originalité de son single n'était pas non plus étrangère à ce succès. Tous ceux qui l'avaient entendu chantaient en chœur, bientôt rejoints par le reste du public. Britney, en assistant à ce phénomène, a trouvé ça « très cool ».

Britney aura été à bonne école lors de cette tournée initiale. Elle a notamment compris à quel point la pression était forte pour la tête d'affiche : « J'avais la chance de ne pas être en première ligne, je me contentais d'ouvrir la scène pour le groupe et de reprendre ma place dans le bus de tournée. Je n'avais aucune pression, contrairement à eux. » De la part d'une artiste aussi jeune, une telle lucidité était salutaire.

Le *Milwaukee Journal Sentinel* mentionnait Britney dans son compte rendu du concert. « La voix agréable de Spears et sa présence scénique ont largement contribué à crédibiliser un répertoire adolescent inepte, sa courte prestation de vingt minutes laissant deviner en elle la présence d'une chanteuse nettement plus intéressante qui pourrait bien crever un jour cet écran de mièvrerie », écrivait ainsi Gemma Tarlach de façon prémonitoire.

C'est lors de cette tournée que les relations ont commencé à devenir sérieuses entre Britney et Justin Timberlake, cet ancien du Mickey Mouse Club qui l'avait embrassée un jour dans le cadre d'un pari. Il était toutefois essentiel que leur relation reste secrète, notamment dans le cas de Timberlake qui ne voulait pas décevoir ses admiratrices. Quant à Britney, elle n'avait aucune envie de se mettre à dos ces dernières en s'affichant avec lui.

Lorsqu'on l'interrogeait sur sa vie sentimentale, Britney se contentait de répondre que sa carrière ne lui laissait pas le temps d'avoir un petit ami. De son côté, Timberlake répondait par une pirouette. « Je sors avec Britney depuis sept ans, disait-il. Je sors aussi avec deux de ses danseuses. » Quand on sait que le couple s'est séparé par la suite lorsque Timberlake a été accusé d'infidélité, ces blagues prennent un goût amer.

Les deux jeunes gens se retrouvaient dans des hôtels chics de Los Angeles, ou encore au Dublin's, un club proche de Sunset Boulevard. Certains témoins de ces moments se souviennent que Britney se montrait toujours très réservée. D'autres insistent sur sa naïveté et son admiration pour Timberlake au prétexte qu'il jouait du piano et de la guitare, ce qui n'a pourtant rien d'exceptionnel pour un chanteur.

Jamie Lynn a décrit sa propre vision de cette relation dans ses mémoires, usant de termes positifs: « J'adorais tout simplement Justin. C'était la première fois que je rencontrais un jeune homme aussi gentil et généreux[1]. » Elle ajoute que Timberlake était « toujours adorable avec moi, sa relation avec Britney m'a appris l'importance de la stabilité ». Jamie Lynn explique que Timberlake la traitait comme une petite sœur, au point de la « gâter chaque fois qu'il en avait l'occasion ».

Timberlake, sachant qu'elle aimait écrire des « sketchs », pensait qu'elle s'épanouirait un jour face à la caméra. « J'ai toujours été reconnaissant à Britney de la place qu'elle m'a laissée dans sa relation avec Justin, j'en conserve des souvenirs formidables. »

De nombreux moments heureux de cette période sont liés à la maison où vivaient Britney et Justin, près de Sunset Boulevard. Jamie Lynn a gardé un souvenir ému de ces journées « entre sœurs » dans la piscine, à imaginer des chorégraphies et à improviser des séquences entières. Jamie Lynn se souvient notamment du jour où Britney a mis au point un numéro de danse sur « Get the Party Started » de la chanteuse P!nk, avant de filmer la scène. Sa petite sœur a le souvenir d'avoir « chanté face à la caméra, culottée comme j'étais, avec le sentiment d'être une star. C'était ma sœur tout craché de veiller à ce que je me sente bien[2] ».

1. Jamie Lynn Spears, *op. cit.*
2. *Idem.*

En dépit de ces instants d'insouciance, Britney a commencé à se poser des questions au sujet de Timberlake. Elle se demandait s'il ne voyait pas d'autres chanteuses en cachette, notamment l'une des membres d'All Saints, un girls group anglo-canadien. Elle n'était pas la seule à s'interroger. C'était en particulier le cas de Lynn qui a tiqué lorsque sa fille a remis en question sa foi chrétienne après en avoir discuté avec Justin. Britney a déclaré un jour à sa mère: «Tu sais, maman, je ne suis pas certaine que l'opposition entre le bien et le mal ait un sens. Qu'est-ce qui est vraiment mal, en fait?» Et lorsque les jeunes amoureux ont évoqué la possibilité d'acheter une maison ensemble alors qu'ils n'étaient pas mariés et n'avaient que dix-neuf ans, Lynne n'a pas caché son inquiétude.

Le jour où les médias se sont longuement demandé si Britney avait subi une augmentation mammaire, on imagine sans peine la réaction de Lynne lorsqu'elle a lu cette déclaration de Timberlake: «Je ne sais pas pour ses seins, je n'ai jamais pensé à regarder que son derrière, qui est fantastique.» Le chanteur ne s'en est pas tenu là, il a multiplié les remarques curieuses, notamment ce commentaire ambigu rapporté par son biographe Sean Smith: «C'est ça qui est génial avec Britney: même quand elle ne comprend pas, elle comprend qu'elle ne comprend pas tout simplement parce qu'elle a un cœur gros comme ça[1].» Reste à savoir s'il y voyait un compliment, ou bien s'il faisait preuve de condescendance.

Du point de vue de Britney, son quotidien à Los Angeles aux côtés de Justin aura été édifiant, la vie dans la capitale du show-biz ne faisant qu'accroître la pression qu'elle s'imposait naturellement à elle-même. «Les filles originaires du Sud sont souvent très dures avec elles-mêmes

1. Sean Smith, *op. cit.*

parce qu'on attend d'elles qu'elles fassent plaisir à tout le monde et se comportent d'une certaine façon, a-t-elle reconnu plus tard. Je me suis installée à Los Angeles quand j'étais très jeune. Tout le monde m'observait à la loupe, il suffisait que j'aie une mèche de travers pour me sentir mal. Je me sentais mal pour un rien. »

On a souvent dit que la Britney des débuts était une gamine rouée, déterminée et culottée, avant tout soucieuse de se hisser en haut de l'affiche le plus rapidement possible. D'autres témoignages évoquent une fille naïve qui ne comprenait pas toujours ce qui se tramait autour d'elle. De façon caractéristique chez quelqu'un d'aussi contrasté, ces deux points de vue ont leur raison d'être. Britney était déterminée et intelligente, mais elle était également malléable et facile à exploiter. C'était tout autant une sainte sudiste qu'une star sexy. Elle a longtemps lutté contre ses contradictions, jusqu'à ce qu'elle finisse par se trouver, en même temps que le reste de la planète. En attendant, elle se battait pour réussir, et son premier album allait largement contribuer à établir sa popularité.

L'arrivée du succès n'en était pas moins problématique d'un point de vue personnel. Dans le recueil de ses souvenirs, Jamie Lynn se souvient que « la dynamique familiale s'est trouvée perturbée » dans la mesure où le rêve de Britney « affectait chacun d'entre nous ». « Tout le monde s'occupait d'elle, on se sentait tous responsables de sa réussite. Il fallait veiller à ce qu'elle reste heureuse et productive[1] », poursuit Jamie Lynn. Cette dernière, qui avait toujours obéi à ses parents, devait désormais privilégier les intérêts de Britney au détriment des siens. On lui faisait bien comprendre qu'elle ne devait en aucun cas contrarier sa grande sœur.

---

1. Jamie Lynn Spears, *op. cit.*

« Le plus compliqué, c'était que maman était ravie de l'attention que lui valait le fait d'être la mère de Britney. Les gens s'intéressaient d'un seul coup à elle, et elle adorait ça[1]. » L'extraordinaire popularité qu'allait acquérir Britney ne pouvait que créer des remous au sein de sa famille.

---

1. *Idem.*

4

LA VIERGE SUDISTE

Le succès de Britney est survenu très vite. Dix-huit mois seulement se sont écoulés entre le moment où elle a réalisé sa première maquette pour Larry Rudolph et le jour où son album initial s'est hissé à la première place des hit-parades américains. Un début fulgurant. Lorsqu'un album s'ouvre avec un titre aussi facilement identifiable que « ...Baby One More Time », ceux qui l'écoutent s'attendent à être déçus par la suite, ou bien au contraire à découvrir un disque exceptionnel. Peu de compositions pop, et encore moins d'albums pop, débutent avec une suite d'accords aussi connue. Il est clair que cette chanson constitue le point fort du disque, il était donc normal qu'elle ouvre le bal.

À l'écoute d'un titre aussi fort, la plupart des auditeurs étaient forcément curieux d'entendre la suite. « (You Drive Me) Crazy », écrit et produit par Max Martin, Per Magnusson, Jörgen Elofsson et David Kreuger, est un hymne incroyablement proche de « ...Baby One More Time ». C'est une chanson entraînante stimulée par une guitare rock acérée. Rarement l'excitation propre aux amours adolescentes a été aussi bien traduite en chanson dans les années 1990.

« Sometimes », le titre suivant, est doux et songeur. La voix de Britney, plus naturelle, se contente de suivre le groove lent du titre, demandant au garçon auquel elle rêve patience et confiance. Le changement de tonalité final contribue à donner à « Sometimes » une couleur estivale très cinématographique. Sans être aussi forte que les deux précédentes, cette composition apporte un peu de répit à l'auditeur. Un critique a fait la remarque que les trois premiers morceaux de l'album parlaient des garçons, « comme si elle ne pensait qu'à eux ». Ce n'était que le début.

Le style et l'ambiance changent à nouveau avec l'arrivée de « Soda Pop », un mélange de pop adolescente et de reggae. On a souvent décrié le côté ringard de la chanson, oubliant trop vite que Britney était elle-même une ado s'adressant à d'autres ados, et non à des fans de rock barbus et ventripotents. Le public de Britney avait envie de chansons insouciantes consacrées aux garçons.

Britney s'est inquiétée en découvrant les paroles de « Born to Make You Happy ». L'idée que les filles soient uniquement sur Terre pour rendre heureux leurs amoureux lui paraissait suffisamment dérangeante pour qu'elle exige certaines modifications au texte initial. « J'ai voulu qu'on change les paroles, s'est-elle confiée à *Rolling Stone*. "Born to Make You Happy" parlait de sexe et je trouvais que j'étais trop jeune pour ça. C'était une question d'image, je ne voulais pas aller trop loin. Me montrer sous une apparence sulfureuse n'aurait pu que me desservir. Je devais laisser ça pour plus tard. » Il n'empêche : qu'il s'agisse du titre de ses chansons, de leurs paroles, ou des photos d'elle publiées à la une des magazines, Britney n'a pas échappé à certaines critiques au début de sa carrière. On aurait presque pu croire que sa maison de disques faisait tout pour titiller le public. Quoi qu'il en soit, la formule a fonctionné.

En fin de compte, les chansons de Britney donnaient l'impression d'être les appels au secours d'une adolescente consciente que sa relation amoureuse était en péril sans qu'elle comprenne pourquoi, un thème universel s'il en est. Il s'est néanmoins trouvé un critique pour dire du répertoire de la chanteuse qu'il était « aussi médiocre que lamentable ».

La chanson suivante, « Bottom of My Heart », parle encore de garçons. Enregistrée aux 4MW East Studios dans le New Jersey et dans les studios Battery à New York, cette ballade mélancolique est à la fois aérienne et triste. Décrite comme « doucereuse », « ringarde » ou « géniale » selon les critiques, cette plage est anormalement longue pour un public pop adolescent puisqu'elle dure quatre minutes trente.

Le morceau suivant, « I Will Be There », peut sembler familier à certaines oreilles à cause de son riff de guitare évocateur de « Torn », le tube phare de Natalie Imbruglia. Le tempo est à nouveau élevé, ce qui remonte le moral après les affres amoureuses du titre précédent. Lorsqu'ils ont entendu Britney promettre fidélité éternelle au garçon qu'elle aime, bien des adolescents ont eu envie de l'avoir comme meilleure amie.

« I Will Still Love You » voit Britney partager la vedette avec l'excellent chanteur Don Philip. « Deep in My Heart » traduit à la perfection le romantisme de deux adolescents lorsqu'ils croient avoir trouvé l'âme sœur. « Thinkin' about You » est une variation sur le même thème, Britney nous explique que ses copines se plaignent de la voir consacrer trop de temps à son petit ami, au point de penser à lui, même quand elle se trouve avec elles. En définitive, elle « trouve ça normal ».

« E-Mail My Heart » a des résonances nettement plus adultes, du moins sur le plan musical. Cette ballade pleine de sensibilité, soulignée par un piano, n'échappe pas à la modernité avec ses sonorités électroniques. Des paroles telles que celles de cette chanson n'auraient pu exister dans les années 1960, mais en dehors de sa référence à Internet, ce titre est intemporel.

Cette intemporalité se trouve confirmée par la plage qui vient clore le premier album de Britney. La version originale de « The Beat Goes On », paroles et musique de Sonny Bono, a en effet été enregistrée en 1967 par Sonny & Cher. Son atmosphère songeuse et mature tranche avec le répertoire adolescent qui précède, donnant le sentiment que Britney ne tardera pas à grandir, musicalement et personnellement.

Sur le pressage original du CD, cette conclusion est suivie d'une plage « cachée ». Dans un message parlé, Britney remercie ses fans et vante les mérites de *Millenium*, le nouvel album des Backstreet Boys dont elle propose même quelques extraits.

Cet ajout aux vertus commerciales discutables n'aura pas suffi à gâcher la fête pour Britney qui n'a pas dissimulé son excitation et sa fierté lorsque l'album a débarqué dans les rayons des disquaires le 12 janvier 1999. Il n'est pas rare que des artistes gardent un souvenir ému du jour où est publié leur tout premier album. On n'aura aucune peine à imaginer l'effet que peut procurer un tel moment sur des chanteurs adolescents.

Il ne restait plus qu'à attendre la publication des premiers comptes rendus. Pour les critiques musicaux comme pour Britney, il s'agissait d'une première puisqu'ils ne connaissaient pas la jeune chanteuse et qu'elle n'avait jamais sorti de disque auparavant. Rédiger la chronique d'un premier album est toujours délicat dans la mesure où les critiques ne possèdent aucun repère.

Rolling Stone a vanté les mérites d'un disque qui « métamorphose avec succès cette ancienne Mouseketeer originaire d'une minuscule bourgade de Louisiane en une Lolita rugissante et survoltée », tout en regrettant que « les ballades de ce premier disque fassent penser à la Debbie Gibson de la pire époque ». Barry Walter estimait, lui aussi, qu'un « slow de pacotille tel qu'« E-Mail My Heart » relève de l'erreur de casting ». AllMusic établissait également la comparaison avec Debbie Gibson. Estimant que l'album « aurait pu être enregistré en 1989, et non 1999 », Stephen Thomas Erlewine écrivait que le CD de Britney proposait « le même mélange de pop dansante teintée de rap, et de ballades sirupeuses qui ont si bien réussi aux New Kids comme à Debbie Gibson ». Il n'en accordait pas moins quatre étoiles sur cinq à ce premier opus dont il aimait « les mélodies entraînantes et les rythmes dance ». Tout en regrettant la présence de « bouche-trous bien ficelés », il célébrait la sortie d'une « jolie sucrerie ».

Le critique de MTV déclarait que Britney « renouait avec ses années de lycée », ajoutant : « Je m'attendais à un certain nombre de bouche-trous (et il y en a quelques-uns), mais pas à un résultat final aussi curieux (d'un point de vue sonore). » La critique la plus dure paraissait sans doute dans les colonnes du magazine *NME*, l'album étant décrit comme « un caca sucré de maternelle ». En prononçant un verdict aussi cynique, l'hebdomadaire ne risquait pas de séduire les fans de Britney. « Espérons que sa voix porte quelques cicatrices le jour où elle connaîtra le même quotidien maussade que tout un chacun, poursuivait le critique du *NME*, qu'elle affiche une tronche moins béate et qu'elle se console dans la drogue, nous y gagnerons tous. Dépêche-toi de grandir, Britney ! » Le magazine professionnel *Billboard*, de façon plus mesurée, estimait sous la signature de Paul Verna que l'album était « un disque pop débordant de plages accrocheuses de la même eau que la chanson-titre ».

Le succès a été instantané dans le monde entier. Rien qu'aux États-Unis, l'album s'est commercialisé à ce jour à 10,6 millions d'exemplaires, au point de figurer à la 17e place des CDs les plus vendus depuis 1991. Britney a même détrôné Alanis Morissette qui était jusque-là la plus jeune chanteuse couronnée par un album de diamant aux États-Unis. L'album de Britney s'est hissé à la première place des charts dans cinq pays, et dans le Top 10 de douze autres. Britney est entrée dans l'Histoire devenant la cinquième artiste de moins de dix-huit ans à se classer tout en haut du *Billboard 200.* Elle aura vendu plus de vingt-cinq millions d'exemplaires de ce premier opus à travers le monde.

Britney brillait comme une étoile tout en haut des hit-parades, mais elle allait bientôt connaître la première grande polémique de sa carrière. Tout a commencé lorsqu'on lui a demandé de poser pour la couverture de *Rolling Stone.* La photo retenue par le magazine la montrait allongée sur un drap de satin rose, vêtue d'une petite culotte à pois et d'un soutien-gorge pigeonnant s'échappant de sa chemise grande ouverte. Elle tenait un téléphone d'une main et un Télétubbie de l'autre. Ce contraste entre l'aspect ouvertement sexuel et le côté enfantin de la chanteuse aura suffi à provoquer la controverse, venant battre en brèche son image d'adolescente sudiste sage.

Même les plus innocents n'ont pu s'empêcher de lire entre les lignes de cette photo de couverture prise par David LaChapelle, connu pour ses portraits de nus. En illustration de l'article consacré à Britney, on la voyait perchée sur un vélo d'enfant, le mot *baby* brodé sur l'arrière de son short. Et pour que personne ne se méprenne, le journaliste Steven Daly traitait ouvertement Britney de Lolita, faisant référence à ses « cuisses couleur de miel », son « ample poitrine » et son short « épousant la courbe de ses hanches ».

Ce numéro de *Rolling Stone* a non seulement battu tous les records de vente, mais il a probablement battu aussi tous les records en matière de polémique. Une Église américaine s'est empressée de remarquer que Britney mettait en avant « ses origines baptistes », mais que « cette profession de foi ne collait pas du tout avec le contenu ouvertement sexuel véhiculé par son image ». Les médias parlaient de « vamp » et de « séductrice », de « Lolita louisianaise ». En Écosse, un porte-parole de l'Église catholique a déclaré : « On ne devrait pas autoriser des gens comme Britney à servir de modèle. » Selon le *Guardian*, Britney faisait déjà preuve d'une « grande maîtrise commerciale ». L'American Family Association voyait chez elle un « mélange dérangeant d'innocence enfantine et de sexualité adulte ».

Restait à savoir ce que la chanteuse elle-même pensait de la polémique.

Elle a commencé par se montrer combative. « Où est le problème ? a-t-elle voulu savoir. J'ai pourtant des valeurs morales solides… Je ne regrette rien. J'ai trouvé ces photos jolies. Sans compter que j'en avais assez d'être constamment comparée à Debbie Gibson et toutes les autres artistes de pop adolescente. » Elle a toutefois reconnu par la suite sa perplexité en découvrant cette photo. « Je n'ai pas envie d'être la Lolita de quiconque », a-t-elle déclaré, ajoutant qu'elle était « flippée » à l'idée que des hommes d'un certain âge puissent poser sur elle un regard concupiscent. À l'entendre, l'excès d'attention porté à cet article était également pour elle une source d'embarras. Par la suite, dans une autre interview accordée à *Rolling Stone*, elle a laissé entendre qu'elle s'était contentée de jouer le jeu. « Comme à la télé. Quand vous voyez Jennifer Love

Hewitt ou Sarah Michelle Gellar tuer quelqu'un, ça ne veut pas dire qu'elles le font dans la vraie vie. »

LaChapelle, le photographe, a suggéré que Britney n'avait jamais été dupe. « Elle avait très bien compris, a-t-il dit. Elle savait pertinemment que ça déclencherait de nombreux commentaires. » Pourtant, en 2003, Britney déclarait avoir été « dupée » par le photographe, ajoutant qu'elle n'avait « aucune idée » de ce qu'elle faisait. Dans un entretien au magazine *GQ*, elle précisait : « J'étais dans ma chambre, je portais un petit pull et il m'a dit : "Remonte ton pull un petit peu plus." Il voulait insister sur le fait que j'aimais les poupées et je les lui ai montrées naïvement, mais avec le recul, je n'en reviens toujours pas de ce qui s'est passé. »

Lynne Spears a laissé entendre que la famille tout entière avait fait preuve de beaucoup de naïveté au cours de ces deux journées de séances photo. Des centaines de clichés ont été pris dans la maison des Spears comme dans les environs, sous la surveillance des parents de Britney. Lynne a décrit LaChapelle comme un garçon « excentrique et bohème ». Au moment de prendre des photos dans la chambre de Britney, ses parents et son manager n'ont pas été invités à entrer, et ils ont compris trop tard ce qui se passait. Lynne a aussitôt demandé à LaChapelle d'arrêter et Jamie était furieux.

Ils n'ont jamais imaginé un seul instant que les photos prises dans la chambre seraient publiées un jour, persuadés que quelqu'un donnerait son veto et que *Rolling Stone* soumettrait la photo sélectionnée à leur autorisation. C'est la règle en général avec les stars, mais aucun accord n'avait été passé au préalable. Au moment de la parution de l'article, Lynne s'est plainte : « C'est allé beaucoup plus loin qu'on ne l'imaginait. »

Lynne a fait preuve d'une grande naïveté. En 2008, dix ans après les débuts de sa fille, elle écrivait dans ses mémoires, *Through the Storm*, que « malgré cette couverture de magazine, ou peut-être grâce à elle, la carrière de Britney a explosé[1] ». L'utilisation du mot « malgré » montrait bien qu'une décennie après les faits, Lynne n'avait pas encore vraiment compris ce qui s'était joué à l'occasion de cette séance photo.

Cette une de *Rolling Stone* est cruciale si l'on veut comprendre comment s'est construite l'image de Britney, tout en étant en elle-même un fait social pour le moins intéressant. En 2022, comme le montre l'exemple de la chanteuse Miley Cyrus connue pour ses poses suggestives, un portrait similaire d'une princesse pop ne manquerait pas d'attirer l'attention du grand public sans pour autant créer le scandale. Dans le cas de Britney, cette photo et la polémique qui a suivi ont eu des conséquences explosives en la propulsant instantanément dans l'arène médiatique tout en lançant sa carrière. Cette couverture de magazine fait encore aujourd'hui l'objet de commentaires dans les articles et les documentaires consacrés à Britney.

On trouve un autre signe de la sexualisation de son image dans l'obsession des médias autour de la question de sa virginité. À dix-huit ans, elle affirmait officiellement être vierge. On verra dans cette déclaration la conséquence de ses origines sudistes et de son éducation baptiste. Une étude montre que 66 % des baptistes dans le Sud sont hostiles à l'avortement quelles que soient les circonstances, ou presque. En outre, 63 % d'entre eux estiment que « l'homosexualité ne devrait pas être encouragée par la société ». Quand on sait à quel point Britney a toujours cherché à séduire le public gay, on prendra la mesure de ses contradictions.

1. Lynne Spears, *op. cit.*

En 2001, Britney et Lynne ont publié ensemble un roman intitulé *A Mother's Gift*[1] consacré à une adolescente de quatorze ans appelée Holly Faye Lovell, originaire d'une petite bourgade du Mississippi baptisée Biscay. Holly quitte le patelin où elle vit avec sa mère, couturière de métier, afin de réaliser son rêve de devenir chanteuse. Le *Guardian*, dans sa chronique du livre, s'est montré plutôt rosse en disant que « la reine des mièvreries apporte une nouvelle fois la preuve que l'amour, aidé par une campagne publicitaire de plusieurs millions, est une fois de plus capable de triompher ».

Britney a eu besoin de tout l'amour de sa mère lorsque « Sometimes », le deuxième single extrait de son album, a tourné à la catastrophe. En voulant répéter les mouvements de danse prévus pour le clip avec des hauts talons, Britney a senti lâcher l'un de ses genoux. « J'ai eu extrêmement mal, j'ai tout de suite su que c'était grave », se souvient-elle dans *Heart to Heart.* De son propre aveu, elle a craqué. Les équipes de tournage se sont efforcées de la rassurer en lui expliquant qu'un peu de glace suffirait à calmer la douleur, mais Britney avait compris qu'il n'en était rien.

Lynne et Rudolph ont aussitôt voulu qu'elle consulte un spécialiste, mais ce dernier s'est contenté de l'apaiser en lui prescrivant du repos. Britney a demandé l'avis d'un autre médecin à La Nouvelle-Orléans qui lui a prescrit une radio avant de donner un verdict nettement moins rassurant : « Il faut opérer le plus vite possible, vous avez un fragment osseux qui se promène autour du genou. » Cette blessure ne pouvait pas tomber plus mal, au moment précis où décollait la carrière de Britney.

1. Britney et Lynne Spears, *Le Cadeau d'une mère*, Albin Michel, 2001.

Pendant huit longues semaines, elle a été soumise à des périodes de repos forcé entrecoupées de séances de kiné douloureuses. Il lui fallait à chaque fois étendre la jambe et plier le genou et elle a beaucoup pleuré, mais ce n'était rien à côté des moments d'inaction qu'elle trouvait interminables. Britney broyait constamment des idées noires, inquiète sur la suite de sa carrière. Quelques semaines plus tôt, elle était au zénith et voilà qu'elle se retrouvait immobilisée, seule avec ses pensées. Elle s'épanchait souvent sur l'épaule maternelle, mais son calvaire a fini par prendre fin.

Dans *Heart to Heart*, Britney explique que cette expérience a été salutaire : « Le Seigneur comme l'esprit humain ont parfois un fort pouvoir de guérison, à condition de se persuader qu'on ira mieux[1]. » On imagine difficilement de telles paroles sortir de la bouche de l'adolescente qui posait quelques semaines plus tôt pour *Rolling Stone* en petite tenue. On voit à quel point la chanteuse était encore en quête de sa véritable identité.

Une fois guérie, Britney a présenté un visage nettement plus riant. En mai 1999, coiffée d'une perruque noire afin de ressembler à Cher, elle chantait « The Beat Goes On » à Monte Carlo, à l'occasion des World Music Awards. Quelques mois plus tard, elle interprétait « From the Bottom of My Broken Heart » et « ...Baby One More Time » lors de la cérémonie des Grammy. À défaut de remporter le moindre prix alors qu'elle avait été nommée dans plusieurs catégories, elle avait conquis le cœur du public.

Le soir où elle était l'invitée principale de l'émission « Saturday Night Live », elle s'est moquée d'elle-même en débarquant sur le plateau avec une fausse poitrine

1. Britney et Lynne Spears, *op. cit.*

particulièrement opulente. À la même époque, elle a fait une apparition dans la série *Sabrina, l'apprentie sorcière*. L'épisode concerné, le premier de la quatrième saison, baptisé *Aller-Retour*, a été diffusé en septembre 1999. On y voyait Sabrina fêter son dix-huitième anniversaire et prendre la décision de s'installer à Paris afin d'y prendre un nouveau départ. Lors de son séjour dans la capitale française, la jeune sorcière avait droit à un concert privé de Britney qui apparaissait brusquement dans son salon et interprétait pour elle « (You Drive Me) Crazy ». Elle lui enseignait ensuite quelques pas de danse et lui expliquait qu'on « est parfois bien seule quand il y a plein de monde ». Melissa Joan Hart, l'actrice qui joue le rôle de Sabrina, lui a rendu la pareille en faisant une apparition dans le clip de la chanson.

Hart a conservé d'excellents souvenirs de ces moments avec Britney. « Elle était très jeune, on lisait le stress sur son visage, a-t-elle expliqué dans "Bethenny", le talk-show de Bethenny Frankel. Quand je lui ai proposé d'aller déjeuner, elle a tout de suite accepté, mais l'un des membres de son entourage a mis son veto : "Tu n'as pas le temps. Tu dois donner des interviews, tu as un cours avec ton prof de chant, tu dois t'entraîner avec ton coach, tu pars bientôt en tournée." Alors elle m'a dit : "Peut-être un autre jour", et je l'ai invitée à dîner le soir même. »

L'actrice raconte la suite : « Je suis passée la prendre à son hôtel, je lui ai proposé de sortir toutes les deux, et nous sommes allées en club. Comme elle n'avait pas l'âge légal pour boire de l'alcool, on est passées par l'issue de secours. On a dansé un peu, mais les gens se sont rués sur elle et on s'est retrouvées coincées à une table avec des inconnus. Quand je lui ai expliqué que je ne pouvais pas rester parce que je travaillais le lendemain, elle m'a dit: “Pas de souci. Je me débrouille. Ils me reconduiront à l’hôtel.” »

Un incident s’est chargé de rappeler aux proches de Britney que sa célébrité n’avait pas que des avantages. Un jour, Lynne et Jamie Lynn se trouvaient chez elles lorsque l’on a « frappé très fort » à la porte d’entrée. Un regard à travers le rideau du salon leur a permis de découvrir un inconnu qui hurlait : « Laissez-moi entrer ! » Lynne s’est enfermée avec Jamie Lynn dans la salle de bains en prenant la précaution d’emporter une arme et un téléphone grâce auquel elle a pu appeler la police. L’intrus a rapidement été emmené.

Peu après, les Spears ont engagé un garde du corps, un certain Big Rob, afin qu’il veille sur Britney. Ils ont également acheté deux bergers allemands de façon à mieux assurer leur protection. « On a pris l’avion pour la Californie. On voulait voir les chiens, Rob et Ory, histoire de s’assurer que le courant passerait avec eux, raconte Jamie Lynn dans ses mémoires. Des bêtes formidables, d’une loyauté à toute épreuve, qui n’auraient pas hésité à tuer pour nous protéger. »

Une autre fois, les Spears ont découvert la présence, dans une grange en ruine voisine de leur maison, d’un harceleur qui affirmait être marié à Britney. Comme il se nourrissait de boîtes de conserve qu’il ouvrait à l’aide d’un couteau, on peut comprendre l’inquiétude de la famille. Il a finalement été appréhendé, mais les déboires de Britney ne se sont pas arrêtés là : depuis sa cellule, il a expliqué à la police qu’il avait dissimulé une bombe à l’intérieur de la maison des Spears. La brigade de déminage a été dépêchée sur place, mais les recherches n’ont rien donné.

De nombreux autres incidents similaires venaient marquer le quotidien de la chanteuse, pas toujours aussi graves. Il n’était pas rare que des inconnus fassent le siège de la maison, voire qu'ils s'en approchent dans l'espoir de jeter un coup d'œil dans la chambre de Britney. Le quotidien de celle-ci et de ses proches n'avait rien d'enviable.

Dans le recueil de ses souvenirs, Lynne se souvient de la première fois où elle a vu sa fille sur scène. Assise en coulisses avec les équipes techniques, elle a éprouvé ce jour-là « un sentiment de nervosité mêlé d'excitation et d'hébétude ». Elle poursuit : « Elle se produisait en tête d'affiche pour la première fois et je l'ai regardée chanter et danser avec des yeux émerveillés. J'ai fondu en larmes à la fin du concert, on voyait enfin le fruit de tous nos efforts pour que Britney en arrive là[1]. »

La popularité de Britney est apparue en pleine lumière au mois de juin de l'année 2000 lorsque le musée de Kentwood lui a consacré une exposition. On pouvait y découvrir la réplique de la chambre d'enfant de Britney, avec ses poupées et ses peluches. Ce projet, imaginé par une habitante de Kentwood nommée Sandy Reed et la conseillère municipale Kathy Bryan, occupait toute une aile du musée. Britney n'avait pourtant que dix-neuf ans. Selon des sources fiables, ses parents avaient fourni une partie de ses vêtements d'enfant.

Britney ne compte pourtant pas que des admirateurs dans sa région où son succès a fait des jaloux. Lorsque son biographe, Sean Smith, s'est rendu à McComb, dans le Mississippi, en 2005, une « serveuse grincheuse » lui a déclaré : « Britney Spears ? Personne ne l'aime par ici. »

Le succès de Britney était un peu celui de toute sa famille, mais il n'aura pas suffi à reboucher les fissures qui s'étaient ouvertes au sein du couple formé par ses parents. L'idée même de divorce était « un concept totalement étranger » aux yeux de Lynne. Comme elle l'a écrit dans

1. Lynne Spears, *op. cit.*

Through the Storm, elle a finalement choisi de se « détacher » de Jamie en prenant la mesure des difficultés qu'ils rencontraient.

Avant même la naissance de Britney, sa mère avait entamé une procédure de divorce en accusant son mari d'adultère. Elle affirmait que Jamie l'avait trompée le soir de Noël. Quelques jours plus tard, elle frappait à la porte d'un avocat local. Elle exigeait la garde de Bryan, une pension de 200 dollars pour l'enfant et 400 dollars pour elle-même. Au mois de mars suivant, Lynne revenait sur sa décision, et retirait sa demande de divorce.

Plusieurs années plus tard, Jamie Lynn a décrit dans son livre la façon dont chacun veillait soigneusement à ne pas provoquer l'ire de Jamie au sein du clan Spears : « On faisait tout pour éviter de mettre papa en colère, et ce n'était pas facile[1]. »

Selon la légende, un incident est survenu un jour où Lynne a voulu apprendre à conduire à Britney alors que celle-ci avait quinze ans. La future chanteuse se trouvait au volant de la précieuse Lexus noire de sa mère lorsqu'elle a fait une embardée. Lynne s'est ruée sur le volant et personne n'a été blessé, mais « on savait tous que papa aurait piqué une crise s'il avait su que Britney conduisait[2] », ainsi que le raconte Jamie Lynn dans son livre.

De son côté, Lynne évoque des « propos cruels prononcés [par Jamie] dans le feu de l'action et sous l'effet de l'alcool ». Elle se souvient avoir été accusée d'être « stupide » et « égoïste ». Elle parle d'une relation d'« interdépendance » entre elle et son mari, faite de « reproches, de culpabilité et de honte ». À l'entendre, « une longue

---

1. Jamie Lynn Spears, *op. cit.*
2. *Idem.*

accumulation de déceptions a fini par m'atteindre, émotionnellement et psychiquement». À force de «réduire mon cœur en miettes, dit-elle, il ne restait plus rien[1]».

Dans son ouvrage *Britney: Inside the Dream*, Steve Dennis décrit des incidents proprement cauchemardesques: «Papa hurlant sur maman, recroquevillée sur le sol de la cuisine. Papa implorant ensuite le pardon de maman qui finissait par lui accorder une nouvelle chance[2].»

Dans ses mémoires, Jamie Lynn Spears écrit que «Papa n'a jamais vraiment arrêté de boire[3]», et que sa consommation d'alcool augmentait chaque fois qu'il était sans travail. Elle affirme que les anecdotes liées à son penchant pour la boisson ont toujours fait partie du «folklore familial».

L'une d'elles, survenue avant sa naissance, lui a été rapportée par la suite. La famille était réunie ce jour-là chez Pizza Hut pour un anniversaire lorsque Jamie est arrivé tardivement, «ivre au point de tenir à peine debout», incapable de «prononcer deux phrases d'affilée[4]».

On comprend que Britney se soit réfugiée dans la chanson et la danse, sachant qu'elle vivait dans une famille marquée par le manque et les souffrances. La musique constituait pour elle un «refuge». Britney avait dix-huit ans lorsqu'elle a posé la question à Lynne: «Maman, tu comptes vivre comme ça jusqu'à la fin de tes jours?»

Jamie a très mal réagi lorsque Lynne lui a annoncé son intention de divorcer. Ainsi qu'elle l'exprime avec diplomatie, «il a réagi sous l'effet de la colère», sans qu'elle s'en

1. Lynne Spears, *op. cit.*
2. Steve Dennis, *op. cit.*
3. Jamie Lynn Spears, *op. cit.*
4. *Idem.*

étonne. Le divorce a finalement été prononcé au mois de mai 2002. Lynne s'est alors installée dans une propriété baptisée *Serenity*. La maison, d'une valeur de 4,5 millions de dollars, a été construite exprès pour elle, conformément à un engagement pris par sa fille. « Si jamais tu quittes papa, je t'achèterai une maison », lui avait promis Britney. Et pour remonter encore un peu plus le moral de sa mère, elle lui a offert une Lexus à 62 000 dollars pour la fête des Mères. Le parcours de Britney n'était pas dénué d'embûches, mais elle voulait aussi se souvenir des bons côtés de sa réussite.

5

JUSTIN

En 2001, la relation entre Britney et Justin Timberlake était à son apogée. Cela faisait près de trois ans qu'on les disait ensemble. Ils formaient le couple phare de la pop, nombre de leurs fans respectifs étaient convaincus qu'ils finiraient par se marier et connaîtraient ensemble un bonheur sans tache.

Le mois de janvier les a vus se rendre à Rio de Janeiro à l'occasion du festival Rock in Rio. La manifestation, organisée sur sept soirs, proposait une affiche alléchante : Sting, R.E.M., Guns N' Roses, *NSYNC, Iron Maiden, Neil Young, ainsi que les Red Hot Chili Peppers. Le concert de Britney s'est déroulé le quatrième soir, en première partie du groupe *NSYNC de Justin. Le couple a passé trois nuits dans une suite de l'hôtel Intercontinental où ils se sont gavés de poulet frit, de frites et de Coca.

Ce contraste entre les goûts très simples de Britney et le cadre prestigieux de cet établissement hôtelier de luxe était caractéristique de la vie de la chanteuse sur la route. Le bus de tournée dans lequel elle se déplaçait était meublé de rangements sur mesure, de canapés en cuir, et d'une chambre particulièrement confortable. Elle exigeait dans sa loge la présence de bougies parfumées, de plantes en pot, voire d'arbres nains ornés de guirlandes lumineuses, ainsi que d'un grand canapé sur lequel s'allonger. Il n'est pas rare que les stars de la pop glissent des exigences dignes de divas dans les fiches d'accueil envoyées au préalable par leur management. De généreux paniers, garnis conformément à leurs vœux, les attendent en loge à chacun de leurs concerts.

De ce point de vue, les demandes de Britney restaient très ordinaires. Elle souhaitait invariablement des chips, du thon blanc frais, des pastilles de menthe Altoids, du café parfumé à la vanille, des biscuits Pop-Tarts, des chips de maïs Doritos et des légumes crus.

Ces produits reflétaient fidèlement ceux dont elle assurait la promotion officielle. Dès 2000, elle participait à une publicité pour McDonald's avec *NSYNC, mais elle signait son plus gros contrat l'année suivante avec la marque Pepsi, pour un montant estimé à 8 millions de dollars, à en croire la rumeur.

Elle a évoqué par la suite le tournage de quatre jours, réalisé à cette occasion, au cours duquel elle a tenu plusieurs rôles. « On a tourné dans des décors différents, l'un des personnages que je devais interpréter était Robert Palmer, s'est-elle confiée au magazine *People*. On a fait un remake de "Simply Irresistible", il a fallu me coiffer et me grimer », explique-t-elle dans l'article. « L'opération a pris une éternité parce que je devais me transformer en homme ! » Elle a ajouté que sa coiffure était « trop fournie », et regretté de ressembler « à une fille avec une barbe ».

Le magazine *W* a trouvé ces publicités « très emblématiques », et il est vrai que son nom reste aujourd'hui encore associé à ce soda. Dans une chanson aujourd'hui très datée, « Britney », le boys band Busted chante même : « Je peux te goûter grâce à Pepsi. » La publicité suivante, diffusée à l'occasion du Super Bowl 2004, la réunissait avec Enrique Iglesias, Beyoncé et P!nk. Le clip débutait dans la Rome antique où Britney et ses deux consœurs, déguisées en gladiateurs, se battaient sous les yeux d'Iglesias. Pour le magazine *W*, cette pub célébrait « la puissance féminine en 90 secondes ».

Britney ne s'est pas arrêtée là, elle a prêté son image à une foule d'autres marques.

Dès 1999, elle louait les vertus de l'appareil i-Zone de Polaroïd et célébrait les baskets Skechers. L'année suivante, Clairol lui demandait de vanter les mérites de son shampooing Herbal Essences, et Got Milk? ses produits laitiers, un choix logique pour une chanteuse qui a grandi dans une région d'élevage. Le message de Got Milk? trouvait sa meilleure illustration à travers l'exemple de Britney, à qui n'importe quelle gamine pouvait espérer ressembler un jour, à condition de boire beaucoup de lait.

En 2002 était passé un accord avec PlayStation. Il s'agissait de lancer un jeu, baptisé *Dance Beat*, dans lequel Britney se mettait en quête de danseurs en prévision de sa tournée mondiale. La saison suivante, la chaîne de restauration italienne Sbarro glissait un CD de Britney dans le couvercle de ses gobelets en carton géants.

Le contrat qu'a signé Britney avec un restaurateur new-yorkais aura été moins heureux. La chanteuse s'est associée avec Bobby Ochs, propriétaire d'établissements fréquentés par les célébrités, afin de lancer Nyla, un acronyme constitué des abréviations de New York et de son État de Louisiane. Aménagé au rez-de-chaussée du très chic Dylan Hotel sur la 41e Rue Est, Nyla était censé servir, au cœur de Manhattan, des spécialités culinaires du pays cajun. Ochs comptait attirer les fans de la chanteuse, persuadés de la voir sur place.

Britney a mis fin à ce partenariat au terme de quelques mois seulement, arguant du fait que l'établissement était mal géré et qu'elle n'était pas « tenue au courant du fonctionnement du restaurant », à en croire le communiqué publié à l'époque par son entourage. *New York Magazine* expliquait dans le même temps que le manager initial de Nyla, Bobby Ochs, avait annoncé une perte de 350 000 dollars dès le jour de l'ouverture. Quand les critiques gastronomiques s'y sont mêlés en jugeant « moyenne » la qualité des plats, Britney s'est retirée en souhaitant « tout le succès du monde au restaurant et à son propriétaire actuel ». Il n'en a rien été, car Nyla a fermé ses portes et s'est mis en faillite peu après le départ de Britney, laissant 400 000 dollars de dettes à ses créanciers.

D'autres contrats publicitaires allaient suivre, mais Britney devait tout d'abord réaliser un nouvel album. Après six jours de repos en conclusion de la tournée « …Baby One More Time » en septembre 1999, elle rejoignait New York afin d'enregistrer les premières chansons, le plus gros du travail étant finalisé au mois de novembre. Ces séances se sont déroulées dans trois studios new-yorkais différents : Avatar, Battery et Electric Lady. Des enregistrements complémentaires ont également eu lieu à Hollywood et Orlando, mais aussi en Europe dans les studios Cheiron de Stockholm comme dans ceux de La Tour-de-Peilz, en Suisse. Elle s'était entourée de plusieurs directeurs artistiques, à commencer par ses producteurs précédents, Max Martin, Rami Yacoub, Per Magnusson et David Kreuger.

Un grand poids pesait sur les épaules de Britney, elle n'avait pas le droit de décevoir après le succès de son album initial. Le syndrome du « deuxième album » n'est pas une légende. « Ce n'est pas facile de proposer mieux quand on a vendu dix millions de disques, déclarait-elle à MTV News. Mais après avoir écouté et enregistré les nouvelles chansons, je suis très confiante. » Elle avait d'ailleurs testé une partie de son nouveau répertoire à l'occasion de la tournée « ...Baby One More Time ». Elle avait notamment chanté « Oops!... I Did It Again », ainsi que « Don't Let Me Be the Last to Know », une ballade qu'elle interprétait perchée sur un tapis volant. « La pression est importante, c'est vrai, reconnaissait-elle. Mais à mon avis, [*Oops!...*] est bien meilleur que l'album précédent. Il est plus nerveux, plus agressif. Il me ressemble davantage et je suis persuadée que les ados s'y retrouveront mieux. »

Au vu de la réussite commerciale du premier enregistrement, on pouvait difficilement s'attendre à ce que le suivant s'ouvre sur des accords encore plus marquants. C'est pourtant ce qui se produit avec la plage-titre du disque, « Oops!... I Did It Again ». Dans cette chanson, elle joue avec les sentiments du garçon qui l'aime et reconnaît de façon incisive qu'elle n'est pas « aussi innocente » qu'on le croit. On peut y voir l'affirmation que la pop adolescente de son premier album appartenait au passé, même s'il s'agissait d'un passé proche. D'un point de vue musical, la chanson était évocatrice du single qui l'avait fait connaître tout en rappelant le son de Michael Jackson.

« Stronger » la voit adopter délibérément un style vocal différent sur des couplets très rythmés avant de retrouver sa voix normale sur les refrains. Le magazine *NME* a publié un avis très tranché sur cette chanson, évoquant « une pop synthétique gonflée à l'hélium et une progression d'accords digne du groupe ABBA sur les refrains, dans un registre plus inquiétant et robotique que celui des Backstreet Boys ».

Le texte, qui voit Britney se défendre de « t'appartenir » tout en insistant sur sa capacité à « réussir par moi-même », est prémonitoire de l'affrontement qu'elle aura par la suite avec son père lors de sa mise sous tutelle. De façon étrange, de nombreuses compositions antérieures à cette tutelle annoncent le sort qui l'attend, comme on le verra par la suite.

« Don't Go Knockin' on My Door » démarre cette fois encore par une voix électronique. Il ne s'agit plus du tout de la chanteuse perdue et malheureuse de ses débuts, mais d'une femme rebelle et pleine d'assurance qui va de l'avant après une séparation. Un hymne comparable au tube « I Will Survive » qui avait tant séduit la génération précédente.

Vient ensuite une reprise inattendue de « (I Can't Get No) Satisfaction » des Rolling Stones. Produite sous la houlette du producteur Rodney Jerkins dans les studios Pacifique Recording à Hollywood au lendemain de la 42e cérémonie annuelle des Grammy Awards, cette relecture urbaine d'un standard du rock nous montre une Britney au comble de la frustration. « Satisfaction » est la première d'une série de reprises qui permettront à la jeune star de la pop de s'attaquer à des monuments du passé, une démarche qui nécessite une certaine assurance.

« Don't Let Me Be the Last to Know » ressemble davantage au répertoire passé de Britney. Dans ce texte, elle attend que son petit ami lui déclare sa flamme. Pour de nombreux fans, cette composition pop plus traditionnelle offrait un répit bienvenu au cœur d'un album aux sonorités essentiellement urbaines. Il s'agit de l'une des chansons préférées de Britney, pas seulement sur ce deuxième album, mais dans l'ensemble de son répertoire. « C'est une chanson à la fois pure et délicate, a-t-elle déclaré à MTV News. Elle fait partie de ces titres qui vous accrochent. »

« What U See (Is What U Get) » a un côté inquiétant, au même titre que « Lucky », la plage suivante. Ce titre évoque le sort d'une femme célèbre qui se sent vide, seule et malheureuse en dépit de tout ce qu'elle possède : la gloire, l'argent, la beauté. Qui aurait pu se douter, à ce stade de la carrière de Britney, à quel point ce portrait allait devenir le sien ?

« One Kiss From You » est évocateur d'un thème universel, celui des émotions que l'on ressent à l'orée d'une aventure amoureuse. « Where Are You Now » est l'une des chansons les plus méconnues du répertoire de Britney. Après avoir envisagé un temps de la choisir pour son premier album, ses producteurs l'ont finalement gardée pour le suivant.

« Can't Make You Love Me » est un titre europop dans lequel Britney affirme que son succès ne pèse rien face aux sentiments du garçon pour lequel elle a craqué. « When Your Eyes Say It » est une reprise d'une chanson de Diane Warren, tandis que « Dear Diary » est une autre composition qui aurait pu figurer sur l'album précédent. Dans ce texte dont elle a dit qu'il était autobiographique, elle voudrait devenir « bien plus qu'une amie » avec le garçon auquel elle s'adresse.

Avec un tel contenu, ce deuxième album ne pouvait que dissiper les doutes de son entourage. Britney elle-même était particulièrement fière du résultat. « Je venais tout juste d'avoir seize ans quand j'ai enregistré mon premier disque. Chaque fois que je vois la pochette, je lève les yeux au ciel, déclarait-elle sur MTV. Ce deuxième album est entièrement différent, son contenu est infiniment plus funky et nerveux. Il est aussi le reflet d'une plus grande maturité car j'ai grandi dans l'intervalle. »

Oops!... est sorti le 3 mai 2000, moins de dix-huit mois après son prédécesseur. Geoff Mayfield, le responsable des hit-parades du magazine *Billboard*, estime que « le timing est excellent ». Il ajoute : « D'après moi, si les fans sont jeunes, le mieux est de battre le fer pendant qu'il est chaud. Tout le monde est à peu près d'accord sur ce point dans le métier. »

« Comment une star adolescente peut-elle proposer mieux qu'un album vendu à plus de neuf millions d'exemplaires rien qu'aux États-Unis ? », se demande l'auteur de la chronique du deuxième album publiée dans *Billboard*, résumant parfaitement le challenge auquel était confrontée Britney. Le journaliste répond à sa propre question en remarquant que ce nouvel opus « est proche du précédent tout en s'aventurant sur un terrain susceptible d'intriguer le public ».

La chronique de *Billboard* ne se contente pas de toucher le cœur du problème, elle résume également ce qui rend la voix de Britney si accrocheuse. Sans voir en elle « une adepte des acrobaties vocales comme le sont ses collègues Jessica Simpson et Christina Aguilera, son style immédiatement identifiable montre qu'elle atteint un degré d'émotions que n'obtiennent pas nécessairement celles qui sont capables de briser un verre en cristal avec leur voix ». L'auteur de la chronique conclut en disant que *Oops!...* « révèle une jeune femme pleinement consciente de ses capacités ».

Dans les colonnes de *Rolling Stone*, Rob Sheffield attribue au disque une note de trois et demi sur cinq, évoquant « un fantastique album de pop ringarde ». Il note au passage que « derrière ce vernis ringard se dissimule une artiste complexe, déterminée et tout simplement formidable, ce qui fait d'elle une héritière naturelle de l'école rock'n'roll ». *NME*, qui avait éreinté le premier album de Britney, célèbre celui-ci en avertissant ses lecteurs qu'ils finiront par « l'adorer malgré eux ». La musique de Britney « vous envahit le cerveau comme une dose de kétamine », au point de « vous défoncer totalement de façon terrifiante ». Il ajoute que « la musique de Britney est une drogue». Le chroniqueur s'appuie sur la chanson-titre, dont il trouve qu'elle ressemble à s'y méprendre à «...Baby One More Time» dans la mesure où «elle vous colle votre dose dès les premières secondes avec ses riffs façon Michael Jackson des années 1980, ses cris perçants, son refrain à tomber, son pont entraînant». «Tout y est», conclut le journaliste.

David Browne, de l'hebdomadaire *Entertainment Weekly*, attribue un B à l'album en écrivant qu'il «nous rappelle une fois de plus que la pop de qualité à l'époque actuelle apporte une bouffée d'air frais dans une pièce surchauffée». Lennat Mak, de MTV Asia, évoque «un deuxième album brillant», ajoutant que «Spears nous revient avec l'image d'une star plus adulte et aguerrie, des chansons plus fortes et plus pop, sans oublier un énorme plan média».

À l'inverse, le site A.V. Club déclare: «Personne ne s'étonnera qu'à image de sa chanson-titre, "Oops!... I Did It Again" soit un triste ramassis de chansons bien faites, mais téléphonées et ringardes, un album qui se répète à chaque nouvelle plage en allant chercher son inspiration du côté d'une chanteuse aussi fade que Diane Warren et de producteurs sans âme venus de Suède».

Cela n'a pas empêché *Oops!...* de connaître un succès commercial considérable puisqu'il a débuté à la première place des charts dans une quinzaine de pays, dont les États-Unis, tout en inscrivant son nom dans le Top 10 d'une dizaine d'autres. Aux États-Unis, de tous ceux enregistrés par des chanteuses, *Oops!* a longtemps détenu le record de l'album aux ventes les plus fulgurantes depuis la création de ce baromètre en 1991. Quinze ans s'écouleront avant qu'une autre artiste fasse mieux, en l'occurrence Adele avec son album *25*, écoulé à 3338000 exemplaires la semaine de sa sortie. Au total *Oops!...* s'est vendu à vingt millions d'exemplaires dans le monde.

Dans le même temps, à mesure que se multipliaient les chroniques, la presse bruissait de rumeurs liées à la vie privée de Britney. En particulier, sa relation avec Justin Timberlake fascinait les médias. Le jour de ses dix-neuf ans, Timberlake réservait une surprise de taille à Britney. Il commandait à cette occasion vingt-six douzaines de roses afin de décorer sa chambre d'hôtel de Palm Springs. Il avait demandé en outre que soient disséminés à travers la pièce les pétales de dix autres douzaines de roses. Le geste était pour le moins romantique, mais il se murmurait que Britney ne s'intéressait plus uniquement à Timberlake.

Quelques mois plus tôt avaient circulé des rumeurs selon lesquelles Britney et le prince William étaient épris l'un de l'autre. En apprenant que le petit-fils de la reine, âgé de dix-sept ans, en pinçait pour elle, Britney lui avait envoyé un exemplaire dédicacé de son nouvel album, accompagné de plusieurs photos, et tout était parti de là. Il se disait même que la jeune chanteuse avait décidé de s'acheter un manoir dans le Gloucestershire de façon à se rapprocher de la résidence royale de Highgrove House.

Invitée d'un talk-show animé par Frank Skinner en Angleterre, Britney a été interrogée au sujet de ces rumeurs : « Nous avons échangé des mails pendant quelque temps, il était censé venir à l'un de mes concerts je ne sais plus où, mais ça ne s'est pas fait, et voilà tout. » De son côté, le prince William finissait par publier un communiqué dans lequel il se plaignait de l'« exploitation » de ces rumeurs. Il est clair que ces dernières jouaient davantage en faveur de Britney que de lui.

En juin 2001, les médias du show-biz ont laissé entendre que Britney et Justin Timberlake avaient eu un accident de la route dans lequel elle avait été tuée et auquel le jeune chanteur avait échappé de justesse. Cette annonce a semé un vent de panique chez les fans. La police, les pompiers et les hôpitaux de Los Angeles ont été submergés par des centaines d'appels du monde entier, dans la foulée de l'annonce par la station de radio de Dallas KEGL-FM, dans son émission « Nightime Radio Show », de la mort de Spears à la suite d'un accident qui laissait Timberlake dans le coma.

La jungle d'Internet est venue attiser les flammes de cet incendie en multipliant les commentaires les plus insensés. On apprenait ainsi que Britney roulait à cent soixante-dix kilomètres à l'heure sur une autoroute de Los Angeles et qu'une bouteille d'alcool vide avait été découverte sur le lieu du drame. L'histoire était inventée d'un bout à l'autre. L'une des porte-parole de Britney a déclaré à *Entertainment Weekly* qu'il n'y avait jamais eu le moindre accident, que Britney et Justin se portaient parfaitement bien, et que leur entourage envisageait de porter plainte pour diffusion d'informations mensongères.

Il était vrai, en revanche, que la relation de Britney et de Timberlake arrivait à son terme. Après avoir laissé entendre qu'ils se marieraient « dans un avenir proche », voilà que le couple se séparait. La première, la mère de Timberlake a fait état de difficultés entre eux, en déclarant au magazine *People* qu'ils avaient « des problèmes en ce moment ».

Timberlake s'est empressé d'attribuer cette rupture à Britney, au prétexte qu'elle l'avait trompé. Il révélait à cette occasion que ses trois premières petites amies lui avaient toutes été infidèles : « C'est Britney la troisième, elle s'est comportée comme les deux précédentes qui m'ont rendu très malheureux. Elles se sont toutes comportées de la même façon. » Il précisait toutefois être convaincu que Britney avait « beaucoup de cœur » et ajoutait : « Je ne pense pas qu'il soit raisonnable de ma part de rester avec quelqu'un en qui je n'ai plus confiance. »

Lors d'un entretien avec l'animatrice de télévision Diane Sawyer, Britney a reconnu que cette séparation avait été « très dure » et « assez bizarre ». Lorsque Sawyer l'a interrogée sur les allégations de Timberlake relatives à son infidélité, Britney s'est montrée hésitante : « Je ne vais pas dire qu'il a tort techniquement, mais il n'a pas techniquement raison non plus. » Sawyer l'a ensuite accusée d'avoir maltraité Timberlake, au point de le faire pleurer. Elle a également insisté sur le fait que Britney avait provoqué la colère « de nombreuses mères de famille de ce pays » avec ses clips provocateurs, ce à quoi de nombreux fans ont réagi par la suite en reprochant à Sawyer de « culpabiliser Britney en la traitant de traînée ».

Un grand nombre de commentateurs estiment que le destin de Britney a basculé à cette époque de sa vie, alors que s'accumulaient les nuages au-dessus de sa tête. Jusque-là, Britney avait toujours conservé une certaine maîtrise de sa carrière. On écoutait son avis lorsqu'il s'agissait de tourner des clips ou d'imaginer le contenu de ses spectacles. Elle auditionnait personnellement les musiciens, chanteurs et danseurs qui se produisaient en concert avec elle. Elle donnait l'impression d'être une jeune star joyeuse et saine, mais la rupture avec Timberlake et le changement d'attitude de certains médias à son endroit l'ont profondément blessée. L'innocence et l'insouciance qui la caractérisaient ont brusquement disparu. La nouvelle Britney n'affichait plus la même joie de vivre, cédant la place à une star autodestructrice.

Il semble qu'elle ait très mal vécu la façon dont certains médias ont évoqué sa séparation. Les journalistes sont souvent prompts à pointer du doigt les incidents qui viennent entacher le quotidien des célébrités. Dans le cas de Britney, elle ne s'est pas embarquée dans une spirale délétère à la suite d'un simple chagrin amoureux. Il est clair qu'elle a choisi de s'engager sur une voie différente qui l'a poussée en pleine lumière alors même qu'augmentait chez elle la part d'ombre, de façon assez paradoxale.

Au lendemain de la séparation, Timberlake a sorti un single dans lequel beaucoup de ses fans ont cru discerner une critique de Britney. « Cry Me a River » évoquait une rupture, un thème qui n'a rien d'inhabituel dans l'univers de la pop, mais le lien avec l'histoire personnelle de Justin était flagrant quand on regardait le clip attaché à la chanson, dans lequel un sosie de Britney tenait le rôle de la petite amie infidèle. L'actrice concernée avait même été affublée de lunettes de soleil roses, une allusion qui ne risquait pas d'échapper aux fans de la chanteuse.

Britney, alertée, aurait pu censurer la vidéo. Elle s'en est expliquée dans les colonnes de *Rolling Stone* : « Il m'a appelée et m'a dit, au détour de la conversation : "À propos, je t'ai fait figurer dans mon prochain clip. Pas de souci, rien de bien méchant." »

Britney a été contactée dans la foulée par la maison de disques de Timberlake, qui lui a proposé de donner son veto si elle le souhaitait. « J'aurais très bien pu empêcher la sortie du clip, mais je me suis dit que c'était le sien, après tout. » On s'en doute, elle s'est montrée moins magnanime après avoir visionné la vidéo. « Quand elle est sortie, je me suis dit : "Tu aurais mieux fait de censurer cette m…" Je n'en revenais pas. "C'est quoi ce délire ?" »

Malgré ses réserves, Britney avait assez de professionnalisme pour admirer le culot de son ancien petit ami. « J'ai personnellement le sentiment qu'il s'agit d'une tentative désespérée », notait-elle, ajoutant que c'était « un excellent moyen de vendre son disque. C'est malin de sa part ».

Les obstacles ont été présents dès le début de la carrière de Britney, qu'il s'agisse des spéculations relatives à ses implants mammaires supposés ou de sa virginité. Ces incidents ont mal résisté à l'épreuve du temps, on perçoit des connotations malsaines dans la fascination des médias pour la jeune star, mais on a parfois laissé entendre que ces élucubrations lubriques avaient été encouragées par Britney et son entourage.

L'un des premiers signes de cette transformation de Britney en femme-objet accompagne la rumeur selon laquelle elle s'est fait refaire les seins. Le clip de « (You Drive Me) Crazy », dans lequel sa poitrine était montrée en gros plan pendant qu'elle dansait, semble avoir aiguisé l'appétit des médias. D'aucuns ont cru pouvoir en déduire que sa poitrine avait récemment augmenté de volume.

Lorsque son management a fait part à la presse de son opération du genou, certaines personnes se sont demandé s'il ne s'agissait pas d'un alibi visant à cacher une opération cosmétique. Et même lorsqu'elle est arrivée sur un plateau de la chaîne MTV avec des béquilles, nombreux ont été ceux qui ont cru à une diversion.

Reg Jones a jeté de l'huile sur le feu en affirmant que son ancienne petite amie rêvait depuis longtemps d'être opérée. « Elle parlait déjà d'avoir des implants quand elle avait seize ans, a-t-il déclaré. Elle était persuadée que ça servirait sa popularité si elle avait une silhouette à tomber. »

Le plus triste exemple de cette fixation sur les seins de Britney est probablement l'interview réalisée en 1999 par la télévision néerlandaise, au cours de laquelle Ivo Niehe, un présentateur d'un certain âge, s'est tourné vers une Britney de dix-sept ans en déclarant : « Il reste un sujet que nous n'avons pas évoqué alors que tout le monde en parle. Celui de vos seins. » Le malaise qui a suivi sur le plateau était palpable. Britney, très gênée, a répondu : « Mes seins ? » Niehe s'est enferré en lui demandant son opinion sur les implants mammaires. Britney a répliqué qu'elle trouvait « triste » d'être soupçonnée d'avoir subi une opération. « Ça ne me dérange pas qu'on fasse ça si on en a envie, mais ce n'est pas mon cas », s'est-elle défendue.

Cette interview est restée tristement célèbre pour avoir été utilisée dans un documentaire récent, *Framing Britney Spears*, réalisé par Samantha Stark (II) et produit par le *New York Times*, en 2021. Les usagers des réseaux sociaux ont abondamment critiqué le présentateur hollandais pour le mauvais goût de ses questions. Niehe a toutefois précisé depuis qu'il avait abordé ce sujet sur les instances du management de Britney, soucieux d'offrir à cette dernière l'occasion de s'expliquer au sujet des rumeurs qui couraient. Quant à la couverture à scandale de *Rolling Stone*, elle a plutôt desservi l'intéressée en permettant aux médias de parler ouvertement de son corps et de sa vie privée.

Quoi qu'il en soit, il est clair que Britney a grandi artistiquement à une autre époque. L'obsession des médias pour le physique des adolescentes existe peut-être encore de nos jours dans certaines sphères, mais elle a toutes les chances d'être l'objet de critiques appuyées au lieu de bénéficier de l'impunité, comme c'était le cas il y a vingt ans. Dans un entretien à *TV Guide*,

Britney a tenté de mettre fin à la rumeur, niant avoir été opérée. « Quand j'ai signé mon contrat, ma maison de disques a organisé des séances photo, raconte-t-elle. Ce sont ces portraits qui ont été utilisés par la suite. Je pesais quarante-huit kilos alors que j'en pèse dix de plus aujourd'hui. » D'après elle, cette « prise de poids » suffisait à expliquer ce changement de silhouette.

Au sein d'une certaine presse, le sujet n'a jamais été abandonné entièrement. Encore en 2018, un spécialiste de chirurgie plastique estimait que Britney avait probablement subi une deuxième opération, alors qu'une vidéo postée sur Instagram venait à nouveau alimenter la rumeur.

En examinant de près ce qui se disait en 2001, on s'aperçoit que le sujet de discussion principal autour de Britney était celui de sa virginité. La question lui était posée à tout bout de champ, journalistes et commentateurs consacraient des pages entières à ce sujet. En 2000, Britney déclarait à la radio : « Oui, je suis vierge. Je suis fermement décidée à ne pas avoir de relations sexuelles avant le mariage. Je préfère attendre de rencontrer la bonne personne. »

Cette déclaration n'aura pas suffi à tarir la curiosité des médias, bien au contraire. Elle a sans doute même alimenté la fascination du grand public. Un homme d'affaires dont l'anonymat a été préservé a contacté la maison de disques de Britney, offrant de verser 7,5 millions de dollars en échange de sa virginité. Britney, on s'en doute, a trouvé cette proposition affligeante. « Je trouve ça dégoûtant, a-t-elle déclaré. Ce type-là devrait prendre une douche froide et me laisser tranquille. Je trouve ça inouï qu'un tel personnage puisse mettre sur la table une proposition aussi scandaleuse. »

De façon logique, les médias toléraient de moins en moins le fossé séparant les professions de foi rigoristes de la jeune chanteuse de l'image sulfureuse qu'elle projetait dans ses clips comme sur ses photos officielles. On pouvait lire dans le *Guardian* que Britney « joue de sa virginité comme d'une paire de cache-tétons ». D'une façon qui ne passerait probablement plus en 2023, la journaliste Polly Vernon posait la question de savoir si Britney était « une traînée aguicheuse dotée d'implants mammaires », ou bien « un modèle de vertu chrétienne à la moralité inoxydable, une version améliorée des Spice Girls ou l'anti-Madonna par excellence ». En 2000, le magazine *People* consacrait un portrait à Britney sous le titre : « Trop sexy trop jeune ? »

Lors d'une conférence de presse donnée avant une remise de prix à Cannes en 2002, un journaliste lui posait à nouveau la question : « Est-ce vrai que vous êtes toujours vierge ? » Après une courte pause, Britney a répliqué : « Je regrette sincèrement d'en avoir parlé par le passé. » Et comme son interlocuteur insistait, elle a enfoncé le clou : « Cette question relève de ma vie privée. »

Elle affirmait dans le même temps à *Us Weekly* que rester vierge était difficile pour elle. En 2002, à la suite de leur rupture, Justin Timberlake a accordé une interview à Barbara Walter, dans l'émission « 20/20 », au cours de laquelle il a précisé que le couple avait entretenu des relations sexuelles pleines et entières. Dans un entretien à la radio, la même année, au cours duquel on lui demandait s'il avait « baisé » Britney, Timberlake est parti d'un éclat de rire en répondant : « Ouais, bien sûr que oui. » Lorsque cette interview a refait surface dans un documentaire en 2021, Timberlake et les journalistes qui l'avaient interrogé à cette occasion ont fait l'objet de nombreuses critiques sur Internet. Dans une déclaration sur Instagram, Timberlake s'est dit « sincèrement désolé » et se disait prêt à « assumer la responsabilité de ses actes ».

En 2003, Britney a annoncé au magazine *W* qu'elle n'était plus vierge tout en insistant sur le fait qu'elle avait couché « avec une seule personne de toute [s]a vie ». Elle ajoutait que ce changement était survenu « au terme de deux ans de relations avec Justin » car elle était persuadée qu'il était « l'homme de sa vie ». Elle en a profité pour accuser son ex de l'avoir trahie lors de l'entretien accordé à l'émission « 20/20 ».

Parallèlement, elle s'efforçait de rester concentrée sur sa musique, affichant de grandes ambitions dans ce domaine. Après des débuts prometteurs, elle comptait bien devenir une icône de la chanson. Elle l'a montré lors des MTV Video Music Awards, les VMAs, à New York en septembre 2001. Cette cérémonie annuelle a souvent servi de tremplin aux chanteuses pop. On a pu y voir Lady Gaga se produire pendue en l'air, couverte de faux sang, en 2009, tandis que Madonna s'était présentée devant les téléspectateurs grimée en Marie-Antoinette en 1990. Britney a pourtant réussi à toutes les détrôner.

Elle a choisi le thème de la jungle pour son interprétation de « I'm a Slave 4 U », se présentant sur la scène de l'opéra de New York, le Metropolitan, dans une tenue incroyable : un soutien-gorge vert, un mini short couvert de pierreries scintillantes, et des bottes marron, un diamant dans le nombril. L'accessoire le plus surprenant de son accoutrement n'en était pas moins un énorme python blanc. L'ensemble des présents, sur scène comme dans le public, avaient pourtant tout fait pour qu'on les remarque en choisissant des tenues excentriques, mais Britney leur a ravi la vedette.

L'éleveur de serpents a conservé un excellent souvenir de Britney, dont il reconnaît qu'elle était initialement stressée au départ. « Elle s'est magnifiquement débrouillée, s'est souvenu Michael Hano, dans l'émission "Today". Elle était très concentrée et, bien qu'elle ait eu peur du serpent au début, elle a réussi à se dominer de façon à pouvoir se produire confortablement avec l'animal. »

Vingt ans plus tard, Britney a écrit sur Instagram : « Voilà ce que je peux dire : avant de monter sur scène ce soir-là, j'avais les nerfs en pelote. Justin a bien vu que j'arrivais à peine à parler, alors il m'a pris la main et m'a remonté le moral pendant cinq minutes et ça a marché. La preuve. »

La PETA n'a pas aussi bien réagi. Dans un communiqué, cette association américaine de défense des animaux déclarait : « Nous affirmons notre opposition à toute forme de spécisme visant à imposer la suprématie de l'espèce humaine. » Britney a fini par regretter cet épisode : « C'est dingue ! Je me demande bien pourquoi j'ai fait un truc pareil. C'était idiot », déclarait-elle à « E! News » en 2016. Et lorsqu'on lui a demandé si elle serait prête à recommencer un jour, elle a répondu : « Jamais de la vie. »

Une semaine après sa prestation sur MTV, Britney était conduite à se poser des questions, comme beaucoup de ses semblables, au lendemain des attentats du 11 Septembre. Elle se trouvait à bord d'un avion au moment du drame, en route pour Sydney, en Australie, et n'a appris la nouvelle qu'à son arrivée. À l'image de nombre d'Américains ce jour-là, elle s'est ruée sur son téléphone afin de s'assurer que tous ses proches étaient sains et saufs, à commencer par son frère, Bryan, qui vivait à New York.

Dans la foulée des attentats, elle a annulé une partie de son programme australien et repoussé plusieurs engagements en Amérique du Sud comme en Europe. Soucieuse de récolter des dons pour les victimes, elle a décidé de prélever un dollar sur chaque billet vendu lors de sa tournée à venir au profit des enfants qui avaient perdu un proche le 11 Septembre. Au total, elle a réuni plus de 2 millions de dollars de cette façon.

Forte de l'expérience acquise grâce à la série *Sabrina, l'apprentie sorcière*, Britney a voulu confirmer ses talents d'actrice, en participant au tournage du road-movie adolescent *Crossroads*. Réalisé par Tamra Davis à partir d'un scénario écrit par Shonda Rhimes sur une idée de Britney, ce long-métrage voyait cette dernière partager la vedette avec Anson Mount, Zoe Saldaña, Taryn Manning, Kim Cattrall et Dan Aykroyd. Britney, évoquant le film comme « mon petit projet », a expliqué à MTV que, lors de ses discussions avec Rhimes, elle lui avait « expliqué de quoi j'avais envie de parler dans ce film, et elle a pris le relais ». Elle ajoutait : « Je crois vraiment qu'il faut être passionné quand on tourne un film. J'avais reçu toutes sortes de propositions, mais c'est de ça dont j'avais envie. »

Une autre proposition cinématographique avait attiré l'attention de Britney lorsqu'elle avait vu le nom de Steven Spielberg associé à la production. Ce projet, inspiré à la fois de *Dirty Dancing* et du *Kid de la plage*, lui plaisait beaucoup, mais il n'a jamais vu le jour, ce qui lui a permis de reporter toute son attention sur *Crossroads*. Le principal rôle masculin du film était tenu par Anson Mount, qui avait accepté sur les recommandations de Robert De Niro, grand fan de Britney.

Le tournage a eu lieu au mois de mars 2001. Le thème du film n'était pas original en lui-même : trois amies d'enfance traversent les États-Unis en compagnie d'un garçon. Dans une interview à MTV, Britney résumait l'intrigue de la façon suivante : « Au cours de ce périple, les membres du trio féminin que nous formons finissent par se découvrir elles-mêmes, chacune trouve sa voie et notre amitié en sort renforcée. Quand on y réfléchit bien, les amies constituent le socle de nos relations. Quand votre petit ami vous lâche, qui appelez-vous à la rescousse ? Votre meilleure amie. »

Britney incarnait à l'écran Lucy, l'héroïne du film. Interrogée sur le caractère « perfectionniste » de son personnage, elle déclarait : « Lucy est très différente de moi parce qu'elle impose constamment sa façon de penser. » De son propre aveu, Britney se voyait « plus insouciante ». L'une de ses chansons, intitulée « I'm Not a Girl, Not Yet a Woman », était présente dans le film.

La réalisatrice Tamra Davis a évoqué son expérience avec Britney dans *Variety*. Initialement, elle avait refusé de tourner le film par crainte de diriger une vedette de la chanson dénuée d'expérience dans le cinéma. Sur les instances de la production, elle a toutefois accepté de rencontrer Britney dans l'hôtel de Las Vegas où elle était descendue. « Je me suis présentée un matin vers dix heures, j'ai toqué à la porte de son immense suite, Britney m'a ouvert en culotte et T-shirt et m'a tout de suite mise à l'aise : "J'ai picolé hier soir !" », raconte Davis. « Je n'en revenais pas, poursuit la réalisatrice. Je l'ai trouvée extrêmement drôle, je l'ai tout de suite trouvée super. » Les deux femmes ont passé « la journée ensemble, elle m'a apporté la preuve qu'elle avait vraiment envie de tourner ce film, en dépit de la somme de travail que ça représentait ».

L'implication d'une telle star dans ce projet a forcément attiré l'attention des médias. « On a dû se planquer souvent, reconnaît Davis. Les automobilistes qui passaient à côté du lieu de tournage klaxonnaient, quand il n'y avait pas un millier de badauds agglutinés pour voir Britney. Elle a tourné de nombreuses scènes à bord d'une décapotable, on se serait cru un jour de défilé. » Les extérieurs du film ont été essentiellement tournés en Louisiane et dans les environs, les scènes d'intérieur ont surtout été dirigées à Los Angeles. Les acteurs et l'équipe technique avaient affublé Britney d'un pseudonyme et le tournage « changeait souvent de cadre » dans l'espoir de protéger sa vie privée. « On demandait aux fans de ne pas crier pendant les prises », raconte Davis, confirmant que Britney a eu son mot à dire sur le choix des comédiens et presque tout le reste. « On n'a rien fait pendant le tournage sans s'assurer que Britney était d'accord », explique-t-elle.

Britney a pu prendre la mesure des difficultés auxquelles sont confrontés les acteurs, notamment lorsqu'on lui demandait de pleurer sur demande. « La fin de la journée approche et vous vous apercevez que vous n'arrivez pas à être triste, alors vous vous demandez ce qui vous arrive », a-t-elle raconté. Certains témoins ont évoqué le tournage de scènes qui voyaient Britney jouer torse nu, mais aucune de ces séquences n'a jamais été gardée.

L'équipe de tournage n'a pas tardé à comprendre que le meilleur moyen de rendre Britney heureuse était d'inviter sur le plateau Timberlake, avec qui elle était encore en couple à l'époque. « C'est vrai, il était souvent là », se souvient Davis qui se montrait prudente lorsqu'elle toquait à la porte des deux jeunes gens le matin : « Au moment de passer la prendre, je veillais à ne rien dire, à éviter les questions personnelles. » Elle ajoute toutefois que le couple se montrait toujours « adorable ».

La pression a été forte pour Britney à la sortie du film. Il est courant de critiquer les stars de la pop qui se lancent dans le cinéma, mais Britney était d'autant plus stressée que Mariah Carey venait de réaliser *Glitter* et que le succès n'avait pas été au rendez-vous. Alors que son coût de production initial s'élevait à 22 millions de dollars, *Glitter* n'en avait rapporté que cinq au box-office. La diva avait attribué la responsabilité de cet échec commercial aux attentats du 11 Septembre, le film étant sorti sur les écrans dix jours après le drame. Les critiques de l'époque ont évoqué plus volontiers la médiocrité de ce long-métrage. Celui-ci a été cité à l'époque dans la liste des films musicaux les pires du quart de siècle écoulé. Quant au magazine de cinéma *Fade In*, il estime que *Glitter* n'était pas seulement « l'un des pires films musicaux de l'Histoire, mais l'un des pires films tout court ».

Crossroads a été accueilli à sa sortie de façon tranchée par les spectateurs et les critiques. Alors que les premiers étaient enthousiastes, les seconds se sont montrés féroces. Cela n'a pas empêché le film de dépasser tous les espoirs placés en lui en générant un chiffre d'affaires de 61 millions de dollars, cinq fois plus que son modeste budget initial de 12 millions. John Anderson, du *Los Angeles Times*, a écrit que « Britney s'en tire aussi bien que possible dans un contexte aussi convenu », tandis que Chris Kaltenbach, du *Baltimore Sun*, déclarait : « J'engage tous ceux qui ont envie de voir Britney chanter et se promener en petite tenue à regarder *Crossroads*. Je conseille à tous les autres de fuir ce navet. »

Lisa Schwarzbaum, d'*Entertainment Weekly*, exprimait un avis plus positif, comparant *Crossroads* à d'autres longs-métrages impliquant des stars de la chanson : « Ce film met remarquablement bien en lumière les talents d'actrice débutante de la chanteuse tout en valorisant des valeurs de base infiniment mieux que le triste *Glitter* de Mariah

Carey, ou la bouillie sucrée de Mandy Moore dans *Le Temps d'un automne.* »

Jane Crowther, de la BBC, a écrit que « Britney parvient, dans ce film, à nous convaincre de son naturel et de sa gentillesse, on se prend à l'aimer ». De son côté, Bret Fetzer remarquait que *Crossroads* « aurait pu être insipide, mais que le scénario ne manque pas d'allant tandis que la réalisation est agréable et détendue. Surtout, Spears se montre beaucoup plus attachante et agréable qu'on n'aurait pu le croire ».

Robert K. Elder, du *Chicago Tribune*, regrettait que Britney « fasse preuve de la même sincérité qu'elle affiche dans ses pubs pour Pepsi », alors que Claudia Puig, de *USA Today*, estimait : « Il s'agit moins d'un film que d'un road-movie incroyablement ennuyeux. » Le *Washington Post* jugeait que *Crossroads* était une « longue publicité pour un produit commercial nommé Britncy ». L'hebdomadaire *Time* le classait enfin dans le Top 10 des pires films de filles.

Comme on le voit, les avis étaient partagés.

La majorité des critiques négatives ayant été rédigées par des journalistes de sexe masculin, certains se sont demandé si le film n'avait pas été accueilli avec une certaine misogynie. Dans les colonnes de *Harper's Bazaar*, Mekita Rivas soulignait, par exemple, que Justin Timberlake n'avait « pas eu droit aux mêmes moqueries et autres rebuffades quand il s'est lancé dans une expérience similaire en s'impliquant dans plusieurs projets pour le cinéma et la télévision ».

Tamra Davis s'est également posé la question : « J'ai le sentiment qu'elle a fait l'objet de critiques injustes. Nous avons effectué de nombreux tests auprès du public et les spectateurs, en particulier les filles, ont adoré le film. » Elle notait que *Crossroads* avait été écrit « à l'intention des filles » et qu'il répondait « aux besoins de ce public », ajoutant que « Britney constituait une cible facile ».

Davis ne se trompait pas, les filles ont vraiment aimé le film. Le jour de sa sortie, *Crossroads* a généré 5,2 millions de dollars au box-office dans un total de 2 380 salles, se hissant à la deuxième place des nouveautés ce jour-là. Il a conservé cette position le week-end suivant avec des recettes estimées à 14 527 187 de dollars. Le long métrage aura finalement rapporté 61 141 030 de dollars à travers le monde. Ce succès a permis à Britney d'être nommée dans cinq catégories différentes lors des MTV Movie Awards et des Teen Choice Awards. *Crossroads* n'a pourtant pas suscité que des louanges, il a obtenu le très peu convoité Most Flatulent Teen-Targeted Movie Award, une sorte de prix Citron réservé aux productions à destination des ados. Elle s'est retrouvée ex aequo avec Madonna pour le prix de la Plus Mauvaise Actrice, son aînée ayant été (tristement) remarquée pour sa prestation à l'écran dans *À la dérive*, le long-métrage universellement éreinté qu'avait réalisé son mari, Guy Ritchie.

Crossroads n'a pas valu à Britney que de bons souvenirs. Le soir de la première, elle a refusé de rencontrer les trois mille fans qui avaient patienté des heures durant dans l'espoir d'obtenir un autographe et d'échanger quelques mots avec elle. Certains, venus parfois d'aussi loin que l'Afrique du Sud à en croire les reportages réalisés à l'époque, l'ont huée lorsqu'elle est arrivée au cinéma Odeon de Leicester Square, dans le West End de Londres.

Peu de temps auparavant, Tom Cruise et Penelope Cruz avaient fait les gros titres des journaux en passant plus d'une heure à discuter avec leurs fans, allant jusqu'à prendre au téléphone des amis ou des proches de ceux qui étaient rassemblés là. Britney, arrivée avec près d'une heure de retard à la première de son film, n'a pas suivi cet exemple. Le lendemain matin, la presse se faisait l'écho des fans déçus, parfois venus avec leurs parents, qui avaient attendu si longtemps pour voir Britney. Ce n'était d'ailleurs pas la dernière fois qu'elle allait décevoir ses fans londoniens.

Britney a poursuivi sa carrière d'actrice en faisant une courte apparition dans la série télévisée *Will & Grace*. Rachel Browne, du *Sun Herald*, a écrit qu'elle imaginait mal comment on aurait pu voir Britney « dans un autre rôle que le sien, celui d'une star à la une des médias », mais le chroniqueur du *Sunday Mail* affirmait, d'une plume moins acérée, qu'elle s'en tirait « bien, surtout quand on pense à la débâcle de *Crossroads* ».

Britney a aussi effectué une incursion dans la série humoristique *How I Met Your Mother* proposée par la chaîne CBS. En sa qualité de fan, Britney a demandé à son entourage de contacter Carter Bays et Craig Thomas, les créateurs de la série. Malgré quelques hésitations liées à son statut de star planétaire, on lui a confié le rôle d'Abby. Son personnage, hôtesse d'accueil dans une clinique dermatologique, s'évertuait en vain à attirer l'attention d'un client prénommé Ted. Les autres comédiens comme l'équipe technique ont été immédiatement « impressionnés par les dons d'actrice de Spears », écrivait à l'époque Kara Hedash. Grâce à la présence de la chanteuse, l'émission a vu rebondir son audimat.

***

Britney a fait l'objet de nouvelles critiques lorsqu'on l'a accusée d'avoir fait un doigt d'honneur à des fans au Mexique. Elle a été filmée en train de faire un geste malvenu au moment de quitter l'aéroport de Toluca, près de Mexico. Cet incident l'a contrainte à prendre des mesures d'urgence. « Je suis aussi un être humain, il m'arrive de me mettre en colère comme tout le monde », a-t-elle déclaré à l'agence Reuters, insistant sur le fait que sa véritable cible étaient les paparazzi, au prétexte qu'ils l'avaient accusée de conduire dangereusement et d'avoir failli provoquer un accident. En aucun cas ce doigt d'honneur ne s'adressait à ses fans mexicains qui sont « absolument formidables », ajoutait-elle.

Un documentaire réalisé à l'occasion de cette tournée, *Stages : Three Days in Mexico* de Judy Hoffman, montre à quel point Britney était stressée. On la voit courir d'un événement promotionnel à un autre tout en exprimant le désir de prendre des vacances au Mexique ou en Grèce le jour où elle sera libre de ses engagements.

Lors d'une conférence de presse, elle a connu un moment désagréable lorsqu'un journaliste lui a demandé de se lever pour que tout le monde puisse voir sa tenue. Elle s'est exécutée et des sifflets admiratifs ont fusé dans la salle. Le même journaliste lui a demandé de pivoter sur elle-même afin de la voir de derrière, mais elle a refusé en se rasseyant : « Vous aurez tout le loisir de me voir de dos quand je quitterai la pièce », a-t-elle répliqué.

Cinquante-deux mille fans étaient présents lors de son second concert au stade Foro Sol de Mexico. Pendant la cinquième chanson de son spectacle, « Stronger », elle a brusquement quitté la scène en déclarant : « Désolée, Mexico. Je vous aime. Au revoir. » Lors d'une annonce, il a ensuite été demandé au public de rentrer chez lui et des cris ont retenti : « Escroquerie ! Escroquerie ! »

Le lendemain, les organisateurs du concert ont publié un communiqué en attribuant l'annulation à des raisons de sécurité, du fait d'un orage. Cette déclaration citait Britney : « Les fans mexicains font partie des meilleurs au monde, mais je me suis vu contrainte de mettre un terme à mon spectacle pour la sécurité de mes équipes et du public. »

En règle générale, la tournée concernée n'a pas été une réussite. Judy Hoffman, la réalisatrice du documentaire auquel il a été fait allusion, a personnellement éprouvé beaucoup d'empathie pour Britney. « On était frappé par sa solitude et sa tristesse, il était difficile de lui parler, a raconté Hoffman à *Vanity Fair*. J'ai voulu la laisser en paix. Je me sentais triste pour elle, je n'avais pas envie de la torturer comme tous les autres journalistes. Je n'avais aucune envie de ressembler à tous ces gens qui éprouvaient constamment le besoin de la rencontrer. » Le succès mitigé de cette tournée mexicaine et les critiques publiées dans le sillage de *Crossroads* ne pesaient toutefois rien à côté de son incroyable popularité à ce stade de sa carrière. En termes simples, le monde entier implosait sous l'effet du phénomène Britney. En juin 2002, elle figurait à la première place des célébrités répertoriées par le magazine *Forbes*, devançant Madonna, U2 et Tiger Woods. Avant même la sortie de son troisième album, elle voyait se réaliser ses rêves les plus fous tout en ayant conscience que son statut de super-vedette avait un prix. Mais elle n'avait encore rien vu.

***

À l'écoute des paroles de certaines chansons de ses albums initiaux, on en arrive à se demander si Britney ne possédait pas une boule de cristal. Son troisième opus, *Britney*, la présente dans un décor plus mature, qu'il s'agisse de sa musique ou des paroles de ses chansons. Si les deux albums précédents avaient déjà évoqué certains thèmes liés au monde adulte, celui-ci était plus marqué dans ce sens en évoquant des sujets tels que la fin de l'adolescence, la maîtrise de soi, la manipulation, ou encore la sexualité. Autant de réflexions qui allaient trouver une résonance dans sa vie par la suite.

Interrogée au sujet de ce basculement progressif, Britney expliquait avoir envie que « les générations précédentes s'emparent » de son nouveau disque. Elle a plutôt bien réussi de ce point de vue. Musicalement, elle n'avait jamais fait preuve d'un tel éclectisme puisqu'en plus d'une pop assez traditionnelle, on découvrait du disco, de la dance, du reggae, du hip-hop, du rock et de la musique électronique.

Le titre, *Britney*, était une affirmation à part entière. La chanteuse souhaitait montrer au monde que ce disque, davantage que les deux précédents, était le reflet de la véritable Britney. Consciente d'être parfois considérée comme une poupée placée entre les mains d'une organisation qui la dépassait, elle entendait secouer le cocotier. La meilleure preuve de cette implication se trouve dans le choix du répertoire puisqu'elle a elle-même coécrit six des plages du disque.

De son point de vue, la réussite de cet album ne serait pas liée aux chiffres de vente ou à l'accueil des fans. Avant tout, c'est elle-même qu'elle cherchait à impressionner. « C'est le premier album que j'ai vraiment écrit en prenant tout le temps nécessaire, ce qui le rend d'autant plus précieux à mes yeux, déclarait-elle à MTV News. Je ne sais pas si je suis la meilleure parolière au monde, mais j'ai pris beaucoup de plaisir en écrivant ces chansons, et j'espère m'améliorer à l'avenir. »

L'ampleur de l'équipe réunie autour de cet enregistrement était à la mesure de ses ambitions. Britney s'est entourée de pointures, à commencer par le duo The Neptunes de Pharrell Williams. « J'ai beaucoup écouté de hip-hop et de R&B au cours de ma dernière tournée, expliquait-elle. J'ai puisé mon inspiration auprès de Jay-Z et de The Neptunes. » Britney souhaitait rendre son album « plus brut et plus funky ».

Une fois encore, elle ouvre le feu avec un titre incontournable. « I'm a Slave 4 U » fait le lien entre l'univers pop dont elle est issue et le R&B qu'elle admire. On le comprend, le thème et le titre de cette composition (« Je suis ton esclave ») ont souvent été cités lors de la campagne visant à libérer Britney de sa tutelle. Sa boule de cristal était là, et bien là.

« Overprotected », un titre pop dansant, a également été utilisé lors de ce combat. Cette plage évoque une fille, lasse d'être protégée, qui n'aspire qu'à devenir elle-même, le tout porté par une mélodie fluctuante dans le choix des styles évoqués. Britney s'interroge sur son avenir, sur la difficulté d'opérer des choix. Elle ajoute qu'il lui suffit d'exprimer son opinion pour être rabrouée. D'un point de vue vocal, elle réalise un travail magnifique. Le chroniqueur d'*Entertainment Weekly* le souligne en précisant que sa voix « hésite entre irritation et colère ».

« Lonely » raconte l'histoire d'une fille qui se libère d'une relation compliquée lorsqu'elle comprend qu'on lui a menti et qu'elle a été manipulée. Elle s'en veut d'avoir fait preuve de tant de naïveté. Rarement les défis comme les troubles liés à l'adolescence ont été exprimés avec autant de réalisme.

La quatrième chanson de l'album, « I'm Not a Girl, Not Yet a Woman », va devenir l'un des monuments de son répertoire. Cette fois encore, elle insiste de façon prémonitoire sur le fait qu'elle n'a pas besoin d'être protégée. « J'en suis moi-même à ce stade de mon existence, si bien que cette chanson me parle », a-t-elle déclaré à MTV News. Elle exprime sa lassitude d'être jugée et couvée par son entourage, son désir profond de prendre ses propres décisions à présent qu'elle est une femme. Au moment de sa sortie, on a pensé que cette chanson s'adressait à tous ceux qui entrent dans l'âge adulte, et c'est encore le cas aujourd'hui, mais il est clair que ce texte annonce ce que va vivre Britney par la suite.

On aurait aisément pu se passer de « Boys » qu'un chroniqueur a décrit comme « du mauvais Janet Jackson des années 1980 ». Malgré tout, les dernières paroles – « On ne peut pas vivre avec eux, mais on ne peut pas vivre sans eux » – auront certainement trouvé un écho chez bien des admiratrices de Britney. « Anticipating » ne parle pas de garçons, pour une fois, mais d'amitié entre filles. De nombreux journalistes qui chroniquaient l'album ont estimé que c'était la composition la plus aboutie du disque, aussi bien mélodiquement que thématiquement, dans la mesure où elle libérait son interprète des sempiternelles romances qui étaient sa marque de fabrique.

En chantant « Cinderella », Britney se met dans la peau de celle qui a quitté son petit ami parce qu'il ne prend pas la mesure des efforts qu'elle consent pour entretenir leur relation. Dans « Let Me Be », elle cherche à comprendre pourquoi son amoureux ne la laisse pas en paix tout en l'avertissant qu'elle est parfaitement capable de se débrouiller sans lui. « Bombastic Love » et « That's Where You Take Me » évoquent l'une et l'autre des moments plus heureux. La première chanson évoque un amour digne de ceux qu'on voit à l'écran, la seconde trouve Britney pleinement rassurée sur ses sentiments. « When I Found You » la voit célébrer « l'amour profond » qu'elle découvre en elle grâce à son âme sœur, parfait reflet d'elle-même. « What It's Like to Be Me » exprime son besoin de trouver curiosité et empathie chez celui qui voudra l'aimer.

Britney est sorti au Japon le 31 octobre 2001, puis il a été publié successivement en Europe, en Amérique du Nord et ailleurs. À cette occasion, Britney exprimait une fois de plus sa volonté de s'exprimer pleinement. «Je n'avais pas envie de sortir un troisième ...*Baby One More Time*, expliquait-elle à la veille de la publication du disque. J'avais besoin de changer, en priant Dieu que le public trouve ça bien.»

Le disque a été violemment attaqué par certains chroniqueurs. *Entertainment Weekly*, par exemple, a reproché à Britney «son point de vue de vamp virginale marquée par l'adolescence», sans accorder son indulgence à ses «tentatives de changement». Sur le site PopMatters, Nikki Tranter écrit que «la plupart des chansons sont idéales pour danser dans sa cuisine (ou en boîte, si vous préférez), mais la chanteuse a raison de dire qu'elle a encore besoin de grandir, comme femme et comme artiste». *Rolling Stone* attribue une note de deux et demi sur cinq au CD, rcconnaissant avoir trouvé ce nouveau disque un peu égocentré. Barry Walter écrit que Britney est désormais un «produit commercial très complexe, un condensé de ce qui a si bien réussi à des artistes pop comme Paula Abdul, Janet Jackson et Madonna. De ce fait, son troisième opus, *Britney*, est un album concept à lui tout seul». D'une façon que certains pourraient lui reprocher, Sal Cinquemani, du magazine *Slant*, écrit de son côté: «Il est grand temps que Spears cesse de jouer les aguicheuses et nous sorte un truc capable de nourrir une machine à nouveautés toujours fragile.»

Il se plaint que «la posture de Lolita» de Britney ait «dépassé la date de péremption, que les souffrances mises en avant tout au long de l'album donnent l'impression d'être forcées». De façon surprenante, il va jusqu'à évoquer les attentats du 11 Septembre, précisant que «l'Amérique elle-même a brusquement pris des rides en l'espace de deux mois». Le chroniqueur en arrive à douter que «les incarnations [de la chanteuse] conservent leur pertinence à une époque brusquement privée de toute innocence».

Billboard se montre plus positif, précisant que l'album est «agréablement varié et forme un tout satisfaisant qui voit Britney effectuer ses premiers pas d'auteure avec talent, à mesure qu'elle explore les problèmes émotionnels et le besoin d'émancipation liés à l'omniprésence du regard des autres».

Britney s'est installé à la première place des hit-parades de *Billboard* et s'est vendu à 745750 exemplaires la première semaine. Il s'agissait du deuxième meilleur résultat pour une chanteuse, après le succès de son disque précédent, *Oops!...* Britney devenait la première femme de l'histoire de la pop à voir ses trois premiers albums débuter tout en haut des charts américains. En tout, *Britney* s'est vendu à cinq millions d'exemplaires aux États-Unis, et neuf millions dans le monde. Comme quoi le grand public s'intéressait davantage aux chansons de Britney qu'aux commentaires des critiques.

Dans le cadre de la promotion du disque, la chanteuse s'est lancée dans une tournée baptisée «A Dream Within a Dream» («Un rêve à l'intérieur du rêve»). En l'espace de neuf mois, elle aura donné soixante-neuf concerts. Les chorégraphies, imaginées par Wade Robson, évoquaient son entrée dans l'âge adulte et la découverte de son indépendance. Le spectacle, rappel compris, était divisé en sept chapitres qui la voyaient tourner à l'intérieur d'une roue géante, multiplier les acrobaties, ou encore danser dans une jungle de carton-pâte.

Ceux qui ont assisté à ce show se souviendront surtout des deux tonnes d'eau déversées sur scène au moment du rappel. «Certains chroniqueurs ont comparé cette prouesse au candélabre du *Fantôme de l'opéra*, ou encore à l'hélicoptère de *Miss Saigon*», rapportait l'un des techniciens responsables de cette trouvaille. Autre trait marquant de cette tournée, le choix délibéré de mettre l'accent sur le répertoire du nouvel album. Cette pratique est relativement courante dans le métier, mais Britney se contentait de rappeler ses succès précédents dans un pot-pourri assez bref, dévoilant son intention de se redéfinir elle-même à travers de nouvelles sonorités.

Le *National Enquirer* écrivait que la magie technique du spectacle « était plus aboutie que celle de *Harry Potter*, mais au détriment de la voix de la chanteuse ». Le *San Francisco Chronicle* estimait, quant à lui, que le show, « pur reflet des excès propres à Britney », était « extrêmement plaisant ». En faisant le plein, la tournée rapportait 56,9 millions de dollars, donnant l'impression que rien ne pouvait arrêter Britney.

6

MARIAGE ÉCLAIR À VEGAS

Britney a toujours eu le don de monopoliser la une des journaux, le plus souvent à l'occasion des cérémonies de remise de prix. Elle a battu tous les records lors des VMAs 2003, lorsqu'elle a échangé un long baiser avec Madonna en début de soirée. Un vent de folie a secoué la planète ce soir-là.

Britney a entamé les hostilités avec un clin d'œil au passé en interprétant « Like a Virgin » de Madonna après avoir jailli d'un gâteau géant, vêtue d'une robe de mariée, ainsi que l'avait fait elle-même Madonna lors des VMAs 1984. Christina Aguilera a rejoint Britney sur scène, puis ce fut au tour de Madonna d'apparaître et d'interpréter son nouveau single, « Hollywood ». En cours de route, Madonna s'est tournée vers Britney qu'elle a embrassée sur la bouche, à la stupéfaction générale.

Pour Britney, fan de Madonna depuis l'enfance, cet instant est resté inoubliable. « Je me souviens qu'à huit ou neuf ans, je chantais en dansant dans le salon de mes parents, j'aurais tout donné pour être comme elle », a-t-elle expliqué au magazine *Rolling Stone* en 2010. « Toutes mes copines continuent d'écouter ses chansons. Elle nous hypnotise littéralement. La présence scénique de Madonna a été une source d'inspiration pour de nombreux artistes. On découvre son influence sur les nouvelles générations qui lui empruntent certaines chorégraphies et s'efforcent de s'en inspirer. »

Avant chacun de ses concerts, Britney avait pour habitude d'écouter très fort dans sa loge un album de Madonna, le plus souvent *Ray of Light*, ou bien *Music*. Au moment de monter sur scène, elle réunissait invariablement ses danseurs et ses musiciens, ils formaient un cercle et priaient ensemble pour se donner du courage, une technique utilisée de longue date par Madonna.

Britney n'a pas oublié sa rencontre avec son aînée. « La première fois que je l'ai vue, c'était à l'un de ses concerts où je m'étais rendue en avion en 2001, précise-t-elle. Je suis entrée dans sa loge, il y avait là sa fille, Lola, et je me sentais incroyablement nerveuse. » Ce jour-là, elle a déclaré à Madonna : « J'ai très envie de vous serrer dans mes bras. » Avec le recul, elle en est gênée. « J'étais vraiment bête ! Mais elle a été très gentille. Sans Madonna, je ne serais pas qui je suis aujourd'hui. »

Lors des VMAs 2003, Madonna a fait bien davantage que la serrer dans ses bras, et Britney a été ravie des réactions provoquées par ce baiser torride. Son ancien compagnon, Justin Timberlake, se trouvait dans la salle, et il en est resté interdit. Les médias, quant à eux, se sont emballés. Britney a estimé qu'elle formait désormais avec son héroïne un tandem d'« âmes sœurs ». Elle s'est même demandé si elle n'aurait pas été le mari de Madonna dans une autre vie.

Elle s'est en tous les cas laissé guider dans sa carrière par son amitié pour Madonna, ainsi qu'elle l'a reconnu lors d'un entretien accordé au *Harper's Bazaar* : « Elle m'a appris à rester fidèle à qui j'étais vraiment. C'est facile à dire, mais elle ne s'est pas contentée de simples mots, elle m'a montré comment y parvenir. Ce ne sont pas les opinions qui manquent chez tous ceux qui vous entourent. Le tout est d'être capable d'écouter son propre instinct.»

De son côté, Madonna croyait détecter chez Britney une «certaine fragilité» et une «vulnérabilité» qui ont «développé [s]on instinct maternel à son endroit». Elle ajoutait qu'elle se reconnaissait en partie chez Britney, prenant note du fait que la jeune chanteuse était confrontée à des situations difficiles. «À la moindre erreur, le monde qui vous observe s'empresse de vous fondre dessus.»

C'est grâce à Madonna que Britney a été initiée à la Kabbale. Cette tradition mystique juive semble avoir attiré de nombreuses stars aux États-Unis, en particulier sur la côte Ouest où une version simplifiée et modernisée de cette école ésotérique s'est imposée. Madonna a offert à Britney un exemplaire du Zohar, le *Livre de la Splendeur*, l'œuvre maîtresse de la Kabbale, qui propose une lecture mystique de la Torah, l'enseignement transmis à Moïse par Dieu. Le texte original du Zohar est rédigé en araméen, mais Madonna a expliqué à Britney qu'il possédait une force intrinsèque capable de provoquer une puissante expérience spirituelle rien qu'en contemplant ses caractères.

Britney s'est passionnée pour la Kabbale, au point de tatouer sur son cou les mots hébreux *Mem Hey Shin*, une méditation sacrée conduisant à la guérison. «La Kabbale m'a aidée au plus profond de moi-même, a-t-elle déclaré au magazine *Elle*. J'ai été élevée dans la foi baptiste, où tout est codé. Ce qui m'a attirée dans la Kabbale, c'est son origine lumineuse. J'ai bien conscience que ça peut paraître étrange, mais tout vient de la lumière.»

Le périple spirituel accompli par Britney est pour le moins atypique, puisque ses racines baptistes du Sud l'ont finalement entraînée sur la voie modernisée d'une croyance très ancienne. En chemin, elle a étudié la série des ouvrages de Neale Donald Walsch, intitulée *Conversations avec Dieu.* Ces textes regroupent des lettres adressées par l'auteur à Dieu, ainsi que les réponses de ce dernier à ses questionnements. Cette série de livres, initiée en 1995, a connu un succès considérable, au point de figurer en tête des meilleures ventes du *New York Times* pendant près de trois ans. Dans un documentaire sorti en 2013, Britney déclarait : « Je suis convaincue que nous sommes soumis à des forces invisibles autres que celles de nos anges gardiens. Je crois vraiment au paradis. Je suis convaincue de l'existence d'un lieu qui dépasse nos rêves les plus fous. »

À l'instar d'autres célébrités qui s'embarquent dans des mouvements religieux, Britney a fini par comprendre qu'on en voulait essentiellement à son argent, ainsi qu'en font état certains témoignages. L'émission « Today » a rapporté qu'elle avait fini par exiger le retrait de tout ce qui pouvait toucher à la Kabbale chez elle. « Elle en a assez que certaines [personnes attachées à la Kabbale] cherchent à lui soutirer de l'argent en permanence », déclarait une source anonyme au magazine *People.*

***

En attendant, il lui fallait mettre un nouvel album en chantier. Britney avait prévu de s'accorder un break de six mois, mais elle a dû se mettre au travail plus rapidement que prévu. Le titre du quatrième album, *In the Zone*, a été inspiré par l'expression qu'avait utilisée Larry Rudolph pour décrire l'état dans lequel se trouvait Britney chaque fois qu'elle dansait. Britney a pris l'expression au mot, avertissant son entourage de ne jamais l'interrompre lorsqu'elle se trouvait « dans la zone », emportée par la vague. « On ne me parle pas quand je suis dans la zone », disait-elle. En choisissant ce titre pour son nouvel album, elle signifiait au monde qu'elle n'entendait pas se détourner de la voie qu'elle s'était tracée.

« Me Against the Music » était un duo avec Madonna, une lettre d'amour dansante dans laquelle elle échangeait avec son idole. La chanson donnait l'impression que Madonna entraînait Britney dans un univers plus sombre, plus adulte aussi. Le magazine *Slant* a publié un avis pour le moins contrasté sur ce titre, estimant qu'il s'agissait « du meilleur de Britney et du pire de son modèle ».

La plage suivante du disque, « (I Got That) Boom Boom », entraîne Britney de façon inattendue sur le terrain du hip-hop en impliquant les Yin Yang Twins, originaires d'Atlanta. Ce tandem de faux jumeaux ouvre le feu en déclarant : « On part en club faire la fête avec Britney ! » « Showdown » évoque le style *dancehall* avec son refrain effronté. Un chroniqueur, en décrivant la chanson, a utilisé l'adjectif « pétillant ».

« Breathe On Me » est un hymne à la fellation dont les paroles laissent planer peu de doute sur son contenu (« Ferme la bouche et aspire »). Si la moindre hésitation subsistait, la façon suggestive dont Britney met en scène sa respiration se charge de la dissiper. À l'écoute de ce titre, on prend la mesure du chemin parcouru par Britney, et par nous aussi, depuis l'innocence de ses débuts. *Glamour* y a vu « Britney s'approcher de l'album *Erotica* de Madonna », ajoutant qu'il s'agissait de « sexe pur, avec un pont qui fait monter la tension jusqu'à provoquer l'orgasme ».

Dans « Early Mornin' », Britney se met en scène en boîte de nuit, à la recherche de partenaires masculins, tandis que « Touch of My Hand » parle de masturbation, Britney chantant son envie d'« apprendre à voler toute seule » et à « m'aimer moi-même ». De façon détournée, il s'agit pour elle de dire son refus de donner du plaisir aux autres. « The Hook Up », sur une trame musicale teintée de reggae, voit Britney prendre l'accent jamaïcain avec plus ou moins de succès. « Shadow », l'une des plages les moins mémorables de l'album, décrit l'ombre laissée par l'autre lorsqu'il reprend sa liberté.

Arrive alors « Brave New Girl », une autre composition parfaitement adaptée au rôle de rebelle que souhaitait incarner Britney tout au long de cet opus. Initialement intitulée « Brave Girl », cette plage aux rythmes électro-funk tourmentés dévoile une Britney en quête de passion, à la recherche du « baiser parfait ».

« Everytime » est une superbe ballade au piano dans laquelle Britney implore le pardon d'un ancien amant qu'elle a malencontreusement fait souffrir. Sa coautrice, Annet Artani, a expliqué qu'il s'agissait d'une réponse au « Cry Me a River » de Justin Timberlake, une affirmation que Britney n'a jamais confirmée ou infirmée. Le lien avec « Shadow » est manifeste, puisqu'il est également question ici des traces laissées par l'autre.

« Everytime » aurait sans doute été la composition la plus intéressante de l'album sans la présence de « Toxic ». Écrite et produite par Bloodshy & Avant, avec l'aide de Cathy Dennis et Henrik Jonback, cette chanson entraîne Britney sur un terrain de jeu musical inédit, le style de danse indienne bhangra. Il s'agit de l'un des titres les plus aisément identifiables et les plus addictifs de Britney. La plupart de ceux qui ont entendu cette chanson estiment qu'elle a conféré à Britney la crédibilité artistique à laquelle elle aspirait depuis si longtemps.

Les chroniques de ce quatrième album reflètent bien sa maturité. Contrairement aux disques précédents, écrivait Dorian Lynskey dans le *Guardian*, *In the Zone* ne comporte « ni plage bouche-trou, ni mauvaise reprise, mais une grande variété de pop de premier ordre ». Lynskey a aimé « son mélange de hip-hop sudiste, de deep house, de R&B digne des Neptunes, de beat Diwali obsédant et, surtout, d'influences de Madonna », ce qui a valu à l'album une note de quatre sur cinq.

Pour Sal Cinquemani, dans *Slant*, « *In the Zone* est essentiellement une bonne grosse lettre d'amour à la piste de danse. La chanteuse a toujours donné le sentiment d'être très branchée sexe pour son âge et *In the Zone* lui donne enfin les moyens de ses ambitions dans la mesure où sa coquetterie de petite fille fonctionne désormais. » Jason King, du magazine *Vibe*, écrivait qu'il s'agit d'un « disque de dance parfaitement assumé qui montre les progrès de Spears dans le domaine de l'écriture ».

Toutes les réactions n'ont pas été aussi positives. « Tout au long de ce disque, Mme Spears paraît davantage hébétée que dans la zone, comme si elle voulait donner le sentiment de participer à cette aventure à reculons », estimait Kelefa Sanneh dans le *New York Times*. De son point de vue, chanter n'était pas le « point fort » de Britney, et il ajoutait : « Cet album est dénué de personnalité de façon quasiment perverse. Peut-être faut-il y voir un acte de rébellion adressé à l'industrie musicale. » *Rolling Stone*, sous la plume de Jon Pareles, jugeait que « plus Britney s'évertue à ressembler à Madonna ou Janet Jackson, moins elle est convaincante. Sa voix est trop trafiquée, au point de disparaître physiquement ». À l'image d'autres critiques qui trouvent la musique de l'album plus intéressante que la voix de Britney, Pareles concluait : « Au-delà des rythmes scintillants, Spears est à peu près aussi crédible qu'une poupée gonflable. »

David Browne, d'*Entertainment Weekly*, écrivait que « sur un CD censé célébrer son entrée dans l'âge adulte, Spears paraît distante et submergée. Elle n'a pas encore trouvé le chemin de son entière liberté ».

Ruth Mitchell, de la BBC, posait également la question de la maturité de Britney, mais en lui demandant de ne pas grandir trop vite. « Elle devrait moins insister sur son épanouissement récent. À force, elle arrive à nous convaincre qu'elle est loin du compte. Ne sois pas trop pressée, jeune fille ! Profite de ta jeunesse », écrivait-elle, rejointe par Mim Udovitch de *Blender* : « Cet album de la révélation n'y va pas par quatre chemins, il passe de célébration de l'amour à la célébration du sexe. »

Le disque a tenu toutes ses promesses commercialement, puisqu'il s'est hissé tout en haut des hit-parades aux États-Unis, en France, en Argentine, en Corée du Sud, et au Mexique. Son succès américain a fait de Britney la première chanteuse à s'élever à la place d'honneur des charts pour quatre albums d'affilée, battant ainsi son propre record. Le disque s'est vendu à cinq cent mille exemplaires au Royaume-Uni et trois millions aux États-Unis.

***

Britney payait une nouvelle fois le prix de sa popularité en avril 2003 lorsque ses avocats parvenaient à un accord à l'amiable et abandonnaient toute poursuite contre un fan japonais accusé de l'avoir harcelée. Elle avait initialement demandé à la cour de prononcer une ordonnance restrictive à l'encontre de Masahiko Shizawa, un habitant de Yokohama de quarante et un ans. Elle accusait Shizawa de lui avoir envoyé des centaines de photos et de lettres d'amour, mais aussi de l'avoir suivie, notamment jusqu'à ses domiciles de Louisiane et d'Hollywood. Il aurait même ajouté la mention « Je te poursuis » sur l'une de ses photos. De son côté, Shizawa affirmait n'être qu'un « fan passionné ». Il s'agissait d'un incident de plus qui éloignait Britney de son principal centre de préoccupation : la musique.

Toujours loin de la musique, Britney allait s'embarquer à la même époque dans une aventure particulièrement curieuse. « Ce qui se passe à Vegas reste à Vegas », prétend le dicton, et Britney allait bientôt prendre la pleine mesure de cette maxime en se rendant dans la Ville du péché en janvier 2004, afin de s'y marier. Cinquante-cinq heures après la cérémonie, le mariage était officiellement annulé.

Un certain nombre de signes avant-coureurs annonçaient ce débordement. Lors d'un rassemblement familial à Kentwood pendant les fêtes, Britney était arrivée au volant d'une Mercedes qu'elle comptait offrir à Lynne. La veille de Noël, Britney et son frère Bryan avaient toutefois emprunté le véhicule afin de se rendre à une soirée. À en croire Jamie Lynn, ils sont rentrés le lendemain matin « avec l'air d'avoir passé une nuit blanche[1] ». Lynne a été furieuse en découvrant dans sa Mercedes toute neuve toutes sortes de détritus, notamment des bouteilles, ainsi qu'une lame de rasoir.

L'autre cadeau offert par Britney était un séjour familial entre filles dans l'île de Niévès, aux Antilles. Au cours de ce voyage, Jamie Lynn s'est étonnée de voir sa sœur

1. Jamie Lynn Spears, *op. cit.*

« secrète » et « distante ». Elle a également remarqué qu'elle fumait énormément et buvait des cocktails en quantité. Selon Jamie Lynn, Britney était « débraillée » au point de ne plus se soucier de son apparence. « Moi qui avais été sa priorité pendant des années, voilà que ma sœur se désintéressait de moi[1]. »

Le retour s'est effectué à bord d'un avion privé qui s'est posé sur l'aéroport de Hammond, en Louisiane, le jour de la Saint-Sylvestre. Alors que les autres passagers débarquaient, Britney et sa cousine Laura Lynne sont restées à bord de l'appareil où elles ont été rejointes par Jason Alexander et quelques autres. Dans la foulée, Britney a annoncé au pilote son intention de poursuivre son périple jusqu'à Las Vegas.

Britney connaissait Alexander depuis la maternelle. Originaire de Kentwood, ce solide joueur de football américain était amoureux d'elle. Avant de quitter l'avion, Jamie Lynn a alerté sa sœur : « Surtout, n'épouse par Jason quand tu seras là-bas, Britney ! » Pour toute réponse, cette dernière a levé les yeux au ciel, mais l'avertissement de Jamie Lynn s'est révélé prémonitoire.

À Las Vegas, le petit groupe s'est installé dans une suite du Palms Casino Hotel. D'après le *Daily Mail*, Alexander « buvait comme un trou, c'était une version de Jamie Spears en plus jeune ». En cette soirée de réveillon, Britney a décidé de s'amuser. En quittant leur suite à 10 000 dollars la nuit, ses amis et elle se sont rendus dans la boîte de l'hôtel, le Rain, où Britney a bu de la vodka en grande quantité entre deux baisers à Alexander. Elle a ensuite quitté le bar à trois heures et demie du matin en compagnie de ce dernier.

1. *Idem.*

À en croire le compte rendu surréaliste de ce séjour, vendu plus tard par Alexander au tabloïd anglais *News of the World*, Britney et lui regardaient le film *Massacre à la tronçonneuse* quand ils ont pris la décision de se marier.

« C'était dingue, mec, a rapporté par la suite Alexander, dans l'émission "Access Hollywood". On s'est regardés dans les yeux en disant : "On devrait faire un truc complètement dingue. On n'a qu'à se marier, pour le fun." » Il avait beau être trois heures et demie du matin, rien n'est impossible à Vegas et le couple a pu convoler en justes noces très rapidement. Britney, vêtue d'un jean déchiré et d'un petit haut noir, une casquette de baseball sur la tête, est montée dans la limousine de l'hôtel avec Alexander. Les jeunes gens ont aussitôt demandé au chauffeur de les conduire dans une église en annonçant leur intention de se marier.

Les deux premiers sanctuaires étant fermés, le chauffeur s'est finalement garé devant la Little White Wedding Chapel, un lieu connu pour avoir célébré le mariage de nombreuses célébrités, où il était possible de s'unir vingt-quatre heures sur vingt-quatre. Le certificat officiel leur a coûté 70 dollars et ils ont apposé leurs signatures respectives sur le document. La cérémonie elle-même, totalement improvisée, s'est limitée à un bouquet de roses et à quelques accords égrenés par un pianiste.

Un employé a conduit Britney jusqu'à l'autel au son de la *Marche nuptiale*. À cinq heures du matin, au terme d'une cérémonie de sept minutes, Britney et Alexander étaient mari et femme. Les rares personnes présentes ont raconté que le couple avait « souri et ri » tout au long de la procédure. Charlotte Richards, propriétaire du lieu dans lequel elle officiait également en qualité de pasteur, a confirmé dans l'émission « Today » que les mariés étaient sobres. « Nous ne marions jamais les couples ivres, a-t-elle insisté. Ils doivent être en pleine possession de leurs moyens. »

Il ne restait plus aux jeunes mariés qu'à regagner l'hôtel où Spears a narré son aventure à ses amis en ajoutant à quel point elle était heureuse. Pourtant, ainsi que l'a précisé par la suite Alexander, personne ne les a félicités. Le couple a néanmoins fêté l'événement avec du champagne tout en réfléchissant à la lune de miel. Britney et Alexander ont fini par s'endormir, brisés par cette nuit mouvementée.

Britney s'est réveillée quelques heures plus tard, « quelque peu surprise » de s'être mariée, selon les dires d'une amie qui en a discuté avec elle plus tard dans la journée. Alors que la nouvelle se répandait comme une traînée de poudre, la surprise de Britney s'est trouvée largement partagée. Lynne a appelé sa fille afin de lui dire toute sa désapprobation en termes clairs.

Lynne raconte dans ses mémoires qu'elle a initialement cru à une « mauvaise plaisanterie ». Lorsqu'elle a compris qu'il n'en était rien, elle « fulminait[1] ». Elle avait gardé le souvenir d'Alexander enfant et se rappelait le verdict prononcé à l'époque par sa sœur : « Si jamais l'une de nos filles épousait celui-là, ce serait la pire des malédictions. »

Bryan, le frère de Britney, s'est entretenu par téléphone avec Alexander à qui il a expliqué que le mariage allait être annulé. Le terme a son importance, car l'annulation remet en cause l'existence même d'un mariage, alors qu'un divorce ordonne sa dissolution, avec toutes les conséquences financières et civiles que cela engendre. C'était précisément ce à quoi pensait le manager de Britney lorsqu'il lui a envoyé le court message suivant,

1. Lynne Spears, *op. cit.*

De gauche à droite : T. J. Fantini, Tate Lynche, Ryan Gosling, Nikki DeLoach, Britney Spears, Christina Aguilera et Justin Timberlake. Le Club Mickey Mouse s'est révélé une pépinière de stars.

(ph. Everett Collection Inc/Alamy Stock Photo)

Avant le tourbillon du succès, la jeune Britney pose avec sa famille : de gauche à droite, Jamie Spears, son grand-père June, son frère Bryan, sa petite sœur Jamie Lynn et sa mère Lynne.

(ph. Kevin Mazur/WireImage/Getty Images)

Un minois dont la publicité raffole.

(ph. Retro AdArchives/Alamy Stock Photo)

Sur la tournée Baby One More Time, la naissance du style Britney.

(ph.Terry Renna/AP/Shutterstock)

Avec Justin Timberlake, elle a formé pendant trois ans le jeune couple idéal de l'Amérique. Une histoire d'amour très médiatisée qui se terminera mal.

(ph. Kevin Mazur Archive 1/WireImage/Getty Images)

Avec sa mère Lynne Spears, au Teen Choice Awards, en 1999.

(ph. Barry King/Getty Images)

La gloire. Lors de la soirée
des MTV Europe Awards,
Britney remporte quatre trophées :
meilleure chanteuse,
meilleure chanson de l'année,
meilleur espoir féminin
et meilleur album pop.
(ph. Reuters/Alamy Stock Photo)

Britney fait une apparition
dans la série *Sabrina,*
l'apprentie sorcière
pour enseigner à la jeune
fille une danse.
(ph. Everett Collection Inc/Alamy Stock Photo)

En 2002, elle est à l'affiche
du film Crossroads
de Tamra Davis.
Ici avec Anson Mount.
(ph. Entertainment Pictures/Alamy Stock Photo)

Britney et son boa : une des plus célèbres prestations de l'histoire des MTV Music Awards.

ph. Frank Micelotta/ImageDirect/ Getty Images)

En ouverture de la cérémonie des MTV Music Awards, Madonna et Britney surprennent l'assemblée en s'embrassant à pleine bouche. Un baiser qui fera le tour du monde.

(ph. Kevin Mazur/WireImage/ GettyImages)

Des photos soigneusement mises en scène avec son nouvel amoureux, Kevin Federline.

(ph. MB Pictures/Shutterstock)

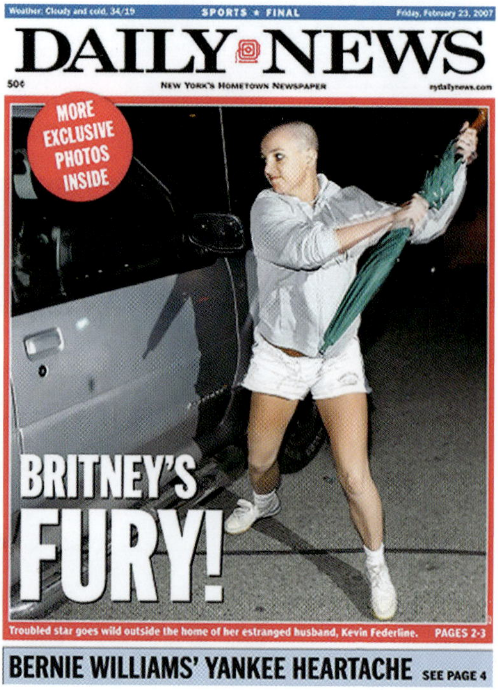

Weather: Cloudy and cold. 34/19 SPORTS ★ FINAL Friday, February 23, 2007

DAILY NEWS

50¢ NEW YORK'S HOMETOWN NEWSPAPER nydailynews.com

MORE EXCLUSIVE PHOTOS INSIDE

BRITNEY'S FURY!

Troubled star goes wild outside the home of her estranged husband, Kevin Federline. PAGES 2-3

BERNIE WILLIAMS' YANKEE HEARTACHE SEE PAGE 4

Épuisée par la bataille juridique pour la garde de ses deux petits garçons, Britney ne supporte plus le harcèlement des paparazzi. Un jour, elle n'en peut plus.

(ph. New York Daily News/Getty Images)

En 2009, lors de la tournée Britney Circus, nombre de ses fans ignorent que la jeune femme vit désormais sous haute surveillance, la justice ayant accordé la tutelle à son père.

(ph. Kevin Mazur/Stringer/Getty Images for Jive Records)

L'émission « The X Factor » a montré Britney sous un jour plus intime, mais la présence de ses fans la rendait souvent anxieuse.

(ph. Fox Image Collection/Getty Images)

Avec son manager (intermittent) Larry Rudolph.

(ph. Kevork Djansezian/AP/Shutterstock)

Alors que Britney se produit sur scène sans répit (ici lors de son show mémorable pendant sa résidence à Las Vegas), ses fans et soutiens commencent à remettre en question son maintien sous tutelle demandé par son père.

(ph. Marco Piraccini/Archivio Marco Piraccini/Mondadori Portfolio/Getty Images)

Le mouvement #FreeBritney fête sa victoire ! La justice a enfin écouté la star, qui retrouve toute sa liberté.

(ph. Kevin Winter/Getty Images)

Avec Sam Asghari, Britney a vécu sept ans. Mais leur mariage n'aura duré qu'une année.

(ph. PictureLux / The Hollywood Archive / Alamy Stock Photo)

d'après la rumeur : « Toutes mes félicitations. Tu viens d'abandonner la moitié de ta fortune. »

Les parents d'Alexander ont été tout aussi étonnés d'apprendre la nouvelle. Dennis, le père de Jason, mécanicien de métier, avait le nez plongé dans le moteur d'un pick-up quand un journaliste est venu recueillir ses impressions. « Qu'est-ce que vous me chantez là ? Mon fils ne se trouve même pas à Vegas ! » L'absurdité a atteint des sommets quand il a commencé à se murmurer que le mari de Britney Spears était l'acteur Jason Alexander, un homonyme trapu et chauve dont le nom reste associé à la série *Seinfeld*.

Les équipes du manager de Britney et plusieurs proches de la chanteuse ont rallié Las Vegas dans l'espoir de régler le problème le plus rapidement possible. Alexander a raconté que « des types en costard inquiétants » et des « huiles de Los Angeles » ont fait pression sur lui afin qu'il accepte d'annuler le mariage. La démarche s'est concrétisée le 5 janvier à 12 h 24. « La plaignante déclare n'avoir pas eu conscience de ses actes, en conséquence de quoi elle n'avait pas la capacité d'accepter de se marier », spécifiait la requête en annulation officielle.

Il a fallu à la juge concernée deux heures pour enregistrer ladite requête, déposée à 10 h 12 auprès du tribunal du comté de Clark. La magistrate, Lisa M. Brown, a signé l'ordre d'annulation. « Britney n'est pas mariée », a déclaré l'avocat de Britney à Las Vegas, Me David Chesnoff. « Jason a donné son accord plein et entier. Les deux personnes concernées ont pris une sage décision. J'ai bien conscience qu'ils sont attachés l'un à l'autre. Ils sont amis. »

La requête précisait les termes de l'annulation de la façon suivante : « Avant que le mariage soit prononcé, la plaignante et l'accusé ne savaient rien de leurs goûts spécifiques respectifs, de leurs envies respectives d'avoir des enfants, de leurs choix de résidence respectifs. À la lumière de ces éléments, les deux intéressés sont parfaitement incompatibles, au point qu'aucun des deux ne connaissait le fonctionnement de l'autre au moment de se marier. »

Alexander a raconté depuis qu'on l'avait reconduit à l'aéroport où on lui avait donné un billet d'avion pour rentrer chez lui. Selon certaines rumeurs largement démenties, il aurait touché 500 000 dollars en échange de son accord. Alexander affirme qu'une fois l'annulation signée, Britney s'est montrée incapable de le regarder droit dans les yeux.

Le jeune homme a gardé des sentiments mitigés de son mariage éclair avec l'une des personnalités les plus connues de la planète. Sa mésaventure lui a valu l'attention des médias et il s'est attaché les services d'un agent grâce auquel il a participé à un certain nombre de talk-shows et d'émissions de télé-réalité. Il a pu s'acheter une voiture neuve, mais ses réserves ont rapidement fondu. Il a été arrêté en 2022 pour harcèlement, et fera une triste apparition dans le dernier chapitre du présent ouvrage.

On a parfois dit que Britney avait décidé de se marier de façon aussi brutale en apprenant que Justin Timberlake s'était fiancé avec Cameron Diaz, mais on pense plus généralement qu'elle a voulu pousser un peu trop loin une simple plaisanterie. Britney a posté sur son site le message suivant, signé de son avocat : « Les deux jeunes gens regrettent tout simplement ce qu'ils ont fait. »

Lors d'une interview accordée au magazine *People*, la chanteuse déclarait : « C'était n'importe quoi. Je n'étais pas amoureuse du tout. » Par la suite, elle a réussi à rire de cet incident, allant jusqu'à dire à ses fans : « Avec de la chance, je pourrais vous épouser un jour ! »

Le caractère impulsif de Britney allait avoir des implications nettement moins amusantes pour elle, dans la mesure où il ouvrait la voie à sa mise sous tutelle en révélant sa personnalité incontrôlable, sa capacité à se mettre pour un rien dans des situations compromettantes.

Dans ses mémoires, sa sœur, Jamie Lynn, écrit que son aînée a commencé à se comporter de façon « paranoïaque et erratique[1] » à la suite de son mariage à Las Vegas. Elle révèle que Britney lui aurait déclaré un jour : « J'ai peur, ma chérie », avant de s'emparer d'un grand couteau de cuisine. Elle a ensuite attiré Jamie Lynn dans sa chambre en verrouillant la porte, puis elle a rangé le couteau dans le tiroir de la table de nuit en répétant : « J'ai peur. » Jamie Lynn ajoute dans son livre que « tout le monde était trop investi », que « personne ne voulait prendre ses responsabilités » en aidant Britney à ce stade. Britney a nié l'existence de cet incident depuis, elle a même envoyé un tweet à sa cadette à ce sujet : « Jamais je n'ai manipulé le moindre couteau en ta présence, ça ne me viendrait pas à l'idée. »

Quelques mois plus tard, Britney était fiancée et son deuxième mariage a été célébré dans la foulée. Elle a fait la connaissance de Kevin Federline à l'époque où elle sortait encore avec Justin Timberlake. Il l'a beaucoup impressionnée, au point de le décrire par la suite au magazine *Detail* comme « tout sauf un en… creux, contrairement aux acteurs hollywoodiens habituels ». Lorsque Federline était au lycée, le trombinoscope annuel de sa promotion le décrit de la façon suivante : « Le plus susceptible d'entre nous de faire l'objet d'une enquête dans [l'émission d'investigation] *America's Most Wanted* ».

1. Jamie Lynn Spears, *op. cit.*

Federline vivait avec l'actrice et ancien mannequin Shar Jackson quand sa route a croisé par hasard celle de Britney à Los Angeles. Le comédien et sa compagne élevaient à l'époque Kori, la petite fille qu'ils avaient eue ensemble, ainsi que les deux enfants que Jackson avait eus avec son compagnon précédent. La famille allait s'agrandir avec l'arrivée d'un nouveau bébé, si bien que l'on peut sans peine imaginer la réaction de Jackson lorsque Federline lui a téléphoné de L.A. en lui annonçant qu'il « voyait » Britney. Elle l'a aussitôt traité de « salopard ».

Jackson a reconnu par la suite que les gros titres provoqués par sa mésaventure l'ont aidée. « De façon détournée et malsaine, cette histoire avec Britney m'a remise sur le devant de la scène. Je suis actuellement en train de finaliser un album enregistré avec mon groupe », déclarait-elle au site Female First. De son côté, Britney a souhaité présenter la séparation de Federline comme un sacrifice. « Il l'a fait pour moi », a-t-elle déclaré.

La chanteuse a officialisé sa relation avec Federline en convoquant la masse des paparazzi au Beverly Hill Hotel, d'après l'ouvrage *Britney: Inside the Dream* de Steve Dennis. C'est à cette occasion que les photographes ont découvert Spears au bras de son nouveau compagnon. Le couple a pris place à bord de la Mercedes blanche de la chanteuse et s'est rendu à Santa Monica, suivi par les photographes. Une fois sur la plage, Britney, qui portait ce jour-là un short en jean et une chemise d'été blanche, a sauté avec enthousiasme sur le dos de Federline qui l'a portée jusqu'aux premières vaguelettes.

Le couple s'est alors promené sur la grève en se laissant mitrailler par les paparazzi, puis il s'est assis sur le sable. Britney a retiré sa chemise, révélant un haut de bikini jaune, et les appareils photo ont continué de crépiter jusqu'à ce qu'elle s'adresse à leurs propriétaires : « Vous avez pu prendre toutes les photos que vous vouliez. Je vous demanderai de repartir. »

Britney avait planifié cette séquence avec la plus grande adresse. À présent que les médias disposaient de la matière dont ils avaient besoin, plus personne ne pouvait ignorer qu'elle avait tourné la page Timberlake. Par la même occasion, elle montrait à Federline à quoi ressemblerait désormais son quotidien. Britney aurait bien des occasions de se plaindre de l'attention des médias par la suite, mais il est clair qu'elle avait pris en main la situation ce jour-là.

Une fois leur relation officialisée, Federline était libre d'accompagner Britney en Europe où se poursuivait sa tournée mondiale. Ils se sont fait tatouer dans l'intervalle, à l'intérieur du poignet, le même dessin figurant un dé censé leur porter chance. L'étape suivante était inévitable : « D'un seul coup, je me suis dit : “Et si j'avais envie de me marier ?” et je lui ai posé la question », a-t-elle raconté à *Entertainment Weekly*.

Federline a refusé, estimant que c'était au garçon de poser la question à sa future femme. Quelques minutes après avoir dit non, il la demandait en mariage et Britney acceptait. La bague de fiançailles choisie était un diamant de cinq carats serti sur un double anneau de platine. Et comme Federline n'avait pas les moyens de la lui offrir, c'est elle qui l'a achetée. Les médias n'ont pas manqué de le souligner, ce qui a valu à Federline d'être taxé de « croqueur de diamants » par certains.

En se fiançant avec la princesse de la pop, Federline faisait lui-même son entrée dans la catégorie des chouchous des médias. Peu après la demande en mariage, le couple s'est fait photographier sur la plage de Marina del Rey. Britney, d'humeur taquine, avait enfilé un t-shirt sur lequel s'affichait une formule choc : « Je suis vierge… mais c'est un vieux t-shirt ».

Spears et Federline se sont mariés civilement le 18 septembre dans la propriété de l'organisatrice des noces, à Studio City. Leur union a dûment été enregistrée le 6 octobre. Le jour du mariage, Britney portait une robe bustier blanche créée par Monique Lhuillier. Lynne a trouvé que sa fille avait « tout d'un ange » ce jour-là. Trois cents invitations avaient initialement été lancées, mais le couple a opté pour une réception nettement plus intime lorsque les médias ont eu vent de l'événement. Finalement, seuls vingt-sept membres du cercle intime des mariés ont pu y assister.

Britney n'a pas caché sa joie en découvrant les centaines de roses de couleur rose vif et rouge commandées pour l'occasion. Comme l'invitation parlait uniquement d'une fête de fiançailles, les invités ont eu la surprise de découvrir une véritable cérémonie de mariage. Des tenues avaient même été prévues au premier étage pour ceux qui ne se seraient pas habillés en conséquence.

Jamie était chargé de donner la main de sa fille tandis que Laura Lynne, la cousine de Britney, prononçait un discours en sa qualité de première demoiselle d'honneur. Lorsqu'elle a tendu son alliance à Britney, celle-ci l'a accidentellement laissée tomber. La femme pasteur qui officiait l'a rassurée, en précisant que c'était un signe de chance. Federline a déclaré à Britney à quel point il était « fier d'être son mari ».

À l'issue de la cérémonie, Britney s'est changée afin de passer une minirobe blanche très courte, puis la noce a gagné le Xes, une boîte de nuit de Los Angeles. À ce stade, Britney portait un ensemble de jogging rose sur lequel était brodée la mention « Mme Federline », tandis que son mari arborait un jogging légendé « Le Souteneur ». Les mariés ont lancé le bal en dansant sur « Lights » de Journey et, en guise de dîner, les invités ont mangé des travers de porc et du poulet.

L'union n'a pu être officialisée le jour même du fait de délais dans la signature du contrat de mariage. D'un point de vue juridique, ce retard aurait pu autoriser Federline à exiger la moitié de la fortune de Britney. Un document soumis à la signature des époux s'est alors chargé de préciser : « Britney est consciente et accepte que la cérémonie de mariage à laquelle les deux parties ont l'intention de participer ne constitue pas une union légale au regard de la loi californienne. » Il était ainsi prévu que le couple échange officiellement ses vœux deux semaines plus tard.

Ce mariage n'a pas été vu d'un bon œil par tout le monde. Les deux intéressés se revoyaient depuis quelques mois seulement lorsqu'ils ont convolé ; bien que la situation soit très différente de ce qui s'était passé avec Jason Alexander, certains proches ont reproché à Britney son impulsivité. Lynne, qui n'aimait guère Federline au prétexte qu'il était déjà père, avait demandé à sa fille de ne pas précipiter les événements. Elle a été la première à ne pas donner sa bénédiction à cette union.

La lune de miel s'est déroulée à Kentwood et dans les îles Fidji, provoquant l'intérêt des médias. Britney s'est emportée en se découvrant en photo avec son nouveau mari en couverture du magazine *Us Weekly*, avec le titre : « L'album privé de Britney ! » Divers clichés pris lors de cette lune de miel, en particulier des images du couple prenant un petit déjeuner sur la plage, illustraient un dossier de cinq pages dans la revue. Britney avait beau être accoutumée à l'omniprésence des médias, elle a estimé que les représentants de la presse avaient dépassé les bornes. Furieuse, elle a rédigé un communiqué avec ses équipes.

« Kevin et moi avions choisi une destination où nous avaient été promis l'isolement et le respect de notre vie privée, déclarait-elle officiellement. Malheureusement, certains membres du personnel nous ont pris en photo, ce que nous avons accepté avec l'assurance que l'utilisation de ces clichés était exclusivement réservée à l'album souvenir qui nous a été offert. »

Une telle déclaration peut paraître naïve, et *Us Weekly* n'avait aucune intention de s'excuser. Dans une réponse au communiqué, le magazine a déclaré : « De la part d'une star qui a vendu des photos de son mariage et de la fille de son mari, on voit mal en quoi nous aurions pu nous rendre coupables d'une atteinte à sa vie privée. Se peut-il que Britney voie rouge parce qu'elle n'a pas donné son feu vert à la publication de ces photos ? Britney Spears devrait lancer son propre magazine si elle tient à maîtriser le contenu des reportages qui lui sont consacrés. »

Federline était nettement moins habitué à l'attention des médias que Britney. Il a très mal vécu les spéculations de la presse sur les chances de survie de son mariage. Très vite, une ancienne petite amie s'est répandue dans la prcssc cn affirmant qu'il nc se brossait pas les dents et avait une hygiène douteuse. En dépit de ces anicroches, le couple a manifestement été heureux dans un premier temps. Britney était « plus équilibrée » et se portait « très bien », écrit Jamie Lynn, « ses fluctuations d'humeur » étaient « parfaitement maîtrisées ».

Le couple s'est installé à l'hôtel Fairmont Miramar de Santa Monica, en attendant que leur nouvelle maison soit prête. Le pavillon qu'ils occupaient à l'hôtel coûtait 1 000 dollars par jour. Ils étaient disposés à payer le prix fort pour préserver leur intimité en échappant aux objectifs inquisiteurs des paparazzi.

Ce souci de discrétion a aussi joué un rôle de premier plan dans le choix de leur propriété de 7,5 millions de dollars. Cette maison contemporaine de style méditerranéen, totalisant six chambres et sept salles de bains, s'étalait sur deux niveaux au cœur d'un terrain boisé et vallonné de près d'un demi-hectare. Elle se trouvait dans un ensemble résidentiel gardé, une condition essentielle pour assurer l'intimité du couple. Britney et Federline avaient pour voisins d'autres stars, notamment l'acteur Mel Gibson. Lorsque Jamie a rendu visite à sa fille la première fois, il a ouvert de grands yeux, estimant que le lieu ressemblait davantage à un club de vacances qu'à une maison. Comme quoi sa fille avait parcouru bien du chemin depuis Kentwood.

Britney a voulu que son mari, désireux de se lancer dans une carrière de rappeur, puisse bénéficier de sa notoriété. Federline a commencé par sortir deux singles, en avant-première d'un album intitulé *Playing with Fire*. Si Britney avait subi un certain nombre de chroniques négatives par le passé, rien ne pouvait la préparer à l'accueil réservé au disque de son mari.

« La plupart des chansons ne sont pas bonnes. On ne peut même pas croire que cet enregistrement a été réalisé "pour énerver tout le monde", tout simplement parce que sa médiocrité ne mérite pas qu'on se mette en colère », écrivait *Rolling Stone*. Le magazine *Now* déclarait dans le même temps : « Le flow [de Federline] est aussi basique qu'inintéressant, ses paroles sont banales, sans intérêt, et respirent la suffisance. » *Vibe* estimait que « son flow constipé et dénué de tout particularisme serait capable de noyer les rythmes les plus flamboyants », tandis que *Slant* disait : « On est en présence d'un disque jetable, aussi inepte qu'on pouvait s'y attendre. »

L'album, vendu à six mille exemplaires la semaine de sa sortie, a débuté à la 151e place des hit-parades de *Billboard*.

En dépit des mauvaises critiques et de l'échec commercial du disque, ses activités musicales ont fourni à Federline un moyen commode de s'absenter régulièrement.

Après ce qu'elle avait connu avec Justin, et auparavant avec son père, Britney n'avait aucune envie de se sentir délaissée une troisième fois.

L'arrivée d'un homme dans son quotidien a coïncidé pour Britney avec le départ d'un autre dans sa sphère professionnelle. Au terme de neuf années marquées par la réalisation de cinq albums, la séparation avec Larry Rudolph était actée. Cet éloignement ne sonnait toutefois pas le glas d'une relation qui s'est poursuivie en pointillé par la suite. « Britney et moi sommes tout bonnement parvenus à la conclusion que nous avons fait tout ce que nous pouvions réaliser ensemble », a-t-il déclaré dans un communiqué à l'époque.

Cette relève de la garde s'est accompagnée d'un changement artistique puisqu'elle a enregistré en 2004 une version de « My Prerogative », la chanson de Bobby Brown qui donnait son titre à la première compilation de ses principaux succès.

Avec l'annonce de la grossesse de Britney, on a pensé que la situation se stabilisait au sein du couple. Sean Preston Federline est né quasiment un an jour pour jour après le mariage de ses parents. Britney a accouché par césarienne le 14 septembre 2005 au UCLA Medical Center de Santa Monica.

L'arrivée d'un garçon a provoqué un choc, les médias ayant pour la plupart prédit que l'enfant serait une fille. Les parents et leur bébé séjournaient dans une suite privée au quatrième étage de la clinique. Des gardes du corps, postés à l'entrée de la chambre, fouillaient tous les visiteurs autorisés par le couple à lui rendre visite. Britney et Kevin ont fini par s'accorder sur le nom du petit garçon, la chanteuse ayant initialement proposé de le baptiser Charlie alors que son mari aurait préféré Kevin Junior.

Une infirmière a rapporté aux médias que, « à l'image de toutes les nouvelles mamans, Britney est très stressée », ajoutant qu'elle demandait « constamment des nouvelles du bébé ». Une autre infirmière a précisé que Britney « n'arrivait pas à se calmer », que son inquiétude pour son petit garçon l'empêchait de dormir. Les crises d'angoisse de la chanteuse ne se sont pas apaisées lorsqu'elle est rentrée à la maison. Elle était notamment persuadée que la cicatrice de la césarienne ne s'estomperait jamais.

Comme le veut la tradition, Britney a organisé une fête pour la naissance de son bébé. Des dizaines de paparazzi ont afflué près de la propriété dans l'espoir de prendre Sean Preston en photo. Dans la bousculade, un photographe a été blessé à la jambe par un fusil à air comprimé : Brad Diaz, l'un des paparazzi posté à l'entrée de l'allée conduisant à la maison de Malibu, aurait reçu en pleine cuisse une balle en plastique, d'après le *Los Angeles Times*. « Il peut très bien s'agir de quelqu'un qui passait par là en voiture », a déclaré un représentant de la police locale. « On ne sait pas du tout d'où est parti le coup. » L'incident reste à ce jour inexpliqué.

La grossesse et la maternité n'ont pas empêché Britney de rester une sœur modèle. Jamie Lynn tenait à l'époque le rôle principal de la série pour enfants *Zoé*. Lorsque Britney a su qu'une autre membre du casting se moquait de Jamie Lynn dans son dos et propageait des rumeurs infondées, elle a déboulé sur le plateau, enceinte jusqu'aux dents, afin de s'expliquer avec la coupable. « Il paraît que tu te fiches de ma sœur ? a-t-elle demandé à la jeune actrice. Il paraît que tu multiplies les mensonges et les rumeurs ? C'est mal ! » Elle a expliqué à son interlocutrice que jamais elle ne ferait carrière dans ce métier si elle se taillait une réputation de brute de cour d'école. L'actrice concernée, qui a été remerciée plus tard par la production, s'est défendue ensuite en expliquant qu'elle avait été maltraitée pendant le tournage.

Devenir mère pour la première fois est souvent une expérience difficile, et Britney a pu s'en rendre compte. Au cours des premiers mois de l'année 2006, elle a essuyé les critiques de la presse à la suite de plusieurs incidents. On l'a notamment photographiée en train de conduire avec Sean Preston sur ses genoux. Deux mois plus tard, le bébé était conduit à l'hôpital après être tombé de sa chaise haute. Peu après, un photographe a pris des clichés sur lesquels on voyait le siège auto du bébé installé dans le mauvais sens.

Le couple a attribué ces comportements limites à l'omniprésence des paparazzi. « Si le seul moyen qu'elle a trouvé de leur échapper est de prendre le bébé sur ses genoux quand elle sort, tant pis », déclarait Federline au magazine *GQ*. De son côté, Britney s'est contentée de reconnaître avoir « commis une erreur, c'est tout ».

Les médias étaient nettement plus enclins à critiquer Britney qu'à battre leur coulpe, ainsi que le montre un autre incident. Un jour où elle se rendait au marché de Malibu, Britney a sorti le bébé de son siège auto. Elle s'est aussitôt retrouvée entourée d'une nuée de photographes dépourvus de toute bienveillance. Elle venait à peine d'échapper à ses poursuivants qu'elle a remarqué la présence, dans un restaurant voisin, de serveurs occupés à la mitrailler avec leurs portables. Le milieu de la première décennie du nouveau millénaire aura été une période étrange pour les stars telles que Britney. Si celle-ci était habituée à la présence des photographes de presse, elle devait désormais affronter la masse des citoyens anonymes alors que les premiers téléphones équipés d'un appareil photo faisaient leur apparition. Les célébrités se sentaient en sécurité jusque-là en l'absence de paparazzi ; désormais, les stars n'avaient plus aucune plage de liberté. Ce jour-là, Britney s'est laissée tomber à l'une des tables du restaurant et elle a fondu en larmes, son bébé dans les bras. Chaque fois qu'elle essayait de relever la tête, en pleurs, elle constatait que les photographes continuaient de la mitrailler impitoyablement, sûrs de vendre leurs clichés un bon prix. C'était bien la preuve qu'aucun sentiment de pitié n'est de mise lorsque les paparazzi tiennent une proie. Ravis de voir sangloter la mère, son petit garçon sur les genoux, ils savaient déjà que leur moisson serait lucrative.

Rares étaient ceux, parmi les photographes, qui éprouvaient de l'empathie pour Britney. L'un d'eux a pourtant fait mentir cette vérité en quittant l'agence qui l'employait car on attendait de lui un comportement « trop poussé ». Nick Stern, un citoyen britannique employé par l'agence Splash, a estimé que le cortège des voitures et des motos qui suivait en permanence la star à grande vitesse faisait peser un danger réel sur l'intéressée comme sur le public. « De façon directe ou indirecte, a-t-il prédit, Britney ou un citoyen anonyme en feront les frais un jour. »

On sentait depuis longtemps que la pression constante des paparazzi conduirait inéluctablement à un drame. Jamie Lynn évoque dans son livre le jour où elle s'est rendue avec une amie dans une animalerie en compagnie de sa mère et de Britney. En quittant le magasin, les quatre femmes ont été prises au milieu de la masse des photographes et des badauds. Elles ont fini par réussir à remonter en voiture, mais pendant que Lynne s'évertuait à fendre la foule, un inconnu a hurlé qu'elle lui avait roulé sur le pied, et il a demandé à sa femme d'appeler la police. Fort heureusement, l'un des secouristes appelés sur place a déclaré que l'homme n'avait rien, mais le souvenir de cet incident a hanté Jamie Lynn pendant des années.

En partie parce qu'elle était persuadée que la pression des médias se ferait moins présente si elle leur donnait un os à ronger, Britney a participé en 2005 à une émission de télé-réalité baptisée « Britney & Kevin: Chaotic », au cours de laquelle ont été diffusés des extraits de vidéos privées. Cette série, retransmise en cinq épisodes en mai et juin 2005, lui a également permis d'évoquer son quotidien. On découvrait Britney et Kevin depuis leur première rencontre jusqu'au mariage, en passant par leurs fiançailles. Dire que la pilule est mal passée est un euphémisme. Taylor Carik, de *Flak Magazine*, a parlé d'une « insulte au bon sens et à la décence », tandis que Josh Wolk d'*Entertainment Weekly* y a vu « un suicide professionnel par caméscope interposé » : « Non contente d'être creuse, [Britney] brille par son égocentrisme dangereusement exacerbé. » Aaron Beierle, de *DVD Talk*, a évoqué quant à lui « une série pas regardable, un désastre terrifiant ».

Britney a fini par se joindre à la meute de critiques de l'émission en déclarant qu'il s'agissait « probablement de la pire décision que j'aie pu prendre au cours de ma carrière ».

Le deuxième fils de Britney, Jayden James Federline, est né le 12 septembre 2006, quarante-huit heures avant le premier anniversaire de son frère aîné. Kevin a conduit Britney à la même clinique de Santa Monica où elle a subi une nouvelle césarienne. Deux mois plus tard, elle prenait Kevin par surprise en demandant le divorce.

Il semble pourtant que Britney ait eu quelques hésitations au moment de franchir le pas. « Est-ce que tu veux vraiment ça ? », a-t-elle demandé à son mari au moment de discuter des détails du divorce. Comme il répondait par l'affirmative, Britney a répliqué : « Tu es la plus grave erreur de ma vie, mais je te remercie pour mes bébés. »

Après s'être accordé une pause cigarette, le couple a finalisé les conditions de leur séparation. Conformément aux termes du contrat signé en 2004, Federline recevait un quart de million de dollars pour chaque année de vie commune, mais à en croire ce qui s'est dit par la suite, Britney était si pressée de boucler les négociations qu'elle a doublé ce montant. Dans une interview diffusée sur MTV, elle a tenté d'expliquer les raisons de cet échec : « Je pense m'être mariée pour les mauvaises raisons. Au lieu d'écouter mon cœur et de me lancer dans une relation qui m'aurait vraiment rendue heureuse, je me suis embarquée dans cette aventure parce que j'avais envie de tout ce qui va avec le mariage. »

Dans sa requête, elle réclamait la garde des enfants, Federline bénéficiant d'un simple droit de visite. Vingt-quatre heures plus tard, Kevin contre-attaquait en demandant à son tour la garde des garçons. Au cours des jours qui ont suivi, Britney a été photographiée une première fois avec une minirobe léopard si courte qu'on voyait sa culotte, puis à nouveau descendant de voiture en mini-jupe remontée très haut sur les cuisses. Perez Hilton, un blogueur spécialisé dans le quotidien des stars, l'a accusée d'avoir volontairement recherché la publicité générée par ces clichés. Hilton a l'habitude de voir le monde des célébrités avec cynisme, mais on allait très vite s'apercevoir que tout n'allait pas bien chez Britney.

***

Avoir deux enfants aussi rapprochés constituait un défi pour Britney. Ce qui aurait été difficile pour n'importe quelle femme tenait de la gageure dans le cas d'une mère aussi médiatisée. Jamie Lynn se souvient[1] que sa sœur, habituellement « si joyeuse et naturelle », a perdu « sa

1. Jamie Lynn Spears, *op. cit.*

douceur». Elle est devenue distante, «même quand nous étions l'une en face de l'autre». Britney était «d'humeur changeante», son «comportement erratique» devenait une source d'inquiétude pour les siens. Avec le temps, elle est devenue «très perturbée», allant jusqu'à «se mettre en colère au point de hurler sur maman en public».

Le public de Britney commençait aussi à s'interroger. Le jour où elle a failli lâcher bébé Preston en trébuchant, le monde a retenu son souffle. Peu de gens se sont fait la réflexion que l'événement avait été provoqué par la présence chaotique, derrière la star, d'une nuée de caméramen et de photographes.

Dans un entretien à l'émission «Access Hollywood», Britney a reconnu que la présence constante des paparazzi était «difficile». Lynne a soutenu sa fille face à l'avalanche de critiques dont elle faisait l'objet, posant la question: «Depuis quand l'Amérique est-elle aussi vertueuse?»

En dépit de tout, Lynne était consciente que sa fille traversait une période compliquée. Elle reconnaît toutefois qu'elle ne se doutait pas de l'ampleur du problème.

Les obstacles se sont accumulés sur la route de Britney au cours des mois suivants. La disparition, à l'âge de cinquante-neuf ans, de sa tante Sandra, la sœur de Lynne, est venue alimenter les tourments intérieurs de Britney. Entre son divorce, la charge de ses deux petits garçons, et la pression liée à sa popularité, Britney titubait au bord du gouffre.

7

CHAUVE ET EN MIETTES

Le pire moment de la jeune vie de Britney est survenu au mois de février 2007, lorsqu'elle a poussé la porte de l'Esther's Haircutting Studio dans la vallée de San Fernando, à Los Angeles. Ce modeste salon de coiffure allait servir de cadre à l'un des incidents les plus tristement célèbres du show-biz. Plus tôt le même jour, Britney avait sonné à la porte de Federline, en lui demandant à voir leurs fils. Il semble que Kevin ait refusé, ce qui a déclenché une spirale infernale.

À son arrivée, Britney a expliqué à la propriétaire du salon de coiffure que ses extensions étaient trop serrées et qu'elle voulait se raser la tête. Esther Tognozzi a refusé, mais sa réaction n'a pas refroidi les ardeurs de la chanteuse qui s'est ruée sur un rasoir avec lequel elle a sacrifié ses cheveux. Pas une seconde de cet incident désastreux n'a échappé aux photographes qui la guettaient à travers la vitrine du salon. Les badauds qui s'étaient joints à eux n'en revenaient pas.

Selon les témoins de la scène, Britney a expliqué à une autre cliente qu'elle en avait assez qu'on la touche et qu'on lui « enfonce des trucs dans le corps ». À peine avait-elle vu son crâne rasé que la chanteuse regrettait son geste. Elle a fondu en larmes en déclarant : « Mon Dieu, j'ai tout rasé. Ma mère va être furieuse. »

Ces larmes n'ont pas empêché Britney de quitter le salon de coiffure et d'entrer dans la boutique d'une tatoueuse à qui elle a demandé de dessiner sur sa peau une bouche de femme, ainsi qu'une petite croix. La tatoueuse a rapporté par la suite aux médias qu'elle avait senti chez Britney « une angoisse folle et beaucoup d'énergie négative ». Lorsqu'elle a demandé à Britney pourquoi elle s'était rasé la tête, la chanteuse a répondu : « Personne, je dis bien personne, n'a le droit de toucher mon crâne. Personne n'a le droit de toucher mes cheveux. J'en ai assez que tout le monde me touche les cheveux. »

Elle a ensuite repris le chemin de sa maison de Malibu où son entourage lui a conseillé de consulter un médecin. Son crâne lisse dissimulé sous une perruque noire, elle s'est rendue à l'hôpital Cedars-Sinaï de Beverly Hills. Au même moment, Lynne quittait précipitamment la Louisiane afin de rejoindre L.A. après avoir reçu ces nouvelles alarmantes. Elle a écrit par la suite qu'elle était « bouleversée » et « brisée ». Elle dit avoir demandé à Dieu de « protéger » sa fille. Jamie a également tenté de joindre Britney, à qui il a finalement parlé à l'heure du dîner. Plus tard dans la soirée, elle a été vue en train de chanter du karaoké au Roxy, sur le Sunset Strip. Coiffée d'une perruque blonde, des lunettes de soleil sur le nez, elle donnait l'impression de s'amuser quand quelqu'un a programmé « ...Baby One More Time ».

Juste avant l'épisode du salon de coiffure, Britney avait passé vingt-quatre heures dans un centre de désintoxication sur l'île d'Antigua, dans les Caraïbes. Lynne, Jamie et l'entourage de Britney ont alors tenté de la convaincre de suivre une cure, cette fois au centre Promises de Malibu. Britney a refusé dans un premier temps. Elle s'est plainte que sa mère cherchait à lui « forcer la main ». Changeant ensuite d'avis, elle est entrée à Promises pour un séjour de quatre semaines qui s'est finalement réduit à une seule journée.

La nouvelle avait fait l'objet d'un communiqué de son management : « Britney Spears est entrée de son propre chef aujourd'hui dans un centre de désintoxication dont les coordonnées restent confidentielles. À ce stade, nous demandons aux médias de respecter sa vie privée, ainsi que celle de sa famille et de ses amis. » On s'en doute, cela n'a pas empêché toute la planète de suivre de près la jeune star.

On a beaucoup glosé sur les raisons qui avaient provoqué un tel effondrement, comme celles qui l'avaient poussée à s'en prendre à ses cheveux. Un psychothérapeute a déclaré à cette occasion que le fait de se raser la tête pour une femme était une façon de se désexualiser. La psychanalyste Bethany Marshall a expliqué sur le plateau d'ABC News que c'était pour Britney une façon de « s'exprimer » en s'autorisant un tel geste : « Les cheveux symbolisent tous les stylistes, coachs et autres assistants qui exercent un contrôle sur son quotidien et son apparence. Elle nous fait comprendre qu'elle a décidé de gérer elle-même son look. » Le Dr Alistair Roff, spécialiste de psychologie sociale, déclarait parallèlement au *Times* de Londres : « Davantage qu'un appel au secours, elle demande qu'on lui fiche la paix ! » Les médias ont fait des gorges chaudes de cet épisode. L'occasion était trop belle pour les journalistes qui ont rarement l'occasion d'assister en direct à une crise aussi symbolique. La chaîne Fox News a parlé de « folie pure » tandis qu'ABC News décrivait une Britney « chauve et en miettes ».

Britney a évoqué depuis cet épisode. Dans un documentaire diffusé sur MTV, en novembre 2008, *Britney:*

For the Record, elle affirme que cet incident était la conséquence de sa séparation avec Federline. « Il venait de me quitter et j'étais bouleversée », expliquait-elle à cette occasion, ajoutant que se raser la tête était « une forme de rébellion, je me sentais libre, je me débarrassais de plein de trucs ». Elle en profitait pour dénoncer les exagérations : « Les gens ont pensé que je devenais folle, mais il y a plein de gens qui se rasent le crâne. »

De façon caractéristique à l'ère du numérique, des mèches de cheveux de Britney, récupérées dans le salon de coiffure, ont rapidement été mises en vente sur eBay. On dit que les enchères avaient atteint un million de dollars lorsque le site a supprimé l'annonce, jugeant qu'il était impossible d'authentifier ces cheveux. Les mêmes mèches ont refait surface par la suite sur un site créé pour l'occasion, buybritneyhair.com, où elles étaient proposées avec le rasoir dont s'était servie la chanteuse, la canette de Red Bull dont elle avait vidé le contenu, et un briquet bleu abandonné sur place.

Le séjour de Britney au centre de désintoxication Promises n'a duré que vingt-quatre heures. Elle en est sortie tôt le 21 février pour regagner directement son domicile de Malibu. Elle a trouvé la maison désespérément vide en l'absence des enfants, ainsi qu'elle l'a raconté par la suite en expliquant que « mes bébés incarnent ma maison ». Incapable de dormir et de se sentir bien chez elle, elle a pris une chambre à l'hôtel Bel-Air, mais ses démons continuaient de la hanter, et elle ne parvenait pas à se détendre. Après une réunion avec ses avocats au sujet de Federline, elle s'est rendue chez ce dernier en lui demandant à voir ses garçons. Il a refusé d'ouvrir à Britney, ce qui a provoqué chez elle une nouvelle crise.

Elle est repartie à bord d'une Mercedes dont elle occupait le siège passager. Lorsque le conducteur s'est arrêté pour prendre de l'essence à une station Mobil du quartier de Tarzana, les paparazzi ont entouré la voiture en la mitraillant à grands renforts de flashs. Britney, prisonnière du siège avant droit, s'est sentie totalement violée. Le plein fait, la Mercedes est repartie et les photographes se sont lancés à sa poursuite, jusqu'au moment où l'auto s'est brusquement immobilisée, ses feux de stop allumés. La suite a fait à nouveau la une des journaux.

Britney est descendue de la Mercedes en brandissant un parapluie vert et s'est approchée du 4 × 4 de l'un des photographes qu'elle a attaqué avec son arme de fortune. Les clichés pris lors de l'incident la montrent livide de rage: « Va te faire foutre, espèce d'en... ! s'est-elle mise à hurler. Fichez-moi la paix, arrêtez de me suivre. Je veux voir mes enfants, rien d'autre. »

Dans le documentaire *Framing Britney Spears*, Daniel « Dano » Ramos, qui a photographié Britney en train de s'acharner sur son 4 × 4 avec un parapluie, ne sort pas grandi de l'interview qu'il a accordée au réalisateur du film: « Jamais elle ne nous a dit qu'elle nous en voulait de notre présence ou de lui foutre la paix », affirme Ramos, ce à quoi le réalisateur rétorque: « Même quand elle vous a demandé de lui ficher la paix ? »

Toujours est-il que Britney a fait amende honorable: « Je m'excuse de cette histoire avec un parapluie il y a quatre mois, a-t-elle écrit sur son site. J'étudiais mon rôle en prévision d'un film dans lequel le mari ne fait jamais ce qu'il faut. Je prends mes rôles au cinéma très au sérieux, je me suis emportée. Malheureusement pour moi, je n'ai pas obtenu le rôle. »

Vers la même époque, elle a également passé la nuit dans un parking, ainsi que le précisent des documents enregistrés par le tribunal par la suite. Le lendemain de l'attaque au parapluie, Britney retournait au centre

Promises, avec le soutien de son management et de sa famille, ce que confirmait son père, en déclarant : « Notre petite fille est malade, on s'en occupe du mieux qu'on peut. »

Cette fois, Britney a séjourné plusieurs semaines au centre de Malibu. À son départ, son manager par intermittence, Larry Rudolph, a publié un communiqué dans lequel il annonçait sa « sortie » après avoir suivi son traitement « avec succès ». Jamie s'est montré conciliant avec Rudolph. Il a déclaré qu'en réussissant à convaincre Britney de suivre une cure de désintoxication, « il a fait ce qui était indispensable aux yeux de sa mère, de son père, et d'une équipe de professionnels réunissant entre eux plus d'un siècle d'expérience ». Il ajoutait à cette occasion que sa fille était « incontrôlable » et que Rudolph avait été chargé de « se retrousser les manches et de lui faire passer le message pour qu'elle puisse être sauvée ».

Ce n'était pas l'avis de Britney, persuadée que toute sa famille se liguait contre elle. Elle avait le sentiment qu'ils utilisaient son envie désespérée de voir ses enfants pour l'obliger à suivre un traitement. Ne sachant plus à qui se vouer, elle s'est finalement brouillée avec les siens comme avec son management. Elle refusait notamment de parler à sa mère, dont elle estimait qu'elle avait épousé la cause de Federline.

Au mois de juin, elle a fait parvenir une note très sèche à sa mère, exigeant qu'on la laisse en paix. Sa missive déposée, elle a annoncé aux journalistes son intention de « prier » pour sa mère, ce que certains ont interprété comme une façon de dénigrer la réputation religieuse attachée à Lynne.

Alors qu'elle partait clairement à la dérive, Britney a été accusée de délit de fuite après avoir heurté un véhicule sur un parking alors que son permis n'était plus valide, deux délits passibles chacun d'une peine maximale de six mois d'incarcération et d'une amende de 1 000 dollars. Le juge a classé l'affaire deux mois plus tard lorsqu'un accord à l'amiable a été trouvé avec le propriétaire du véhicule endommagé.

Déchargée de cette inculpation, elle était à nouveau libre de voir ses enfants, mais la publicité négative suscitée par l'ensemble des incidents survenus récemment contribuait à dégrader son image. Britney a compris qu'il lui fallait s'adresser à ses fans, désorientés par tous ces drames. En conséquence de quoi elle a publié sur son site une lettre d'une grande sincérité. Il s'agissait d'avertir son public qu'elle venait de traverser une période difficile.

« J'ai récemment séjourné dans un centre de désintoxication, ce qui m'a donné une leçon d'humilité », écrivait-elle.

> *J'avais vraiment touché le fond. À ce jour, je reste convaincue que l'alcool et la drogue n'avaient rien à y voir. J'étais juste une sale gosse souffrant de TDA.*
>
> *J'étais complètement perdue, je crois bien que j'étais également un peu en état de choc. Je ne savais plus à qui me vouer. J'ai pris conscience de toute l'énergie et de tout l'amour que j'avais consacrés à ma relation quand celle-ci a pris fin. Je ne savais plus quoi faire de moi-même et ça me rendait infiniment triste.*

Britney expliquait aussi combien elle s'était montrée naïve dans ses rapports avec le reste du monde. « J'étais dans un état de grande vulnérabilité, me rendre à des dîners et assister à des fêtes en compagnie d'amis pour m'apercevoir après coup que je payais tout a été pour moi une vraie leçon, expliquait-elle. Le vrai problème, me semble-t-il, est que j'ai laissé trop de gens s'infiltrer dans mon entourage. On ne sait jamais ce que veulent les autres. J'étais trop ouverte et je cherchais des réponses qui se trouvaient sous mes yeux. J'ai été obligée de me séparer de beaucoup de monde.» Elle ajoutait: «Quand vous êtes une femme et que vous dites ce que vous pensez et de quelle façon les choses devraient se passer, les gens vous traitent de "salope".» Elle concluait en plaçant ses enfants au cœur de son message: «Je suis assise à ma table, il est 6h25 et mes deux fils dorment. J'ai beaucoup de chance de les avoir dans la vie.» D'après elle, le chagrin d'être séparée de ses petits était à l'origine des difficultés qu'elle venait de connaître. Les retrouver était une bénédiction.

Ce message a touché nombre de ceux qui l'ont lu, et certains autour d'elle se sont montrés plus compréhensifs. Lynne, pour ne donner qu'un exemple de cette prise de conscience, a reconnu qu'en attaquant ce 4 × 4 à coups de parapluie, Britney «agissait comme j'avais toujours eu envie de le faire». Lynne vivait très mal les critiques incessantes des médias à l'encontre de sa fille. Elle se souvenait du jour de 2001 où Britney s'était mise à pleurer lorsqu'il lui avait été reproché, dans un article de journal, d'avoir pris quelques kilos. «C'était un commentaire méchant, exagéré, et blessant», écrivait Lynne.

Dans le même temps, Britney a trouvé le moyen d'enregistrer son nouvel album entre 2006 et 2007. À l'époque où elle était interviewée au sujet de l'album *In the Zone*, elle avait déclaré à *Entertainment Weekly* qu'elle commençait à écrire en prévision du projet suivant. Henrik Jonback, son coauteur sur le nouvel album, a expliqué avoir écrit les chansons entre deux concerts, dans le bus de tournée ou dans les chambres d'hôtel de Britney. Au cours de cette période de collaboration relativement courte, il a pris conscience du quotidien tumultueux de la chanteuse. «Ça m'a permis de voir à quoi ressemblait la vie hystérique d'une superstar, et je dois avouer que je suis très heureux personnellement de ne pas en être une», a-t-il déclaré par la suite.

Britney souhaitait initialement intituler son album *The Original Doll* (La Poupée originale). Elle y voyait un symbole de la façon dont elle entendait assurer la gestion de ses affaires. Dans un communiqué publié sur son site, elle écrivait à l'époque:

> *Je devrais apporter un rectificatif à ce que j'ai dit dans mes courriers précédents quand j'évoquais mon envie de m'accorder un «break». Je voulais indiquer par là mon intention de cesser de faire tout ce qu'on me demande. C'est cool de ne pas avoir à se poser la question de savoir si on travaille ou bien si on s'amuse, et de s'apercevoir que ça ne fait aucune différence. Je m'amuse vraiment dans mon boulot ces derniers temps, je n'ai plus l'impression de travailler. J'ai repris le contrôle de mon management et de mes affaires, je mène ma barque comme je ne l'ai jamais fait.*

Cette reprise en main, ainsi qu'elle l'expliquait au magazine *People* dans un entretien, lui permettait d'explorer les sons attachés à son enfance en Louisiane: «Quand j'étais petite, je m'écoutais moi-même. Et puis vous signez avec une maison de disques et vous êtes tout simplement reconnaissante d'avoir un best-seller. Ça ne vous laisse pas forcément la possibilité de mettre en valeur votre voix et vos racines. J'aimerais beaucoup intégrer ces influences dans mon travail. Je ne me prends pas pour Tina Turner, mais on ne sait jamais.»

La chanteuse a travaillé sur ce disque avec J.R. Rotem, qui a exprimé par la suite son opinion: «Vous reconnaîtrez sans peine Britney, mais elle a franchi une étape.

Elle se montrait très innovante avec une chanson comme "Toxic", et nous essayons d'aller encore plus loin cette fois. » Keri Hilson, elle aussi associée au répertoire, s'est également montrée laudative. « Elle était très décidée, a-t-elle rapporté au magazine *OK!*. Elle s'est donnée à 150 %. Elle avait déjà commencé à enregistrer pendant sa grossesse. On a commencé à Vegas et poursuivi à L.A., ou encore chez elle. On a travaillé chez elle moins de trois semaines après la naissance de [Jayden]. Vous comprenez pourquoi je dis qu'elle était décidée ? Je ne connais aucune autre mère de famille qui ferait ça. » La productrice Kara DioGuardi a confirmé à *Extra* que Britney avait « travaillé très dur », ajoutant qu'« on ne pouvait pas l'arrêter ».

« C'est Britney, salope ». C'est ainsi que débute *Blackout*, le nouvel album. « Gimme More » est un titre fort, mais il lui manque la puissance de feu de « ...Baby One More Time ». Cette composition de Jim Beanz, Marcella « Ms Lago » Araica, Nate « Dania » Hills et Keri Hilson, qui hésite entre pop, dance, électro-pop et *electronic dance music*, est très hypnotique.

Les soupirs et autres gémissements que l'on entend sur « Piece of Me » (« Un peu de moi ») auront suffi à exciter la libido de ceux qui l'écoutent. MTV a dit de la chanson qu'elle « donne l'impression que Britney s'offre sur un plateau », même si la chanteuse précise ensuite qu'elle a un mauvais karma, insistant pour savoir si l'on veut vraiment un peu d'elle. Comme l'a noté un chroniqueur : « Reste à savoir s'il s'agit d'une promesse ou d'une menace. » Un autre journaliste ajoute que si la chanson « décrit ce qui se passe quand on examine votre vie à la loupe », ce n'est pas pour autant « une complainte destinée aux paparazzi » dans la mesure où « Britney, dans son interprétation, se montre à la fois railleuse, menaçante, aguicheuse et désinvolte ».

Les sonorités électro de « Radar » sont rendues plus présentes encore par la présence d'échos sonar et de sons synthétisés très distordus, mais l'effet final a été décrit comme primaire par certains. « Break the Ice » relève le niveau. Ainsi que le remarque Keri Hilson, l'une des parolières du disque, « c'est l'histoire d'une fille et d'un type à qui la fille dit : "Tu es froid. Laisse-moi briser la glace." »

Le R&B électro de « Break the Ice » est suivi par « Heaven on Earth ». « Il s'agit d'une chanson très directe », déclare Nicole Morier, qui l'a écrite. Vient ensuite « Get Naked (I Got a Plan) », un duo qui voit Spears et Danja vanter les mérites de l'amour physique avec des voix lourdement distordues, au point que celle du chanteur ressemble à un râle. « Freakshow » est une plage de *dubstep* évoquant le succès, tandis que « Toy Soldier » permet à Britney de montrer qu'elle est capable d'enregistrer une chanson digne de Destiny's Child. Autre composition intéressante, « Ooh Ooh Baby » propose des envolées de guitare flamenco sur une mélodie annonciatrice de « Womanizer », que l'on découvrira sur l'album suivant.

Les critiques n'ont globalement pas été tendres à l'écoute du résultat final. « Que peut donc proposer la princesse la plus artificielle de la pop lorsqu'elle transforme en or son quotidien au bénéfice de la masse des lecteurs de presse popu ? », demandait le *NME*. « Elle s'est métamorphosée en robot ! », estimait Mike Schiller, de PopMatters, avec peu d'enthousiasme, ajoutant : « Jusqu'à sa pochette criarde, *Blackout* est un album jetable qu'on s'empressera d'oublier. » Andy Battaglia, du site The A.V. Club, jugeait que l'album « est à la fois un événement important et une aberration gênante, fabriquée mystérieusement et étrangement inopportune ».

Margaux Watson, d'*Entertainment Weekly*, marquait toutefois sa différence en écrivant : « *Blackout* a une façon délicieuse d'échapper à la réalité, c'est un album de dance tout à fait efficace qui regorge de ces bribes électro entraînantes qui ont toujours formé l'assise de ses plus grands tubes. »

« Ce cinquième album studio de Spears est le plus cohérent de tous, une agréable collection d'électro-pop osée et brillante », jugeait de son côté Dennis Lim, de *Blender*, précisant qu'il appréciait tout particulièrement « son mélange de rancœurs compréhensibles et d'autodérision ». Alexis Petridis, du *Guardian*, a écouté le disque à travers le filtre des récents déboires de Britney : « De nos jours, quand Britney Spears chante qu'elle sombre dans la folie ou que sa tête s'est transformée en cyclone, on n'imagine nullement une femme emportée par ses délires en pleine extase coïtale, on voit ses photos, fraîchement scalpée, en train d'attaquer à coups de parapluie la voiture d'un paparazzo, portant sur son visage la marque du dérangement mental de ceux qui ont échappé de peu à la camisole. » En fin de compte, il attribuait quatre sur cinq à cet « album intéressant et aventureux ».

« Robert Frost disait que deux possibilités s'offriraient au monde le jour où il connaîtrait sa fin : se laisser consumer par la passion, ou bien se pétrifier dans le rationalisme. On sait déjà quelle option choisira Brit le jour venu, déclarait Melissa Maerz, dans *Rolling Stone*. En attendant, elle continuera à produire les meilleurs titres de pop dansante jusqu'au jour où une assistante sociale fermera son robinet à tubes. »

Kelefa Sanneh, du *New York Times*, se montrait plus positif avec *Blackout* que dans son jugement d'*In the Zone*. « Contrairement à tous les autres albums de Britney Spears, celui-ci n'a pas été livré avec son avalanche habituelle d'interviews, de talk-shows, et de passages télé, écrivait-elle, ce qui n'empêche nullement de savourer les qualités de ses meilleures chansons. »

Pour la première fois de sa carrière, Britney ne voyait pas l'un de ses albums se hisser dès le premier jour à la place d'honneur des charts aux États-Unis. *Blackout* arrivait en deuxième position et se vendait à deux cent quatre-vingt-dix mille exemplaires la première semaine. En fin d'année, les ventes à travers la planète atteignaient tout de même 3,1 millions d'exemplaires. Il faut comprendre ce déclin à l'aune des baisses drastiques de ventes du disque physique dans le monde, l'industrie musicale étant confrontée à des avancées technologiques dévastatrices depuis le début de la décennie. Il n'en reste pas moins que ce cinquième opus confirmait la mauvaise passe que traversait Britney à cette époque de sa vie.

***

Lors des VMAs 2007, Britney a donné une prestation pour le moins étrange. À en croire certains témoignages, elle avait fait la fête à Las Vegas jusqu'à l'aube la nuit précédente, et c'est clairement l'impression qu'elle donnait en montant sur scène.

Complètement hébétée et indifférente à ce qui se passait autour d'elle, son passage ressemblait davantage à une balance technique qu'à un concert. Elle s'est contentée de mimer « Gimme More » de façon peu convaincante et de chanter sans aucun entrain. À certains moments, on aurait pu croire qu'elle allait s'écrouler. Elle a ensuite enfoui son visage dans ses mains, comme si les projecteurs la dérangeaient. Les stars qui se trouvaient dans le public, à l'image de Rihanna et de 50 Cent, paraissaient à la fois stupéfaits et amusés du triste spectacle qu'elle offrait.

Elle avait choisi, en guise de tenue de scène, un bikini noir pailleté et des bas résille. De retour en coulisses après sa prestation, elle a fondu en larmes en se plaignant d'avoir l'air grosse. Le verdict de la presse ne s'est pas fait attendre. « Britney Spears a bâclé son "grand retour" », écrivait le *Daily News*. Le *New York Post* évoquait un passage sur scène « extrêmement mauvais, pathétique avec son play-back », de la part d'une Britney « manifestement nerveuse qui vacillait sur scène, parvenait difficilement à danser, sans même feindre de chanter ». Britney, qui avait toujours été jusque-là la reine de la cérémonie, notamment lorsqu'elle s'était produite avec un serpent autour du cou, a ravi cette fois la vedette pour toutes les mauvaises raisons.

Barbara Walter a déclaré dans l'émission « The View » : « Chanter en play-back n'était pas une bonne idée. » Quant à Whoopi Goldberg, elle a estimé que Britney ressemblait à « une mauvaise strip-teaseuse ». Le célèbre blogueur Perez Hilton a trouvé que sa prestation « était si atroce que c'en était gênant ». Apparemment, personne n'a tenu compte du fait que c'était la première fois qu'elle chantait à la télévision depuis trois ans, ce qui expliquait sa nervosité.

« Elle était tout simplement stressée à cause de tout le buzz, elle se sent très gênée », a confié un membre de son entourage au magazine *People.* Plusieurs personnes, en particulier Simon Cowell, sont allées jusqu'à prédire que cette prestation désastreuse sonnait le glas de la carrière de Britney. Un avis pour le moins ironique quand on sait de quelle façon le chemin de Cowell allait croiser celui de Britney quelques années plus tard. Cela n'a pas empêché *Vogue* de déclarer par la suite qu'il s'agissait d'un moment « emblématique », se félicitant de la présence de Spears ce soir-là au prétexte que son passage était le seul qui resterait dans les mémoires.

L'une des défenseuses de la chanteuse a tenté d'apporter sa pierre à l'édifice en fournissant un témoignage qui a marqué la carrière de Britney, tout en jetant un jour cru sur la réalité de ses fans. Chris Crocker, une jeune femme de dix-neuf ans, a posté sur YouTube une vidéo dans laquelle elle commentait les problèmes de Britney à l'époque. Elle évoquait tour à tour les décès survenus dans sa famille, son divorce, la bataille autour de la garde de ses enfants, et finissait par exiger, entre deux sanglots, que l'on « fiche la paix à Britney ! ».

La vidéo est rapidement devenue virale et le plaidoyer hystérique de Crocker a été abondamment raillé. Le passage dans lequel la jeune femme menaçait de se « jeter de l'immeuble le plus proche » s'il survenait quoi que ce soit à Britney a notamment été tourné en ridicule. Interrogée sur la radio NPR des années plus tard, Crocker a confirmé que son message était tout à fait sérieux, quoi qu'en disent les gens.

« J'ai toujours pensé que si on s'était contenté de lire mes propos, sans se soucier de l'état dans lequel je me trouvais, on n'aurait jamais trouvé ça comique, s'est-elle défendue. J'expliquais que Britney avait perdu sa tante. Elle était en train de divorcer. Elle venait d'avoir ses enfants, je craignais pour elle qu'elle fasse une dépression post-partum ou un truc du genre. Je ne vois vraiment pas ce qu'il y avait de drôle dans tout ça. »

***

À ce moment-là est entré dans la vie de Britney un personnage assez difficile à cataloguer, Sam Lufti. Des avis contradictoires ont circulé depuis sur ses origines exactes, ou encore la façon dont il a pu prendre un tel ascendant sur la chanteuse. Les parents de Britney s'accordent toutefois à reconnaître que Lufti a joué un rôle de premier plan dans la mise sous tutelle de Britney. À la lecture des mémoires de Lynne, il semble que Lufti ait initialement contacté la chanteuse de façon anonyme afin de lui révéler que de la drogue avait été dissimulée chez elle par quelqu'un de son entourage, à l'instigation de Federline.

Lynne a aussitôt fait procéder à une fouille en règle de la maison, sans que rien ne soit découvert. Quelques mois plus tard, elle raconte avoir reçu un second appel du même individu. Il a de nouveau insisté sur la présence de drogue chez Britney, bien qu'elle n'ait jamais été trouvée. Mais à l'entendre, ce n'était pas la raison principale de son appel cette fois : il souhaitait proposer à Lynne de vendre des bijoux sur une chaîne de télémarketing. Elle a accepté de le rencontrer et découvert « un garçon d'une trentaine d'années qui donnait l'impression d'avoir des origines moyen-orientales[1] ». Elle ajoute qu'il était coiffé d'une casquette de base-ball « miteuse », portait un jean et un t-shirt, et « transpirait en abondance ». Le personnage paraissait mystérieux. À en croire les registres de l'état civil, il était né le 16 août 1974 à Los Angeles. Le magazine musical *Blender* a rapporté par la suite qu'il avait grandi à Woodland Hills, où sa mère était propriétaire de plusieurs stations-service. On a parfois dit qu'il était producteur de cinéma, le site spécialisé IMDB le cite même comme coproducteur des films *Circles* (également connu sous le titre *Crossing Paths*) en 1997 et *Crossing Cords* en 2001.

Son parcours est sujet à controverse. D'après le *Los Angeles Times*, la femme d'affaires Jumana Issa aurait porté plainte contre lui en 2005, affirmant avoir été harcelée par l'intéressé au sujet d'un paiement qu'il lui aurait demandé d'annuler. Le dossier a été classé en 2006 lorsque Issa ne s'est pas présentée à l'audience préliminaire.

1. Lynne Spears, *op. cit.*

Le dossier ouvert auprès du tribunal précise que Jumana Issa accusait Lufti de lui avoir envoyé des e-mails obscènes et des fax choquants, d'avoir laissé des messages tard en soirée sur son répondeur, et de lui téléphoner quinze à vingt fois par jour avant de raccrocher. Dans sa plainte, Issa qualifiait la situation de « cauchemar absolu ».

Le *Los Angeles Times* rapporte aussi qu'une ordonnance restrictive avait été prononcée en octobre 2004 contre Lufti, lui interdisant d'approcher à moins de cent mètres, trois ans durant, un voisin nommé Mark Douglas Snoland. Dans sa plainte, Snoland précisait que Lufti était venu « tambouriner » à sa porte un soir de septembre 2004. Snoland signalait également d'autres exemples de harcèlement, notamment des coups de fil aussitôt interrompus. Pour sa défense, Lufti affirmait avoir simplement « toqué » chez son voisin et n'avoir « jamais menacé » ce dernier, lui reprochant de l'avoir exclu de l'assemblée des copropriétaires de leur immeuble.

Si les divers récits de la façon dont Lufti a rencontré Britney sont aussi vagues que contradictoires, il n'en reste pas moins que Lynne n'a pas été enthousiasmée par sa rencontre avec l'intéressé. Elle n'a guère apprécié non plus de le voir prendre de l'ascendant sur sa fille à la suite de sa rencontre avec cette dernière. Elle prétend qu'il la manipulait en allant jusqu'à « surveiller sa consommation de produits pharmaceutiques, couper ses lignes téléphoniques, et décider qui était autorisé à voir la star », ainsi que le raconte le *Los Angeles Times*.

Lynne s'est inquiétée plus encore lorsque Lufti a réellement pris le contrôle de la vie de sa fille : « Il a décrété qu'il gardait sa porte, fermée tout particulièrement aux membres de sa famille[1] », écrit-elle dans ses mémoires.

1. *Idem.*

Le *Los Angeles Times* ne se montre guère plus favorable puisqu'il parle d'un « parasite douteux qui contrôlait tout, qu'il s'agisse de lui administrer ses médicaments ou de tenir à distance les paparazzi ». ABC News évoquait toutefois l'insistance avec laquelle Lufti affirmait avoir poussé Britney et sa mère à renouer au terme d'une longue brouille. Lors d'un procès en 2012, Lufti a même montré une photo de Lynne et Britney devant la maison de Malibu. « Il m'a fallu des mois pour les réconcilier, la photo a été prise le jour où elles étaient enfin réunies », déclarait Lufti ce jour-là.

Jamie Lynn se montre également très négative dans le portrait qu'elle dresse de Lufti. Elle écrit qu'il « s'est immiscé dans la vie de Britney en lui racontant toutes sortes de bobards et en multipliant les promesses creuses ». Elle se souvient d'avoir dit à sa mère qu'elle trouvait le personnage « sinistre », ajoutant dans son livre : « À mon sens, c'était un manipulateur pathologique[1]. » Elle l'accusait de tuyauter les paparazzi tout en s'en défendant, de prendre rendez-vous avec les producteurs de Britney, et d'empêcher cette dernière de voir ses parents.

Jamie Lynn a également conservé le souvenir du jour où Britney s'est trouvée « gênée » par l'arrivée inopinée chez elle d'un producteur qu'elle n'avait pas invité. Elle s'est réfugiée au premier étage où elle s'est enfermée dans une chambre en demandant à sa sœur de se débarrasser de l'importun. À la suite de cet incident, Britney a commencé à se comporter de façon « de plus en plus imprévisible[2] ». Lufti se défend d'avoir commis le moindre méfait, mais Britney a, depuis, demandé à la justice de prononcer à son encontre plusieurs ordonnances restrictives.

1. Jamie Lynne Spears, *op. cit.*
2. *Idem.*

Au début de l'année 2008, la frustration que ressentait Britney du fait de l'éloignement de ses enfants a provoqué chez elle une nouvelle crise. Le 3 janvier, elle était convoquée par la justice qui souhaitait l'interroger sur ses capacités parentales. Au terme de cet épisode qu'elle a très mal vécu, elle a compris que Federline avait l'intention de demander la garde définitive de ses enfants. Le même soir, lorsque Lonnie, le garde du corps de Federline, est passé prendre les garçons, présents chez Britney dans le cadre d'une visite médiatisée, elle a refusé de les rendre à leur père.

Pendant que la personne chargée par le juge de médiatiser cette visite installait Sean Preston dans la voiture de Lonnie, Britney en a profité pour s'enfermer dans la salle de bains avec Jayden. La scène a tourné au drame. Les chaînes d'information télévisées ont lâché le mot « otage » et diffusé des images des ambulances, des véhicules de police et de pompiers qui affluaient vers la propriété de la chanteuse. L'air bruissait du bourdonnement des hélicoptères qui tournoyaient au-dessus de la propriété. À la tombée de la nuit, les hélicos ont braqué leurs projecteurs sur la maison. À l'époque, Lynne se trouvait dans le Connecticut avec Jamie Lynn qui avait récemment annoncé sa grossesse. Quand Lynne a appris ce qui se passait à Malibu, elle a été « affolée », au point d'en être « malade[1] », ainsi qu'elle l'a écrit par la suite. Elle s'est sentie brusquement écartelée entre les besoins de sa fille de seize ans enceinte et ceux de son aînée de vingt-six ans qui traversait manifestement une crise majeure. À la vue des reportages consacrés à Britney diffusés à la télévision, elle a été « horrifiée ». Jayden a finalement été libéré par sa mère, même si l'on ne sait pas précisément

1. *Idem.*

de quelle façon a été négociée l'issue de la crise. Quant à Britney, elle a été sortie de force de son domicile, sanglée sur une civière. Les images de son visage hébété ont fait le tour du monde. Lynne explique avoir été bouleversée à la vue des « beaux yeux bruns pleins d'angoisse et de souffrance[1] » de sa fille.

Britney a été conduite à l'hôpital Cedars-Sinaï, sous escorte policière et toutes sirènes hurlantes. À son arrivée, elle a été placée en unité psychiatrique contre son gré, conformément à une loi californienne réservée aux personnes présentant un danger pour elles-mêmes ou autrui, ou bien qui ne sont plus « en possession de tous leurs moyens ». Une telle situation serait vécue comme un drame par n'importe qui, mais il est clair que les enjeux sont autrement plus importants lorsqu'il s'agit de quelqu'un de riche et célèbre. Conformément à la loi, Britney avait l'obligation de rester hospitalisée pendant trois jours, mais elle a exigé de sortir au bout de vingt-quatre heures.

Comme des dizaines de photographes faisaient le siège de sa propriété de Malibu, Britney n'a pas souhaité y retourner et elle a préféré se rendre au Mexique en compagnie de son nouveau petit ami, Adnan Ghalib. Le couple est descendu dans un modeste établissement hôtelier de Rosarito proposant des chambres à 110 dollars la nuit. Britney avait enfilé une perruque rose, des lunettes, et affectait un fort accent londonien. Son compagnon et elle ont été surpris en train d'acheter un test de grossesse. Fausse alerte, celui-ci s'est révélé négatif.

Le couple a rapidement regagné Los Angeles où il s'est retrouvé confronté à la réalité du quotidien. Profitant de son séjour à l'hôpital, un juge avait suspendu le droit de

1. *Idem.*

visite de Britney et accordé la garde des enfants à Federline. À la fin du mois de janvier, les tensions liées à cette décision ont fait déborder Britney qui a eu une violente dispute avec Sam Lufti après avoir passé plusieurs nuits sans dormir. Cette fois, la police l'a conduite au UCLA Medical Center, à nouveau dans une ambiance de mélodrame puisqu'il a fallu pas moins de douze motards, deux voitures et un hélicoptère pour mener l'opération à bien.

Lorsque les agents en uniforme ont sonné à sa porte, Lynne leur a demandé de quel droit ils comptaient emmener sa fille. Ils lui ont répondu sans aménité qu'ils se contentaient d'obéir aux ordres, puis ils ont attaché Britney sur une civière. Lynne leur a demandé si c'était bien nécessaire et ils ont rétorqué vertement qu'ils n'hésiteraient pas à l'arrêter elle-même si elle tentait de s'interposer. Au même moment, Britney a appelé à l'aide sa mère : « Maman ! Maman ! » Lynne a demandé aux policiers l'autorisation d'accompagner sa fille dans l'ambulance, mais ils ont refusé, et Britney s'est à nouveau retrouvée à l'hôpital où elle a été internée de force pour la deuxième fois en moins d'un mois.

Le destin de Britney s'est joué le lendemain, lorsque Jamie Spears s'est présenté devant la cour supérieure de Los Angeles. La juge Reva Goetz a prononcé la mise sous tutelle provisoire de la chanteuse à cette occasion, confiant la gestion de ses affaires et de sa fortune à Jamie. Parallèlement, la juge prononçait une ordonnance restrictive à l'encontre de Lufti. Lynne écrit dans ses mémoires qu'à l'annonce de cette décision, elle a versé « des larmes de soulagement et de joie[1] ». « Merci, merci, merci mon Dieu, a-t-elle pensé. Je redevenais la mère de Britney, et Jamie était à nouveau son papa. » Britney ne pouvait se

---

1. *Idem.*

douter à ce stade que cette mise sous tutelle durerait des années et que sa vie s'en trouverait bouleversée.

L'existence de Britney s'est figée du jour au lendemain. On la privait de ses droits, conformément à une décision de justice qui plaçait sa vie et sa fortune – et même sa personne – sous la tutelle de son père. L'avocat Andrew Wallet, nommé cotuteur, était parallèlement chargé de prendre en main le patrimoine de Britney.

Cette décision signifiait que Jamie avait désormais le pouvoir d'empêcher quiconque de rendre visite à sa fille à l'hôpital, qu'il pouvait gérer à lui seul son dossier médical, ou encore annuler les contrats qu'elle avait signés. De façon très inhabituelle, il bénéficiait en outre de la tutelle personnelle de sa fille, la juge Goetz ayant assuré au public qui se pressait dans la salle d'audience qu'une telle mesure était à la fois nécessaire et justifiée. Elle précisait : « Il est dans l'intérêt de la personne impliquée que la tutelle concerne sa personne physique. » Conformément aux termes de cette décision, Britney était désormais dans l'impossibilité de prendre la moindre décision, personnelle ou financière, sans l'accord de son tuteur. Ainsi que le résumait le *New York Times*, « les achats les plus banals, qu'il s'agisse d'une boisson chez Starbucks ou d'une chanson téléchargée sur iTunes, seront étroitement surveillés par le tribunal dans le but de préserver l'immense fortune qu'elle a pu amasser, mais dont elle a perdu la maîtrise ».

Ce placement sous tutelle avait un très fort pouvoir symbolique. Conformément à la loi des États-Unis, la tutelle consiste à désigner un gardien ou un protecteur chargé de gérer les affaires financières et/ou le quotidien d'un individu dans l'incapacité du fait de son âge, d'un handicap physique ou d'un déficit mental, d'agir. Comme les deux premiers cas ne s'appliquaient pas dans celui de

Britney, cette mise sous tutelle apportait la preuve que ses parents ne la jugeaient pas capable mentalement de s'occuper d'elle-même, et qu'un magistrat indépendant leur donnait raison. La vie et l'image de Britney allaient s'en trouver changées à jamais.

Jacqueline Butcher, une amie de la famille, a raconté avoir assisté à un échange intéressant entre Jamie et Britney quelques jours après la décision de la juge, ainsi qu'elle l'a rapporté au *New Yorker* : « Jamie l'appelait "Ma chérie" et j'étais persuadée qu'il allait lui dire : "On t'aime, mais tu as besoin d'être aidée", au lieu de quoi il a déclaré : "Tu es grosse. Papa va t'imposer un régime et te confier à un coach qui se chargera de te remettre en forme." » Butcher a révélé un autre détail édifiant. Chaque fois que quelqu'un contestait une décision prise par Jamie au nom de sa fille, il rétorquait : « Britney Spears, c'est moi ! »

Peu après, la véritable Britney Spears était convoquée une nouvelle fois au tribunal, son quotidien se résumant désormais davantage à des rendez-vous avec la justice qu'à des rencontres avec son public dans des stades. À l'issue d'une audience consacrée à la garde des enfants, la correspondante de la chaîne MSNBC, Janet Shamlian, évoquait un véritable « zoo », qualifiant la scène de « dérangeante ». L'équipe de tournage de Shamlian se trouvait noyée dans la masse des cameramen et des photographes venus du monde entier. L'ambiance était électrique et la journaliste s'est posé la question à l'antenne de savoir comment on pouvait s'intéresser autant à cette audience en pleine campagne présidentielle.

À l'arrivée de Britney, Shamlian a vu cette atmosphère de zoo devenir sauvage. La chanteuse est descendue de son véhicule, aussitôt entourée par la meute des journalistes, et elle s'est écriée : « Je veux repartir ! Laissez-moi remonter en voiture ! » Federline est arrivé de façon nettement plus feutrée, et personne ne s'est étonné quand la garde des enfants a été prolongée à son profit, Britney perdant son droit de visite. À sa sortie d'une autre audience, elle s'est lancée dans une litanie d'injures qui a fait le tour d'Internet, puis elle a éclaté en sanglots.

À sa sortie de l'hôpital, ses parents ont publié un communiqué : « Nous sommes profondément inquiets pour la sécurité de notre fille, elle est très vulnérable et nous sommes convaincus que sa vie est en danger. La mise sous tutelle de notre fille, censée la protéger, n'est malheureusement pas respectée. Nous demandons que les décisions de justice soient appliquées afin d'éviter un drame. » La mise sous tutelle initiale a été prolongée à plusieurs reprises, mais elle était censée se conclure en fin d'année.

Les déboires de Britney se sont poursuivis à l'automne. Au mois de septembre, Lynne publiait ses mémoires, *Through the Storm*, dans lesquels elle fournissait certains détails survenus avant sa « dépression ». Le livre se montrait si brutal avec Britney que sa petite sœur a décidé de ne pas le lire. « J'ai vu les difficultés qu'ont rencontrées maman et Britney quand ma sœur a lu le livre, je ne voulais pas éprouver à mon tour l'indignation que pourrait provoquer chez moi son contenu », a écrit par la suite Jamie Lynn.

Le mois suivant, la mise sous tutelle provisoire de Britney est devenue définitive. La juge Reva Goetz déclarait à cette occasion : « Cette mesure est à la fois nécessaire et justifiée, du fait de l'intrication des structures financières et professionnelles complexes d'une personne aussi influençable. » Les documents officiels sur lesquels s'appuie cette décision décrivent Britney comme « une enfant d'âge adulte en proie aux affres d'une grave maladie mentale ».

En Californie, les juges des tutelles ont la possibilité de nommer deux sortes de tuteurs : les premiers sont responsables de la santé physique et mentale d'un individu, les seconds ont la charge de leur patrimoine financier. Dans le cas de Britney, il s'agissait des deux. Adam Streisand, un avocat de Los Angeles engagé par Britney à la suite de son hospitalisation en 2008, a évoqué par la suite son état d'esprit à l'époque. À l'entendre, la chanteuse était parfaitement consciente de ce qui se passait autour d'elle. Streisand a rapporté au *New York Post* que, même au fond du trou, Britney n'était nullement folle, mais « simplement agitée ». Il ajoutait : « Elle m'a bien précisé, avec véhémence, qu'elle ne voulait pas de son père comme tuteur. Ils étaient en mauvais termes depuis très longtemps. C'est clairement la désignation de son père à cette fonction qui la perturbait le plus. »

Selon l'émission « Today », la chanteuse aurait « apparemment » accepté cette décision, au contraire. Un avocat désigné par le tribunal précise que les détails de sa mise sous tutelle lui ont été clairement expliqués et qu'elle ne s'y est pas opposée. Quoi qu'il en soit, Britney n'était pas vraiment ravie de la situation. « J'estime être traitée de façon abusive, a-t-elle déclaré lors d'une interview sur MTV. Si je n'étais pas soumise à ces mesures conservatoires, je me sentirais libre. Mais quand je le dis, c'est comme si on ne m'entendait pas. C'est comme si j'avais tort. J'en suis triste. Je n'ai plus aucun entrain, plus aucune passion. Même ceux qui sont condamnés à une peine de prison savent qu'ils sortiront un jour. Dans ma situation, il n'y a pas de fin en vue. »

Le serpent se mordait la queue car la mise sous tutelle de Britney l'empêchait d'engager un avocat sans le consentement de son père. Lorsque la juge Goetz a refusé que Britney soit représentée par Streisand, la chanteuse a engagé un avocat nommé Jon Eardley pour faire appel de cette décision. Eardley a aussitôt déclaré que son placement sous tutelle n'était pas légal car il avait été décrété sans que soit respecté le délai de notification de cinq jours prévu par la loi. Quelques semaines plus tard était diffusé sur la chaîne MTV le documentaire *Britney: For the Record* qui montrait à quoi ressemblait le quotidien de la chanteuse. « J'ai traversé des périodes très difficiles au cours des deux ou trois dernières années, expliquait-elle. Je suis triste. »

Il s'agit de l'une des rares déclarations faites par Britney à cette époque de sa vie. Il ne lui restait plus que la musique pour s'exprimer. Le moment était d'ailleurs venu pour elle de sortir un sixième album, intitulé *Circus*, de façon appropriée. Elle a annoncé son intention de proposer à ses fans un répertoire plus lumineux après le côté « sombre, crispé et urbain » de l'album précédent. « *Circus* est un peu plus lumineux que *Blackout*, écrivait-elle sur son site. Je traversais à l'époque une période très sombre, et mes chansons reflétaient ce que j'étais en train de vivre. »

Britney a enregistré le disque aux États-Unis et en Europe, notamment aux studios Legacy et Sony de New York, Underlab à Los Angeles, Frou Frou Central à Londres, chez Bloodshy & Avant Studios – Maratone Studios à Stockholm. « Le processus était cool, j'ai écrit beaucoup de chansons, surtout au début. J'ai pu mener des expériences intéressantes avec un certain nombre de producteurs que j'avais croisés sur mes premiers albums. J'ai pu travailler à l'ancienne et j'y ai pris beaucoup de plaisir. »

Si le titre de ce nouvel album évoquait clairement le cirque qu'était devenue sa vie, Britney ne limitait pas ses ambitions à cette métaphore. « J'ai toujours aimé l'atmosphère de tension qui règne quand on est au cirque. On ne s'y ennuie jamais, déclarait-elle. Vous êtes pris par tout ce qui se passe autour de vous. Vous avez envie de connaître la suite. » Métaphorique ou non, le titre du disque était bien trouvé.

Il s'ouvre sur un hululement de sirènes et le refrain répétitif de « Womanizer », dont Britney a dit qu'elle y voyait un « hymne féministe ». « Circus », la plage suivante, est un titre de dance électro dans lequel Britney affirme vivre « sur un ring ». C'est la première fois que les effets de sa mise sous tutelle se font sentir. Depuis « Stronger » sur l'album *Oops!...*, ses enregistrements évoquaient son avenir, alors que « Circus » traduit ce qu'elle vit au quotidien. « Kill the Lights » parle aussi de sa vie sous les projecteurs, en particulier de ses relations avec les paparazzi.

Par la suite, lorsque sortira *Framing Britney Spears*, le documentaire du *New York Times*, un ancien responsable du magazine *Us Weekly* avouera qu'il achetait en moyenne 140 000 dollars par semaine de photos aux paparazzi. La chanson de Britney est une évocation de ces transactions ahurissantes. « C'est de l'argent dans ta poche / Ou l'envie de me voir ? », chante-t-elle. Quant à « Kill the Lights », c'est la suite logique de « Piece of Me ».

Dans « Shattered Glass », elle s'adresse à un amant qui la trompe. Elle voudrait savoir si la fille avec laquelle il est sorti en valait vraiment la peine, et promet à son homme de venir hanter ses nuits. Il a tout cassé et laisse dans son sillage du « verre brisé », Britney lui promet de briser sa vie de la même façon.

« If U Seek Amy » réussit la prouesse de rapprocher Britney de l'écrivain irlandais James Joyce. Le titre de la chanson épele phonétiquement *F-U-C-K me* et le magazine *Slate* demande : « Britney aurait-elle inventé une nouvelle forme de jeu de mots grossier ? », en passant en revue les exemples comparables dans l'univers culturel, à commencer par *If You See Kay* dans lequel le pianiste de blues Memphis Slim évoquait un amour perdu en 1961. Seize ans plus tard, l'artiste d'art musical brut R. Stevie Moore enregistrait une chanson porteuse du même titre, imité en 1982 par le groupe canadien April Wine, et en 1991 par le groupe de punk pop Poster Children. En 2005, un autre ensemble punk, le groupe norvégien Turbonegro, ajoutait un *e* final au même intitulé lorsqu'il publiait *If You See Kaye*.

En prolongeant cet exemple, le groupe irlandais The Script reconnaissait sa dette vis-à-vis de James Joyce, qui avait utilisé le même jeu de mots dans *Ulysse*. L'écrivain avait poussé le bouchon encore plus loin dans le même passage concerné en écrivant la phrase *See You in Tea*, qui épelle le mot CUNT – « con » en anglais. Avant de revenir à Britney, signalons que les rockers de Van Halen avaient publié en 1991 un album baptisé *For Unlawful Carnal Knowledge* dont les initiales reprennent le mot FUCK.

Le *NME* estimait que « If You Seek Amy » était l'une des compositions les plus grossières de son temps, tandis que le site AllMusic y voyait « un exercice digne de [la chanteuse] Katy Perry connue pour sa vulgarité commerciale », notant que la chanson de Britney était la fois « la meilleure et la pire chanson » de son nouvel album. L'utilisation du prénom dans le titre a été perçue par certains comme une allusion à Amy Winehouse, avec ses références à la drogue et à l'alcool. La sortie de *Circus* coïncidait d'ailleurs avec l'annonce dans la presse des problèmes d'addiction de l'interprète de « Back to Black ». Qu'il s'agisse d'une allusion à Winehouse ou bien que l'Amy de Britney soit elle-même, ce titre est l'un des plus provocateurs de l'album.

Autre concession à l'univers électro-pop, « Unusual You » est une « ballade rythmée » évoquant une femme qui trouve l'amour de façon inattendue. Cette chanson a été comparée à « l'atmosphère de boule à neige popularisée en son temps par Janet Jackson ». Britney chante qu'elle était auparavant « quelqu'un d'autre », se sentant dans la peau d'un boxeur à force de se défendre contre les attaques de ceux qui la critiquent, alors que personne ne sait vraiment qui elle est au naturel. « Blur », dans lequel elle explore son registre vocal le plus grave, relève davantage de la pop urbaine en évoquant un lendemain de fête.

« Mmm Papi » va voir resurgir les remarques essuyées par Britney à la sortie de *...Baby One More Time*. Certains chroniqueurs ont boudé la chanson du fait de son côté Lolita, mais ceux qui ne se sont pas arrêtés à ce détail ont apprécié sa couleur latino pop. D'autres auront surtout entendu Britney chanter qu'elle avait « trop de monde » autour d'elle. On peut se demander s'il ne s'agit pas d'une allusion à l'enfermement provoqué par sa mise sous tutelle.

Certains critiques lui ont reproché son interprétation de « Mannequin », alors qu'ils auraient dû s'intéresser davantage à ses sonorités expérimentales futuristes, avec son côté trip-hop assumé. « Lace and Leather » est un titre funky parfois comparé au répertoire de Janet Jackson, Prince, ou Vanity 6.

« My Baby », un hommage de Britney à ses deux garçons, a suscité des réactions contradictoires. Un chroniqueur attaché à l'*Orange County Register* a trouvé « insultante » la voix « insupportable et faussement Janet Jackson de Brit, des paroles involontairement dignes d'une carte humoristique, une façon bidon de dire "la vie sans toi n'a aucun sens" ». Le *Los Angeles Times* estimait à l'inverse que « Spears nous rappelle qu'elle s'efforce de gérer une situation impossible ».

« Radar », un titre bonus, avait initialement été enregistré pour *Blackout*, avant que la chanson « Break the

Ice » ne prenne sa place. Britney renoue ici avec les thèmes habituels de la pop puisque les paroles font allusion à l'attirance d'une femme pour un homme, sans qu'il soit vraiment précisé si ce dernier en a conscience. L'interprétation, jugée « inquiétante » par un chroniqueur, fait penser à Rihanna, et il faudrait être sourd pour résister à son côté dansant.

« On trouve ici des chansons correctes et des accroches qui vous harponnent avec une efficacité redoutable, en particulier le refrain de "Womanizer", mais la pop d'avant-garde ne peut se contenter de ça, elle est censée innover sur le plan sonore, écrivait Alexis Petridis dans le *Guardian. Circus* n'est pas un mauvais album pop, mais il est moins pointu et pertinent que son prédécesseur, que ce soit volontaire ou non », poursuivait-il. En guise de conclusion, il ajoutait : « Le son de la Britney du grand retour est globalement moins intéressant que celui de la Britney qui pétait les plombs. » Pour finir, Petridis attribuait un trois sur cinq au disque.

Le *Los Angeles Times*, avec deux étoiles seulement, se montrait moins généreux. « Les chansons qui décrivent Britney en pantin, en objet sexuel, en victime des paparazzi et en maîtresse cuir commencent à devenir pénibles, écrivait Ann Powers. Quand on en arrive à s'appuyer sur une chanson dont le titre évoque une vanne adolescente, il est clairement temps de se reprendre. » À l'autre extrémité de l'Amérique, Jon Pareles, du *New York Times*, avouait aimer ces chansons « fraîches » entrecoupées « d'interludes musicaux entraînants ».

L'*Independent* se montrait plus cruel. Son chroniqueur établissait une comparaison avec *Blackout*, décrit comme une « expérience macabre et sans charme digne d'un accident de voiture », ajoutant que *Circus* avait « presque aussi peu de charme, tout en ayant le mérite de réussir mieux que l'album précédent à présenter l'ancienne Mouseketeer sous les traits d'une poupée-robot nymphomane».

Signe de son retour en grâce aux États-Unis, Britney voyait *Circus* occuper dès sa sortie la première place des classements de *Billboard*, pour la cinquième fois depuis ses débuts. Ce sixième album s'accrochait dans le Top 10 pendant neuf semaines, la plus grande réussite de Britney depuis *Oops!... I Did It Again* qui avait squatté ce même Top 10 vingt-trois semaines durant en 2000. Disque de platine aux États-Unis comme au Royaume-Uni, *Circus* se vendra à quatre millions d'exemplaires. Il sera aussi le deuxième album studio de Britney à placer deux singles dans le Top 10, et trois autres dans le Top 20. C'était surtout la première fois qu'un album de la chanteuse voyait cinq de ses titres entrer dans le Hot 100 de *Billboard*, dont deux dans les cinq premières places.

Ce succès commercial a été largement alimenté par une tournée de concerts intitulée «The Circus Starring Britney Spears», la septième de sa carrière, conçue pour assurer la promotion du disque. Elle entamait sa prestation en chantant d'affilée «Circus», «Piece of Me» et «Radar», et concluait son programme de seize chansons par «Toxic», «...Baby One More Time» et «Womanizer».

Stacey Plaisance, de l'agence Associated Press, a écrit que le show était «parfaitement chorégraphié, même si la prestation de Britney était "superficielle"». Ann Powers, du *Los Angeles Times*, déclarait que «Spears peut parler de succès sans la moindre hésitation». Chuck Arnold, du magazine *People*, jugeait toutefois qu'elle ne retrouvait pas son «allant d'autrefois».

La promotion de l'album a également valu à Britney une invitation à l'émission de télé-réalité «The X Factor». Elle avait effectué une halte d'une semaine à Londres plus tôt cette année-là et Simon Cowell avait déjà voulu l'inviter à cette occasion, en dépit des réserves qu'il éprouvait à son endroit. Il disait avoir de l'admiration pour une artiste qui avait « pris en charge » sa carrière, estimant qu'elle « changeait la donne dans le métier, quitte à mourir pour ses idées ». Mais Cowell ne s'était pas toujours montré aussi élogieux, évoquant une chanteuse « sans intérêt » au lendemain des MTV Music Awards, en 2007.

À en croire la biographie signée Tom Bower[1], Cowell a été stupéfait des singeries et des exigences de Britney lorsque cette dernière a finalement accepté de participer à son émission. Il a expliqué que l'entourage de Britney avait refusé « toute répétition » et que « le plus grand chaos régnait dans le studio à son arrivée ». Elle avait exigé deux caravanes de luxe alors que la plupart des stars se contentaient d'une seule, avant de finalement changer d'avis et de se rabattre sur la vieille loge de Cowell.

D'après Piers Morgan, du journal *The Sun*, de grandes affiches ont même été placardées en dernière minute en coulisses, avec des slogans tels que : « Tu es une danseuse GÉNIALE », « Tout le monde T'AIME », ou encore « Tu vas CASSER LA BARAQUE ce soir ».

Les producteurs de l'émission ont alors appris que Britney était sous médicament et qu'il leur fallait s'assurer que le studio soit bien « bouclé ». Britney, ignorant superbement les finalistes de l'émission, a tout d'abord refusé de rencontrer Cowell. « Elle est glaciale, je ne sais absolument pas pourquoi et ça m'est égal », a réagi le producteur. Lorsqu'elle a enfin daigné le recevoir, elle lui a expliqué n'avoir jamais regardé l'émission. Dans l'espoir de rompre la glace par une pointe d'humour, Cowell lui a dit : « Tu peux me toucher, je suis un être humain. »

1. Tom Bower, *op. cit.*

Lors de son passage en plateau, elle a chanté « Womanizer » en play-back, parce qu'elle « oubliait les paroles de ses chansons », peut-on lire dans *Sweet Revenge*. D'autres témoignages suggèrent qu'elle souhaitait en fait se concentrer sur sa chorégraphie au détriment des paroles. Britney a essuyé de nombreuses critiques pour avoir refusé de soutenir les participants à l'émission en coulisses, contrairement aux autres invités de marque qui l'avaient précédée dans l'émission.

Lorsque le présentateur, Dermot O'Leary, lui a demandé ce qu'elle pensait des chanteurs, elle a éludé la question : « Oui, ils sont formidables, merci. Géniaux. J'ai croisé énormément de monde, cet endroit est magnifique. » Le public, persuadé jusque-là que les membres du jury et les stars qui se succédaient chaque semaine dans l'émission s'intéressaient sincèrement aux candidats, a très mal vécu la désinvolture dont faisait preuve Britney.

Le *Daily Mail* l'a accusée d'avoir « bâclé son play-back, dansé sans conviction, et affiché une mine hébétée quand on l'interrogeait sur les mérites respectifs des candidats ». Piers Morgan, de son côté, a écrit que, « sur la foi de cette prestation diabolique et de ses tristes bouffonneries en coulisses, Britney est finie d'un point de vue professionnel ».

En 2008, les médias s'intéressaient toutefois essentiellement aux mesures qui la touchaient. Tirant la sonnette d'alarme au sujet de sa mise sous tutelle, le *Daily Mail* affirmait qu'à en croire certaines sources, « elle se plaint de chanter sous la contrainte ». Le journal ajoutait que Britney n'avait pas le droit de conduire et ne choisissait pas ce qu'elle mangeait. « Elle a l'interdiction de quitter son père sans la permission de ce dernier, et seulement en compagnie de chaperons, pouvait-on lire. Ses appels téléphoniques sont systématiquement surveillés et elle est gardée jour et nuit. »

À en croire la rumeur, les tensions étaient palpables en privé, Jamie décidant lui-même de ses engagements, qu'il s'agisse d'une invitation à une émission telle que « The X Factor » ou d'une tournée à travers la planète. On raconte que Britney, en pleurs, aurait menacé d'annuler certaines prestations au prétexte qu'elle n'était plus capable de chanter. « Elle reproche tout ce qui lui arrive à son père, déclarait un membre de son entourage au *Daily Mail*. Ils ne se parlaient plus avec Britney depuis des années, et voilà qu'il prend brusquement le pouvoir. Elle a une relation amour-haine explosive avec son père. Jamie s'est mis à dos sa fille en la traitant comme un bébé. Elle a des crises de larmes et dit que son père l'a obligée à reprendre la scène alors qu'elle n'était pas prête. »

Les conditions de sa tutelle étaient si draconiennes que la journaliste Jenny Escu, de *Rolling Stone*, écrivait quelques mois plus tard après avoir interviewé Britney : « Ses prérogatives sont à peu près les mêmes que celles dont elle disposait quand elle faisait partie du Mickey Mouse Club autrefois. »

Après son passage à l'émission « The X Factor », Britney a déclaré forfait lors d'un autre rendez-vous. Des milliers de fans se pressaient pourtant au club Astoria de Londres pour la voir, ils sont repartis déçus après avoir été informés qu'elle était « trop timide » pour monter sur scène. Un épisode qui rappelait la frustration des fans londoniens auxquels elle avait fait faux bond lors de la première du film *Crossroads*.

Ce séjour en Angleterre n'a pourtant pas été inutile puisque sa présence sur le plateau de « The X Factor » a permis à l'émission de réunir un record de 12,8 millions de téléspectateurs. Cowell s'est éclipsé en fin de soirée, renonçant à discuter avec la star, davantage sensible aux bons chiffres de son programme qu'au manque de courtoisie de son invitée. L'avenir montrera que le producteur et la chanteuse auront l'occasion de se revoir sur un plateau.

***

Tout indiquait que Britney avait besoin de calme, mais au moment où elle donnait l'impression de retrouver un peu de stabilité, son placement sous tutelle venait assombrir le tableau. Elle entamait une relation avec Jason Trawick, l'agent qui la représentait au sein de la prestigieuse agence William Morris Endeavor. Plus âgé qu'elle de dix ans, on pouvait penser qu'il avait la maturité requise pour remettre de l'ordre dans la vie de la chanteuse. Trawick est officiellement devenu cotuteur de Britney en avril 2012, ce qui l'a brusquement autorisé à maîtriser tous les aspects du quotidien de Britney, qu'il s'agisse de son régime alimentaire, de sa garde-robe et de sa santé, à l'exception de son patrimoine financier. Ce changement peut paraître étrange, à juste titre. « Il s'agit d'une situation très inhabituelle, il est rare qu'un tuteur soit en ménage avec la personne dont il a la charge », déclarait à l'époque l'avocat Jeffrey S. Cohen au magazine *People*. Les conditions de la tutelle deviendront par la suite plus extravagantes encore.

Britney était littéralement sous surveillance. Plus la situation s'éternisait, plus sa tutelle prenait le pas sur le reste. Pour ne prendre qu'un exemple, lorsque la firme Brand Sense Partners a porté plainte contre la chanteuse en 2011, la justification même de sa tutelle s'est posée. Au cours de cette procédure, liée à un contrat passé à une marque de parfum au nom de la chanteuse, l'avocat Geoffrey A. Neri a demandé que Britney puisse témoigner, alors qu'elle n'en avait pas le droit. Il soulignait dans son argumentaire qu'elle s'occupait de ses enfants, faisait de nombreuses apparitions en public et participait même à une tournée de soixante-dix-neuf concerts dans le monde entier à la même époque. « La notion selon laquelle Britney Spears est mentalement et psychiquement dans l'incapacité de témoigner sous serment est une imposture », écrivait Neri.

Cela n'a pas empêché la juge Goetz d'affirmer à cette occasion, et dans deux affaires similaires, que Britney était trop fragile mentalement pour témoigner, mais la question posée par Neri a jeté le doute sur le bien-fondé de la tutelle. La même contradiction est apparue plus tard quand ses tuteurs, après avoir déclaré pendant des années que Britney était trop vulnérable pour répondre à des questions, ont accepté qu'elle effectue une déposition dans le procès intenté contre elle et son père par Lufti. Britney, vêtue d'un blazer magenta, a témoigné tout à fait normalement. On en arrivait à se demander si l'évaluation de son état mental par ses parents n'était pas à dimensions variables en fonction de ce qui les arrangeait.

Elle a recommencé à poster des messages sur Instagram peu après, en commençant par une photo sous laquelle figurait la légende suivante : « L'énergie est toujours contagieuse. » Ses fans, apparemment conscients de ce qu'elle vivait, lui ont envoyé des messages de soutien par centaines. « Tu es bien placée pour le savoir. Tu as connu l'enfer, mais tu en es revenue sans jamais renoncer », écrivait l'un d'eux.

Avant tout, les fans souhaitaient que Britney revienne à la chanson, et ils ont été entendus. Britney a toujours eu le don d'ouvrir ses albums avec une plage choc, et elle n'a pas manqué à la règle avec l'album suivant, *Femme fatale*.

Il lui a fallu plus de temps pour sortir ce nouveau disque que par le passé puisqu'elle y a travaillé de l'été

2009 à l'arrivée du printemps 2011. « Till the World Ends » commence avec des sirènes, même si celles-ci sont moins agressives que celles qui lançaient « Womanizer ». Écrite et produite par Kesha, une reine de la pop, avec Dr Luke, Alexander Kronlund et Max Martin, il s'agit d'une composition grave qui s'écoute attentivement. *Femme fatale* a beau être le septième album de Britney, on ne peut pas dire qu'elle se repose sur ses lauriers.

Ce titre électro-pop entraînant a été conçu pour faire danser la planète entière. C'est un véritable hymne à la fête. La vie privée de Britney était peut-être tumultueuse, mais ce titre ne pouvait que ravir ses fans.

Tous ceux qui tendaient le dos après une ouverture aussi forte ont été rassurés en découvrant la plage suivante, « Hold It against Me ». Initialement proposée à Katy Perry, la chanson est finalement tombée dans l'escarcelle de Britney et ses producteurs l'ont adaptée à son image.

« Hold It against Me » a néanmoins fait l'objet d'un procès à un moment où la chanteuse aurait pu s'en passer. Les Bellamy Brothers ont estimé que la chanson était un peu trop proche de leur tube de 1979, « If I Said You Had a Beautiful Body Would You Hold It Against Me ». David Bellamy déclarait dans un communiqué : « Nous nous sentons complètement floués professionnellement. Où est l'originalité ? » La question n'aura guère taraudé ceux qui ont dansé en club sur la chanson de Britney. Son producteur, Dr Luke, a rétorqué en portant plainte en diffamation contre les frères Bellamy. Il l'a retirée lorsque ces derniers ont cessé de prétendre qu'il les avait copiés.

« Inside Out » est un autre titre électro-pop porté par des sons synthétisés d'un autre monde. « I Wanna Go » plaide pour l'abandon de toute inhibition et voit Britney s'excuser de sa libido. La chanson a été écrite par Max

Martin et Shellback, avec l'aide du parolier texan Savan Kotecha. Britney a souvent dit tout le bien qu'elle pensait de ce titre et de ses auteurs. « Je me sens mieux en studio avec lui qu'avec n'importe qui d'autre », a-t-elle dit de Martin. Le petit sifflement addictif que l'on peut entendre avant le refrain est particulièrement mémorable. Le quotidien *Washington Square News* estimait que même si « la chanson n'est pas novatrice », elle était extraordinairement « efficace et séduisante avec sa désinvolture libératrice, son refrain cathartique qui donne envie de danser comme un fou, ses répétitions et ses paroles impertinentes, comme de juste avec Britney ».

« How I Roll » est drôle et pétillant, avec son refrain de cour d'école. « (Drop Dead) Beautiful » est également amusant. Ensemble, ces deux titres forment une parenthèse bienvenue après le rythme échevelé sur lequel démarre l'album. « Seal It with a Kiss », souvent considéré comme une plage bouche-trou, possède pourtant un refrain plein de peps qui explique la présence de la chanson sur cet album.

Pour le titre de house « Big Fat Bass », Britney est rejointe par will.i.am. Ce dernier a conçu cette composition comme un hommage aux basses qui jouent un rôle de premier plan dans toutes les boîtes de nuit de la planète, tout en faisant allusion à… autre chose. Dans un entretien à *Rolling Stone*, Britney déclare qu'elle est fan des Black Eyed Peas car ce groupe a le don d'enregistrer « des disques de dance pop incroyablement accrocheurs. Et puis J'ADORE le style de will.i.am, ajoute-t-elle. J'ai toujours voulu enregistrer une chanson avec lui et j'aimerais beaucoup qu'on retravaille ensemble à l'avenir. Il est très intéressant », « Big Fat Bass », c'est vrai, est évocateur des Black Eyed Peas. will.i.am a retourné le compliment à Britney en écrivant sur son blog : « Merci Britney pour cette collaboration, c'était un plaisir de travailler avec toi. Merci d'avoir fait confiance à mon intuition. Tu es un amour. »

« Trouble for Me » a parfois été comparé au travail de Janet Jackson, alors que « Trip to Your Heart » dévoile une fois encore la capacité de Britney à transformer les paroles d'une ballade d'apparence pop en titre dansant. « Gasoline » appartient à la catégorie de ses chansons les moins intéressantes et n'a guère séduit les chroniqueurs.

La première fois que Britney a entendu « Criminal », elle a compris qu'il s'agissait d'une composition différente de toutes celles auxquelles elle était habituée. Avec sa mélodie folk à la flûte, elle lui permet de s'aventurer en terrain inconnu. La chanson a beau évoquer un garçon inquiétant dont la chanteuse tomberait amoureuse, il s'agit de l'une des plages les plus douces de l'album. Contrairement au reste du répertoire de *Femme fatale*, ce titre aurait pu figurer sur son tout premier album. Lorsqu'il a été publié sous forme de single, Britney a estimé qu'il méritait un clip vidéo de qualité. « J'avais vraiment envie de mettre en valeur cette chanson, a-t-elle expliqué sur MTV. J'ai réfléchi à un concept cool qui la rendrait vraiment intéressante. » La version Deluxe de l'album proposait quatre titres supplémentaires : « Up n'Down », « He About to Lose Me », « Selfish » et « Don't Keep Me Waiting ».

Kitty Empire, de l'*Observer*, a écrit que cet album aurait pu recevoir « un titre plus adéquat », proposant *In Season* « puisque le disque est composé de douze chants nuptiaux conçus pour la piste de danse, et que tous abordent le seul sujet susceptible d'intéresser Spears, sa soif inextinguible de luxure ». Empire jugeait que le niveau de l'album était « élevé » et qu'il était « tentant à ce stade d'affirmer que Britney est en feu », même s'il était clair qu'elle était « chaude comme la braise ».

Alexis Petridis, du *Guardian*, écrivait que, sans vouloir donner l'impression de « souhaiter le moindre mal » à la chanteuse, il ne pouvait s'empêcher de penser qu'elle « donne ici le meilleur d'elle-même au moment où elle connaît le pire », après avoir « enfin donné le sentiment de dévoiler un peu de sa personnalité » sur *Blackout*, son disque précédent. Petridis regrettait qu'elle mette en avant sur *Femme fatale* une voix « totalement anonyme, ce que vient renforcer l'usage permanent d'Auto-Tune[1] ». De ce point de vue, il accuse Britney de se rendre « coupable d'un travers commun à toutes les stars de la pop : disserter inlassablement sur le sexe au lieu de mettre en avant leur propre personnalité ». Ainsi, ajoute-t-il, le disque « conviendrait parfaitement à une fête, avec son décor sonore pop d'avant-garde. Quant à savoir ce qu'apporterait Britney Spears à la fête en question, c'est plus que jamais un mystère ». En conclusion, il accordait trois étoiles sur cinq à l'album. Rich Juzwiak, du *Village Voice*, critiquait aussi la voix de Britney, ajoutant qu'elle « n'apporte quasiment rien à la conversation ».

Le quotidien britannique *The Independent* se montrait plus dur encore. « Peut-être rendue à la raison par les désastres survenus chaque fois que sa vie privée s'est étalée au grand jour, Britney a gommé impitoyablement de *Femme fatale* toute trace de personnalité, de caractère et d'émotion, transformant l'album en une coquille soigneusement formatée et désespérément vide », écrivait Andy Gill. Il poursuivait en comparant la chanteuse à l'une de ses nouvelles concurrentes : « En termes d'originalité, son public dispose désormais d'une icône décalée et originale en la personne de Lady Gaga ; cette dernière a au moins

1. Ce logiciel de studio permet de corriger artificiellement la justesse de la voix.

le mérite de changer de costume lorsqu'il s'agit de traire la vache à lait du succès. »

Le magazine *Slant* remarquait que « le succès des chansons de Britney dépend essentiellement du talent de ceux qui les écrivent et les produisent, la quasi-totalité des plages de *Femme fatale* se juge à l'aune de ce critère ». *Spin* disait apprécier « le tube disco "Till the World Ends" », estimant qu'il s'agissait du « premier single vraiment capable de griller les synapses depuis "Toxic" ». Quant à PopMatters, il jugeait que *Femme fatale* n'était qu'un « bon gros album de boîte de nuit ».

NME inversait heureusement la vapeur en se demandant s'il ne s'agissait pas « du meilleur album de Britney ». Ailbhe Malone ajoutait que son interprète pourrait « toujours s'en servir comme joker, car c'en est heureusement un, et de belle manière. *Femme fatale* affiche l'assurance tranquille de quelqu'un qui a conscience d'avoir retrouvé les sommets ». Jody Rosen, de *Rolling Stone*, pensait également être en présence du « meilleur album jamais enregistré par Britney ; c'est en tout cas son disque le plus étrange ».

Tom Gockelen-Kozlowski, du *Daily Telegraph*, écrivait qu'en dépit de « sa voix médiocre et de ses paroles creuses », Britney s'était placée « à l'avant-garde de la pop avec un mélange remarquable de dubstep hyper cool et de pop sucrée qui dépasse en excentricité Lady Gaga sans avoir besoin de percher sur sa tête un chapeau en forme de téléphone ».

L'album s'est hissé d'emblée à la première place des charts en Australie, au Brésil, au Canada, au Mexique, en Russie, en Corée du Sud et aux États-Unis, ce qui a permis à son interprète de se retrouver ex aequo avec les reines de la pop Mariah Carey, Janet Jackson et Beyoncé, au troisième rang de la liste des chanteuses ayant obtenu le plus grand nombre d'albums classés Numéro 1. *Femme fatale* s'est installé dans le Top 10 des ventes dans vingt-quatre pays. Il a été consacré disque de platine aux États-Unis et au Royaume-Uni, permettant pour la première fois à Britney de placer trois singles dans le Top 10 américain : « Hold It Against Me », « Till the World Ends » et « I Wanna Go ».

Bien que handicapée par sa mise sous tutelle, Britney poursuivait brillamment sa carrière. Elle allait bientôt trouver une autre façon de toucher les masses, mais une fois de plus, ce ne serait pas pour elle une promenade de santé.

8

« THE X FACTOR »

En 2013, Britney a jugé qu'il était temps pour elle de s'engager professionnellement sur une nouvelle voie, mais l'opération s'est révélée plus complexe que prévu. Quand on se souvient à quel point son passage dans l'émission de télé-réalité britannique « The X Factor » avait été mouvementé, et combien elle avait agacé son producteur Simon Cowell, on peut s'étonner que ce dernier lui ait proposé d'intégrer le jury de la version américaine de l'émission à l'ouverture de sa deuxième saison. Cowell, laissant de côté ses états d'âme, avait compris tout l'intérêt qu'il pouvait tirer d'un tel recrutement.

Il a véritablement commencé à tisser des liens avec Britney lorsque Julia Carta, une maquilleuse qu'il connaissait, a été recrutée au sein de l'entourage de la chanteuse lors de sa tournée de 2011. À force de voyager ensemble d'un continent à l'autre, Carta et Britney ont discuté des ambitions de cette dernière. Lorsque Britney lui a expliqué qu'elle avait besoin de relever de nouveaux défis, Carta lui a parlé de « The X Factor ». Pour avoir participé elle-même à des télé-crochets quand elle était jeune, Britney savait de quoi il retournait. « Ce serait super de donner leur chance à d'autres », a-t-elle déclaré, ajoutant que Cowell était à ses yeux « un type classe ».

« À une certaine époque, tout le monde cherchait à se démarquer en faisant appel aux plus grandes stars pour constituer le jury », expliquait Cowell au *Ellen DeGeneres Show*, évoquant la participation de Jennifer Lopez comme jurée à l'émission « American Idol », ou encore celle de « l'autre, la blonde », faisant allusion de façon peu amène à Christina Aguilera, associée au jury de « The Voice ». « Alors on s'est dit : "On n'a qu'à recruter Britney." »

Un rendez-vous téléphonique a été programmé, au cours duquel Britney a fait preuve d'un tel enthousiasme qu'elle s'est elle-même placée en position d'infériorité pour négocier. « Je suis d'accord », a-t-elle déclaré, ce à quoi son manager Larry Rudolph, une fois de plus à ses côtés, s'est écrié : « Pas si vite, on n'a pas encore négocié les conditions d'un tel accord ! » Britney, qui n'était pas d'humeur à se laisser amadouer, a insisté : « Non, je suis partante. »

Le recrutement de Britney était un coup médiatique d'ampleur pour Cowell, doublé d'un risque important. Au cours de la première saison de la version américaine de son émission, il avait commis l'erreur d'engager dans le jury la chanteuse Cheryl Cole, une ancienne membre du groupe anglais Girls Aloud. Cole avait été remerciée au bout de quelques semaines seulement car le courant n'était jamais passé avec les téléspectateurs américains. Personne ne la connaissait aux États-Unis, et son accent du nord-est de l'Angleterre passait mal auprès du public. Cole a finalement été remplacée au sein du jury par Nicole Scherzinger des Pussycat Dolls, qui coanimait l'émission jusque-là. L'autre animateur, Steve Jones, de la chaîne britannique T4, ne passait pas très bien non plus auprès des téléspectateurs et des candidats, de sorte que Cowell avait tout intérêt à ce qu'un accord soit trouvé avec Britney l'année suivante.

Les commentaires ont fleuri à l'annonce du recrutement de Britney, pour la plupart négatifs. On la mettait sur la touche avant même le début de la saison. Certains ont bien évidemment évoqué sa rivalité avec Christina Aguilera, jurée dans « The Voice », l'émission concurrente. On a dit que le seul but de Britney était de faire de l'ombre à sa rivale. En réalité, l'argent a joué un rôle de premier plan. Rudolph avait beau dire que Britney s'était mise en position de faiblesse en acceptant sans négocier, la Fox a accepté de lui verser 15 millions de dollars, le cachet le plus important jamais alloué à un participant à une émission de Simon Cowell. Au regard des contrats publicitaires qu'un tel deal pouvait engendrer, les commentateurs ont estimé que Britney toucherait en fin de compte 200 millions de dollars.

L'animateur de radio Howard Stern a prédit que Britney courait à la catastrophe : « Je la vois bien en tenue sexy, une sucette à la bouche. J'ai fermement l'intention de me mettre devant mon poste de télé le moment venu pour assister en direct à la catastrophe. » Les annonces cataclysmiques de cette nature n'ont pas facilité la tâche de Cowell lorsque la composition du nouveau jury de son émission a été dévoilée à New York. Le producteur se souvient que l'ambiance était tendue et « stressante » dans les coulisses du Beacon Theater où avait lieu la conférence de presse. Britney et la chanteuse pop Demi Lovato étaient les nouvelles recrues d'un panel également composé de L.A. Reid, un ponte de l'industrie discographique, et Cowell lui-même.

Sur la scène du théâtre, face aux annonceurs de l'émission, Reid s'est montré enthousiaste : « Vous allez avoir droit à la Rolls-Royce des émissions télévisées. » Comme le public restait dubitatif, il a ajouté : « Allons ! On parle de Britney Spears tout de même ! » L'argument, accueilli par des applaudissements timides, n'avait manifestement pas fait mouche. Et lorsque les jurés se sont fait photographier à Central Park un peu plus tard ce jour-là, l'un des reporters a fixé son téléobjectif sur les mains de Britney, qui s'était rongé les ongles jusqu'au sang.

L'atmosphère ne s'est pas vraiment éclaircie lorsque la chanteuse a proposé aux autres membres du jury de dîner ensemble à l'ABC Kitchen, dans la partie basse de Manhattan. L'ambiance était guindée ce soir-là, Britney s'est levée de table à plusieurs reprises pour faire le tour du pâté de maisons tant elle était sous pression.

Elle a évoqué le premier jour de l'émission dans un entretien au magazine *Elle*, précisant qu'elle se sentait « extrêmement nerveuse » car elle enchaînait « les crises de panique ». Elle a toutefois fini par comprendre qu'elle pouvait aider les candidats de l'émission en étant « honnête » avec eux, sans pour autant se montrer brutale. « Personnellement, je trouve que c'est le plus dur quand on est juré, expliquait-elle. La plupart des candidats sont encore en jachère, c'est difficile de savoir s'ils ont ce qu'il faut ou pas alors qu'ils sont encore très jeunes. Je veille soigneusement à ne pas briser leurs espoirs et leurs rêves. »

Par la suite, Cowell a fait appel à son vieux complice Louis Walsh pour le remplacer au sein du jury, mais ce dernier n'a pas été tendre avec Britney lorsqu'il a évoqué par la suite cette expérience. Il a déclaré à l'*Irish Independent* qu'elle s'effondrait d'un seul coup pendant les auditions. « Il fallait arrêter l'émission et l'éloigner du plateau à cause de tous les médicaments et de tous les trucs qu'elle ingurgitait. Elle me faisait pitié. »

Walsh ajoutait : « La plus grande pop star de la planète était là physiquement, mais pas mentalement. Elle avait beaucoup de problèmes. En même temps, elle touchait des millions de dollars pour ça, pourquoi n'était-elle pas capable de rester sur ce p… de plateau ? »

Ce n'était pas si difficile à comprendre. L'émission se déroulait dans une salle de 4 500 places remplie d'ados survoltés et hystériques. Le premier jour, Britney a reçu un accueil tonitruant du public. Lorsqu'il donne un concert, n'importe quel artiste se réjouirait d'une telle réaction, mais le contexte était différent. La chanteuse, assise à quelques mètres à peine d'un public en délire, était censée émettre un jugement sur les prestations des chanteurs en herbe.

Le premier jour, après le passage du premier candidat, Cowell a fièrement demandé à la star : « Alors, Britney, qu'en pensez-vous ? » Il n'en revenait toujours pas de la participation d'une telle pointure à son émission, mais sa joie a été de courte durée. Britney, très mal à l'aise, a quitté le plateau au bout d'un quart d'heure.

En coulisses, elle s'est empressée d'exprimer ses doutes à Larry Rudolph en lui demandant si elle avait bien fait de participer à l'émission. De quel droit jugeait-elle les autres ? En vérité, en dépit de toutes ces années passées sous les projecteurs, elle faisait preuve d'une grande timidité. Contrairement à d'autres stars de la pop qui auraient vendu père et mère pour se trouver là, Britney n'avait pas le sentiment d'être à sa place, au point d'hésiter à continuer.

La crise éclatait dès la première émission, il fallait la résoudre, et vite. Rudolph est allé trouver Cowell et lui a demandé d'aller voir Britney. Cette dernière lui a expliqué qu'elle s'était trompée, qu'elle n'était pas la bonne personne. Cowell s'est évertué à la rassurer en lui expliquant que son instinct artistique jouait en sa faveur, que personne n'était mieux habilité qu'elle à juger les candidats. Il l'a encouragée à regagner le plateau et Rudolph, qui assistait à la scène, a été très impressionné de la façon dont Cowell s'y était pris.

Quant à Cowell, il s'y attendait. De façon réaliste, il savait que Britney aurait du mal à assumer son rôle de jurée, elle qui n'avait jamais dit non à quiconque de sa vie. Il savait aussi mieux que personne à quel point il pouvait être pesant de se trouver en présence d'un public qui applaudissait ou huait la moindre de vos décisions.

Cowell avait également pris la mesure de la timidité de la chanteuse en voyant la pudeur avec laquelle elle avait rougi face à un fan qui lui criait : « Je t'aime, Britney ! » « Tout le monde se souvient de la fois où elle s'est produite sur scène avec un serpent autour du cou, on ne pouvait pas imaginer que cette fille soit timide. C'est pourtant le cas », explique Cowell. Lors de son passage à l'émission d'Ellen DeGeneres, il ajoutait : « J'avais engagé quelqu'un qui n'ouvrait pas la bouche, ce qui est plutôt gênant quand vous lui demandez d'émettre des jugements. »

La production a recommandé à ses équipes de s'adapter aux comportements de Britney, notamment chaque fois qu'elle se levait pour se dégourdir les jambes ou fumer une cigarette en pleine émission. Toujours aussi mal à l'aise, elle mangeait seule pendant les pauses au lieu de se joindre aux autres membres du jury dans le salon qui leur était réservé.

L'absence de Cowell lors des auditions organisées dans le Kansas et son remplacement par Louis Walsh ont marqué un tournant dans le déroulement de l'émission. Par jeu, le nouveau venu, d'origine irlandaise, a proposé à ses collègues d'inclure un mot sélectionné d'avance lors de leurs interventions respectives. Parmi les termes choisis figuraient « montagne », « punk rock » ou encore « crocodile ». Tous se sont amusés à trouver un moyen de les glisser dans leurs jugements. Rudolph a très vite compris que Walsh réussissait à mettre Britney à l'aise.

On a vu cette dernière multiplier les expressions théâtrales lorsqu'il s'agissait de manifester son approbation ou sa désapprobation d'un candidat, et ces instants fugitifs, diffusés sous forme de clips au début de chaque nouveau numéro de l'émission, ont été largement publiés sur Internet. Lorsque Britney a changé de place pour s'installer à côté de L.A. Reid, on l'a sentie encore plus détendue. Très vite, on a pu la voir discuter de façon animée avec les autres jurés, et même se lever afin de danser. Récemment rentrée de vacances à Hawaï avec un teint hâlé, elle avait perdu du poids en suivant un régime essentiellement composé de soupe de poulet, de salades et de thé glacé aux fruits de la passion. Tom Bower, le biographe de Cowell, a remarqué ce changement de ton chez Britney à mesure que s'enchaînaient les auditions, notant dans son livre qu'elle était « nettement plus détendue », au point de « s'amuser ».

Lorsque Carly Rose Sonenclar, une candidate d'à peine treize ans, a participé aux auditions, Britney n'a pas boudé son plaisir. L'adolescente interprétait « Feeling Good », un hymne à la sérénité qui lui a valu les hourrahs des jurés et le droit de franchir une étape du processus de sélection. Lors de son stage « d'entraînement », elle s'est retrouvée sous la tutelle de Britney à Malibu. Très fière de son rôle, la chanteuse a conseillé à l'adolescente « de mettre en avant son esprit de compétition » lorsqu'elle chantait. Carly a interprété « Broken hearted » pour Britney et will.i.am qui ont été l'un et l'autre impressionnés. « Cette fille est littéralement possédée », a remarqué Britney. En fin de compte, l'adolescente a franchi toutes les étapes jusqu'à la partie live de l'émission.

Parmi les chansons qu'elle a interprétées à cette occasion, elle a choisi « Over the Rainbow », « Rolling in the

Deep », « Feeling Good », « How Do I Live » (en duo avec LeAnn Rimes) et « Hallelujah ». Lors de la finale, elle a terminé à la deuxième place derrière Tate Stevens. Quant à Britney, Cowell a toujours considéré qu'elle était elle-même un second couteau. « C'est comme lors d'un dîner, a-t-il déclaré sur MTV, face à des membres de l'association des critiques de télévision. Vous sélectionnez vos invités, parfois vous passez une bonne soirée, et parfois ce n'est pas aussi amusant que vous l'espériez. » Le verdict peut paraître sévère dans la bouche de quelqu'un qui a tout fait pour recruter Britney dans son émission. Reid s'est montré plus positif, mais il a curieusement manifesté sa surprise en découvrant que Britney était elle-même une fan. « Je ne m'attendais pas à ce qu'elle aime autant la musique, a-t-il déclaré à *Billboard*. Nous avons participé un jour à une séance photo et elle ne savait pas que je me trouvais dans la pièce. Elle pianotait sur son ordinateur, elle a choisi d'écouter "Ice Ice Baby" de Vanilla Ice et elle était comme folle. J'ai trouvé ça génial, comme quoi on ne connaît jamais vraiment les gens. Je suis très heureux que ce soit une vraie fan de musique, mais ça m'a un peu étonné. » Reid a également ajouté que Britney était « une véritable artiste, je ne sais pas pourquoi je ne m'y attendais pas ». « Lorsque le site TMZ lui a demandé si Britney aurait pu gagner à « The X Factor », Reid a répondu : « En tant que juré, je lui aurais donné ma voix. » Quant à savoir comment il l'avait trouvée tout au long de la saison, il a déclaré : « C'est quelqu'un de très drôle. »

Sa participation à l'émission a ouvert de nouvelles portes à Britney, en permettant au grand public de découvrir une facette d'elle qu'il ne connaissait pas. Cette expérience lui a aussi permis de boucler la boucle, en passant de son ancien statut de candidate à celui de juré. À l'univers de la télé-réalité a bientôt succédé celui de l'industrie du disque lorsque sa maison de disques, Jive, a été avalée par le géant RCA. La fin de Jive a fait courir les rumeurs les plus folles sur la suite de la carrière de Britney.

À en croire le *Hollywood Reporter*, L.A. Reid aurait voulu la prendre sous contrat sur le label Epic dont il assurait la direction. Il souhaitait mettre à profit sa connivence avec la chanteuse, née de leur participation à « The X Factor », pour l'attirer dans ses filets. « Larry [Rudolph] et Jason [Trawick] choisiront le plus gros chèque », a déclaré une personne proche du dossier, ajoutant que Britney avait « le don de repérer les semeurs de m… Si L.A. [Reid] va trop loin, ça pourrait la refroidir ».

Barry Weiss – l'ancien président de Jive qui avait accompagné la carrière de Britney à ses débuts et qui a pris depuis la direction des labels « East Coast » d'Universal Music où il s'est occupé de Justin Bieber, Kanye West et Rihanna – s'est également porté sur les rangs, évoquant les « quinze années » vécues avec Britney dans l'espoir de la pousser à venir chez lui. La rumeur prétend que les deux maisons de disques ont proposé à Britney 5 millions de dollars par album.

En fin de compte, elle a fini par intégrer le géant RCA sous les couleurs duquel a été publié son huitième album, intitulé *Britney Jean*. will.i.am, chargé de produire cet album, a expliqué à *Billboard* qu'il souhaitait lui donner une couleur autobiographique. Britney avait récemment rompu avec Jason Trawick. Les rumeurs selon lesquelles le couple s'était marié étaient infondées, mais cette rupture difficile est venue ajouter aux affres de Britney. « On a beaucoup discuté pendant deux mois, et ce n'est pas la démarche habituelle », a expliqué will.i.am.

Je lui ai proposé de me parler de ce qui la motivait. De ce qu'elle avait réalisé professionnellement au cours de sa carrière, de ce qui la rendait heureuse. Je lui ai demandé de raconter ce qu'elle faisait avec ses enfants quand elle les avait avec elle, de me parler de sa rupture. De me dire ce qu'elle ressentait à présent qu'elle était célibataire. On a parlé de tout ça et je lui ai demandé si ça l'ennuyait que je prenne des notes. « Je ne cherche pas à abuser de la situation, je veux juste t'interviewer. C'est une façon de créer un filtre. »

Elijah Blake, l'un des auteurs des chansons du disque, a remarqué qu'elle voulait « vraiment pousser le bouchon » en « créant de nouvelles textures, en s'aventurant sur des territoires vierges, en abordant de nouveaux styles ». De façon logique, Britney a déclaré par la suite que c'était l'album le plus personnel qu'elle avait eu l'occasion d'enregistrer.

« Alien » traduit la solitude liée à sa vie de star et touche à son intimité d'une façon qui faisait défaut à ses enregistrements précédents. « Work Bitch » est devenu un incontournable du répertoire de Britney. Ce morceau d'*electronic dance music* brille par sa facilité et son aspect commercial, mais de façon intelligente. Britney y dévoile le secret de sa réussite. Qu'on y voie un simple titre de boîte de nuit ou un encouragement pour ses fans à se battre pour leurs envies, c'est un titre époustouflant.

« Perfume » est une jolie ballade pop électronique qui rappelle l'esprit des années 1980 tout en évoquant la jalousie et le soupçon au sein d'une relation. Britney, laissant entendre que cette chanson était marquée par sa rupture avec Trawick, a déclaré qu'elle lui tenait « beaucoup à cœur parce qu'elle touche à des souvenirs personnels, il me semble que n'importe qui peut s'y retrouver ». Elle ajoutait que tout le monde « a connu dans son couple des moments d'insécurité qui nous rendent plus vulnérables, c'est de ça qu'il s'agit dans cette chanson ».

Lors d'un entretien à Associated Press, elle disait : « Je crois que ça devrait aider les femmes à se sentir moins isolées en pareil cas. Quand elles se retrouvent seules dans leur chambre à la suite d'une séparation, écouter cette chanson devrait les aider à se sentir mieux. »

« It Should Be Easy », un duo avec will.i.am, nous explique que l'amour « ne devrait pas être aussi compliqué », mais qu'il l'est trop souvent. Britney s'autorise ici à rêver d'un bonheur ordinaire avec l'homme qu'elle aime. « Tik Tik Boom », un titre de boîte de nuit, a parfois été décrit comme « très branché sexe ». « Til It's Gone » évoque un thème éternel, celui de l'insatisfaction au sein du couple, de la prise de conscience de ce qu'on a perdu une fois qu'il est trop tard. « Passenger » parle de la maîtrise de son destin alors que « Chillin' With You » est presque un titre de musique country, à des années-lumière des plages de dance auxquelles on associe en général Britney. « Don't Cry » démarre avec un sifflement évocateur de l'atmosphère des westerns-spaghettis ; il montre Britney sous un jour vocal différent alors qu'elle refuse de sombrer dans le chagrin à la suite d'une rupture. L'édition Deluxe de l'album proposait quatre plages supplémentaires, dont un remix de « Perfume ».

C'est tout juste si l'on peut considérer Britney comme une chanteuse sur cet album. Plusieurs hypothèses ont été avancées à ce sujet, de la plus cynique (elle aurait enregistré ce disque à la va-vite pour assurer la promo de ses concerts à Las Vegas) à la plus conspirationniste (sa maison de disques voulait voir jusqu'à quel point il était possible d'enregistrer un album en faisant le moins possible appel à son interprète). Certains se sont même demandé si Britney n'aurait pas perdu sa voix, autant d'hypothèses qui confirment la fascination des médias pour Britney.

Billboard a estimé qu'il s'agissait d'un « disque de transition alors qu'elle entre dans la trentaine », comparant l'album à *Britney*, son troisième album. *Entertainment Weekly* écrivait qu'en « tout juste dix titres, on se sent plus près que jamais d'une artiste rêveuse ». *Rolling Stone* s'est trouvé en présence d'un « album concept traitant de la solitude de la vie de star », ajoutant qu'à la suite de « sa rupture récente Brit aborde des sujets personnels en nous offrant un album particulièrement déprimé ». *Spin* la trouvait « plus creuse que jamais », tandis que Michael Cragg, du *Guardian*, se plaignait de découvrir « une poignée de titres EDM anonymes et sans émotion », attribuant au disque une note de deux sur cinq.

Le *Los Angeles Times* déclarait que Britney était en « pilotage automatique », Randall Robert affirmant qu'il contenait « un si grand nombre de tours de passe-passe, de paroles douteuses, de mélodies prétentieuses et ennuyeuses que les rares moments de lévitation en paraissent artificiels ». Très dur avec le disque, il ajoutait : « Quel qu'ait pu être le talent de Britney par le passé (et il faudra me rappeler lequel), *Britney Jean* nous laisse entendre qu'elle se prépare à le perdre définitivement. » En conclusion, il attribuait au disque une étoile et demie sur quatre.

On pouvait lire dans le *Chicago Tribune* : « À en croire le battage qui entoure sa sortie, ce serait son album le plus "personnel", ce que confirme le titre, mais les chansons ne parviennent jamais vraiment à nous en convaincre. » Le *New York Times* se montrait plus incisif en affirmant que *Britney Jean* était « à peu près aussi personnel que les annonces faites par les compagnies aériennes avant l'embarquement ». Jon Pareles écrivait que si Britney s'était montrée « incroyablement artificielle » dans ses albums précédents, du moins faisait-elle preuve « d'énergie en déclinant toute la palette culturelle du désir, de la technologie, de la célébrité et de l'opportunisme pop». À l'inverse, poursuivait Pareles, ce nouvel album renonçait à «toute forme de plaisir pour ne garder que l'opportunisme».

L'*Atlantic* décrivait un album «médiocre» et «le disque le plus décevant de sa carrière». Dans le même temps, le *Daily Telegraph* confiait l'album à Neil McCormick, chroniqueur attitré des best-sellers, qui évoquait une production «banale», ajoutant que Britney poursuivait sa carrière par un nouveau «strip-tease». Il regrettait qu'en retirant «chaque nouveau voile, elle en fasse apparaître un autre, un tulle sans consistance destiné à dissimuler ses équipes de producteurs, d'auteurs, de stylistes et de publicitaires (sans doute parce qu'ils ne sont pas photogéniques)».

Le succès commercial du disque s'est inscrit en retrait par rapport aux précédents albums puisqu'il se hissait seulement à la quatrième place des classements de *Billboard* le jour de sa sortie, et se vendait tout juste à cent sept mille exemplaires au cours de la première semaine. Jamais Britney n'avait connu des chiffres aussi bas aux États-Unis. Au Royaume-Uni, l'album ne dépassait pas la 34e place des charts en s'écoulant seulement à treize mille exemplaires. L'absence de promotion au moment de la sortie n'a pas aidé, mais il était clair que le public se lassait de Britney.

Aucune tournée n'a accompagné la sortie de *Britney Jean*, mais il faut bien reconnaître que la chanteuse avait d'autres ambitions pour la scène à la même époque. Cela faisait des années qu'on parlait en coulisses d'une série de concerts à Las Vegas. Elle avait tissé des liens avec plusieurs salles, qu'il s'agisse du SLS Las Vegas ou encore du Colosseum attaché au Caesars Palace. Dans un entretien à *Shape*, Britney entretenait ces supputations en déclarant qu'elle préparait son retour sur scène:

« Une opération compliquée, une vraie fête du début à la fin. Pour réussir, il faut que je sois en pleine forme et débordante d'énergie. »

Le jour venu, Britney a précisé que le lieu concerné était Planet Hollywood. Elle a procédé à l'annonce en grande pompe dans l'émission matinale « Good Morning America », en direct depuis un hélicoptère. Plus d'un millier de fans, rassemblés dans le désert du Nevada, brandissaient des pancartes dessinant un portrait géant de Britney pendant que l'intéressée tournoyait au-dessus de leur tête. « C'est vraiment formidable, déclarait-elle. Je ne sais pas quoi dire, je suis sans voix. Quel choc ! »

Britney affirmait à cette occasion s'être entraînée cinq heures par jour en prévision de l'événement. Elle précisait que son spectacle, intitulé « Britney : Piece of Me », démarrait sur un trio de titres explosifs : « Work Bitch », « Womanizer » et « 3 ». Danielle Genet, d'ABC News, dépêchée sur place pour la première, décrivait « un concert à guichets fermés donné en présence de stars, de journalistes, de fans confirmés et de membres de sa famille ». Elle relevait au passage la « ferveur » du public. Le quotidien *USA Today*, sous la plume de Marco della Cava, écrivait : « Spears a débarqué en ville avec une liste de vingt et un tubes interprétés en hommage à quinze années de chorégraphies dans un show où se mêlaient avec bonheur sens du spectacle et maîtrise de la scène. »

Au nom de la chaîne MTV News, Sophie Schillaci expliquait que Britney « livrait au public l'une de ces grandes productions dont elle a le secret, à grands coups de rythmes et de chorégraphies tourbillonnantes, changeant sept fois de costumes, et plusieurs fois de perruques ». Quant à savoir si Britney chantait vraiment, le chroniqueur de *Billboard* Keith Caulfield notait son plaisir d'entendre Spears « respirer dans le micro ». Cette série de concerts à Vegas n'en était pas moins un « pari », ainsi que le remarquait le *Los Angeles Times*.

Tout semblait relever du pari depuis que Britney était sous tutelle et, de ce point de vue, la situation avait atteint un seuil critique.

9

« I'M A SLAVE 4 U »

On doit à la maladie de Jamie Spears la fin de la tutelle de Britney. En effet, au mois de novembre 2018, il a été hospitalisé à la suite d'une perforation du côlon. Britney s'est alors empressée d'annoncer l'annulation d'une seconde série de concerts au Park MGM de Las Vegas.

Elle déclarait dans un communiqué : « J'entends reporter toute mon attention et consacrer toute mon énergie à ma famille. Nous avons des liens très forts et je souhaite me trouver auprès des miens en ce moment, sachant qu'ils ont toujours été là pour moi. Merci à tous mes fans des preuves d'amour et de soutien qu'ils m'apportent en cette période difficile. Je m'excuse de la gêne que ma situation aura pu engendrer, j'attends avec impatience de pouvoir renouer avec la scène et vous retrouver tous. »

Cette façade d'unité familiale allait à l'encontre de ce que Britney vivait au quotidien, ainsi que l'ont confirmé les mois suivants. En mai 2019, elle se rendait à l'audience annuelle de sa tutelle et une source autorisée confiait à CNN qu'elle demandait à en être libérée. De façon symbolique, elle est arrivée main dans la main avec sa mère. Au cours de la semaine précédente, Lynne avait demandé à consulter le dossier médical de Britney.

Jamie s'est empressé de s'adresser aux tribunaux afin d'obtenir à nouveau la tutelle de sa fille, avec l'avocat Andrew Wallet qui s'était occupé un temps des affaires financières de Britney. Wallet, à qui avait été initialement confiée la gestion du patrimoine de la chanteuse, avait fini par renoncer à cette charge, ainsi que l'indiquait une notification du tribunal à l'époque: « La tutelle concerne un grand nombre de dossiers professionnels qui exigent une attention constante, si bien qu'il est de l'intérêt de la personne placée sous tutelle d'accepter la démission de Wallet, les changements apportés à la mise sous tutelle de son patrimoine prenant effet immédiatement. »

Jodi Montgomery, une tutrice patentée, avait remplacé Jamie de façon temporaire au moment de sa maladie. La décision du père de Britney de reprendre la main n'a pas été du goût de cette dernière. L'avocat désigné par le tribunal pour défendre ses intérêts, Samuel D. Ingham III, a déposé une requête auprès de la cour de Los Angeles en indiquant que Britney s'opposait « avec virulence » à ce que son père redevienne le seul responsable de ses affaires personnelles et financières. La requête ajoutait que la chanteuse préférait « de beaucoup voir un agent fiduciaire professionnel occuper cette fonction ». Cette déclaration venait confirmer le désir de Britney d'éloigner Jamie de sa vie.

Au printemps 2019, elle effectuait un nouveau séjour dans un établissement psychiatrique. Au lendemain de son retour chez elle, l'un de ses proches confiait à « E! News » : « Elle a quitté l'établissement de sa propre initiative, mais elle fera l'objet d'un suivi à domicile. » Britney a choisi d'éclaircir la situation sur son compte Instagram: « Je voulais vous passer un petit bonjour, parce qu'il se dit n'importe quoi à mon sujet!!! Waouh!!! Des rumeurs, des menaces de mort à l'encontre de ma famille ou de mon entourage, et toutes sortes de bruits insensés circulent depuis un petit moment. Je m'efforce de prendre un peu de temps pour moi, mais tout ce qui se passe ne me facilite pas la tâche. N'allez pas croire tout ce qui se dit et s'écrit, déclarait-elle. Vous ne le savez peut-être pas, mais je suis solide, et prête à me battre pour ce que je veux! Votre amour et votre dévouement sont extraordinaires, mais j'ai besoin d'un minimum d'intimité en ce moment pour surmonter tous les obstacles dressés sur ma route. Si j'y parviens, je vous en serai éternellement reconnaissante.»

En 2016, alors qu'elle assurait la promotion de son album *Glory*, Britney aurait eu l'intention d'aborder le sujet de sa tutelle. Un collaborateur de la radio numérique PopCrush, présent lors de l'enregistrement de l'émission «Jonathan Ross Show», a expliqué que Britney avait évoqué la situation pour la première fois à cette occasion: «OK, j'ai été placée sous tutelle. Ça fait huit ans et j'avais le sentiment qu'on avait pris beaucoup de décisions à ma place, mais je voulais que [*Glory*] soit mon bébé et j'y ai réfléchi stratégiquement», aurait-elle déclaré ce jour-là, même s'il est difficile d'en avoir la certitude puisque ce commentaire supposé a été coupé au moment de la diffusion.

Britney a clairement voulu surprendre son public en enregistrant ce nouvel album. Un projet de pochette reflète ce désir d'indépendance puisqu'il montre une Britney à peine vêtue allongée dans le désert, des chaînes posées près d'elle. Le message, aussi glamoureux soit-il, était transparent. Karen Kwak, la productrice exécutive du disque, a expliqué que Britney «voulait proposer un regard neuf et inattendu». Elle ajoutait: «Jamais il n'a été question de lui imposer une chanson en lui disant: "C'est un tube, il faut que tu la chantes." Britney a choisi elle-même son répertoire. Elle est arrivée avec des idées et des mélodies. C'est son bébé. C'est un peu comme en athlétisme. À force de s'entraîner, on est en forme. Elle était fin prête à travailler pendant les séances de l'album. »

L'un des titres les plus marquants du disque est « Do You Wanna Come Over? », une chanson provocante et aguicheuse qui tient toutes ses promesses. De l'opinion de Britney, personne ne devrait subir la solitude s'il n'en a pas envie. Avec « Make Me », on passe à l'étape qui succède au flirt et Britney s'est rarement montrée aussi sensuelle dans un enregistrement. « Clumsy », une chanson qui n'est pas sans rappeler Ariana Grande, parle également du sexe et des situations délicates dans lesquelles il vous plonge parfois. « "Clumsy" est un titre vraiment cool, qui est arrivé vers le milieu du projet. Je cherchais un titre funky et la chanson est venue de nulle part, c'est une belle réussite », se confiait la chanteuse à la radio par satellite SiriusXM.

Alors que « Make Me » et « Clumsy » étaient gentiment coquins, « Slumber Party » passe à la vitesse supérieure. Britney y vante les mérites du sexe et des sextapes en usant d'expressions à double sens pour évoquer des rencontres éphémères, le plaisir de dormir chez une copine et les jeux entre adolescents. Le titre aurait trouvé toute sa place sur l'album *In the Zone* en 2003. « Just Like Me » commence comme un titre à la Taylor Swift avant de prendre une direction électro. « Love Me Down » respire l'insolence et le culot, avec une couleur reggae. « Hard to Forget Ya » conviendrait mieux à un groupe qu'à une artiste solo, avec sa ligne mélodique douce, même si le refrain est extrêmement entraînant. Quant à « What You Need », c'est une chanson de cabaret que Britney conclut en déclarant, presque étonnée : « C'était marrant. »

Contrairement à l'album précédent, *Glory* a été plutôt bien reçu. Neil McCormick, du *Daily Telegraph*, écrivait à sa sortie: «Chaque plage du disque pourrait être un single», tandis que le *Los Angeles Times* jugeait la voix de Britney «nettement meilleure», au point que *Glory* était un «disque très agréable». *Rolling Stone* n'a pas caché non plus son enthousiasme en déclarant: «Il faut remonter à l'époque de "Toxic" pour l'entendre s'amuser autant avec sa voix.»

Vice accordait sa meilleure note à l'album, en utilisant toutefois des termes qui respiraient la misogynie et la condescendance, remarquant que «l'érotisme appuyé du disque vient concrétiser la réussite inédite d'une sextoy professionnelle». *Idolator* ne tarissait pas d'éloges sur «une lucidité, un engagement et une implication dont elle n'avait pas fait preuve depuis des années». Nolan Feeney, d'*Entertainment Weekly*, chantait les louanges d'un répertoire qui «donne une bonne idée de la véritable Britney, de ses goûts musicaux comme de sa voix, avec toutes ses imperfections».

Le *New York Times* notait que les hit-parades pop «débordent de jeunes artistes qui ont étudié Mme Spears de la même façon qu'elle a étudié Madonna», en son temps. Le journal suggérait que sa stratégie avec cet album était «sans concession et sans ambiguïté dans sa volonté de parler de sexe». Pour Jon Pareles, *Glory* apportait la preuve que Britney «a encore la capacité de mettre en avant ce qui donne à la pop sa principale qualité en se présentant comme une bombe sexuelle». Le jugement du *Boston Globe* était plus positif, il trouvait à l'écoute de *Glory* que Britney avait encore la capacité de s'amuser, tandis que le *Guardian* parlait d'un «retour triomphal».

L'album s'est hissé d'emblée à la 3e place des classements pop de *Billboard* et s'est vendu à cent douze mille exemplaires la semaine de sa sortie. Il a pris la tête des hit-parades en République tchèque, en Irlande, en Italie comme à Taiwan, tout en s'imposant dans le Top 10 de vingt autres pays. Britney effectuait aussi son grand retour au Royaume-Uni où elle arrivait à la 2e place des charts, une réussite oubliée depuis *Blackout*. En Allemagne, *Glory* occupait la 3e place, son meilleur score depuis *In the Zone*.

Pour accompagner la sortie du disque, Britney donnait une interview à l'édition britannique du magazine *Marie Claire*. Elle confiait à cette occasion que ses séries de spectacles à Las Vegas avaient été très éprouvants physiquement, et que ses chorégraphies l'avaient fait maigrir au point que sa petite sœur l'encourageait à se nourrir davantage. « Elle me pousse constamment à manger, disait Britney. J'ai goûté des sushis pour la première fois il y a un an. L'idée même d'avaler du poisson cru me rebutait. Un jour, elle a commandé tous les sushis proposés au menu de notre hôtel de Las Vegas et on a tout dévoré. Depuis, je suis accro. »

Toujours sur le sujet de la famille, Britney évoquait aussi sa relation avec ses deux fils. Elle expliquait combien ils l'aidaient à garder les pieds sur terre en lui permettant d'oublier par moment les impératifs de son statut de star. « Mes garçons se fichent que tout ne soit pas parfait, ils ne me jugent pas, se confiait-elle. En fait, ça ne leur convient pas vraiment de me voir bien habillée, ils y voient généralement le signe que je vais travailler. J'ai connu mon lot d'épreuves et j'en suis arrivée au stade où le célibat me convient bien. La plus belle relation que j'ai pu avoir est celle que j'ai construite avec mes fils. »

Dans le même registre, un ancien petit ami de la chanteuse rapportait au *New York Times* que la relation de Britney avec ses fils était clairement sa priorité. Il y voyait la preuve qu'il était temps de reconsidérer son placement sous tutelle. « Ceux qui connaissent la vraie Britney savent qu'elle aimerait mieux être considérée par l'Histoire comme une bonne mère que comme la chanteuse qu'elle est, affirmait David Lucado, qui était sorti avec elle en 2013. Il suffit de la voir avec ses gamins pour comprendre que la mettre sous tutelle sur le plan personnel n'a aucun sens. » Même si Britney évoquait rarement elle-même sa situation, les commentaires de ce type faisaient bouger les lignes dans l'esprit du public.

La situation n'allait pas tarder à évoluer, d'autant que l'expert nommé par la cour mesurait les progrès effectués par Britney dans ses évaluations psychologiques. Les adversaires de son placement sous tutelle insistaient notamment sur le fait que cette procédure lui coûtait cher. Pour ne prendre qu'un exemple, le *New York Times* calculait que le principal avocat de la chanteuse, Samuel D. Ingham III, lui avait coûté plus de 2 millions de dollars entre 2008 et 2016. Dans le même temps, les tuteurs et autres avocats chargés de gérer son patrimoine avaient reçu 6,9 millions de dollars.

Selon un fan de Britney qui avait réuni un grand nombre de documents juridiques dans le cadre d'un podcast, « ses activités professionnelles ont pris beaucoup d'ampleur depuis qu'elle va mieux et qu'elle se consacre davantage à sa carrière. Les années à venir promettent d'être très lucratives pour ses tuteurs ». Il était notamment noté dans ces documents que « ce placement sous tutelle devrait être considéré comme une forme de business hybride ».

Certains en arrivaient à se demander quel intérêt aurait quiconque à tuer la poule aux œufs d'or. « Tant qu'elle rapporte autant d'argent et tant que ses avocats et ses tuteurs se font payer, personne n'a intérêt à mettre un terme à la procédure, déclarait au *New York Times* Elaine Renoire, présidente de l'association nationale Mettons un Terme aux Abus. En règle générale, les placements sous tutelle se poursuivent tant que la personne concernée ou les membres de sa famille ne se rebellent pas. »

Le même journal expliquait que Jamie recevait approximativement 130 000 dollars par an en sa qualité de tuteur, ainsi que le remboursement de ses bureaux, le tout avalisé par la justice. Si le père de Britney s'était contenté de modestes augmentations à mesure des années, il avait également demandé 1,5 % des recettes brutes de sa fille au titre des concerts donnés à Las Vegas et des ventes de produits annexes. La cour, Britney, et l'avocat qui lui avait été assigné, avaient tous donné leur accord.

Restait à déterminer en quoi consistait la tâche de Jamie. D'après la décision de la juge, il s'agissait de « surveiller et de coordonner les affaires de Britney, sa garde-robe, ses biens personnels et domestiques, ainsi que ses contrats (en matière de spectacle, de musique et autres, d'affaires familiales, de contentieux, de procès et autres litiges d'ordre juridique, ainsi que les contentieux en cours et tout ce qui touche à son placement sous tutelle) ».

Britney disposait depuis quelque temps d'un nouvel allié en la personne de Sam Asghari, croisé sur le tournage du clip de *Slumber Party* dans lequel il jouait le rôle d'un beau garçon en costume qui observe Britney pendant qu'elle lape du lait renversé. L'intéressé a déclaré par la suite au magazine *GQ* avoir été séduit par « son humilité » et « sa belle âme ». Il expliquait dans les colonnes de *Men's Health* avoir « des papillons dans le ventre » en pensant à elle, mais qu'il avait commis un faux pas en voulant briser la glace avec une mauvaise blague : « Elle m'a dit : "Salut, je suis Britney" et j'ai répondu : "Qui ça ?" Je pensais être drôle, mais personne n'a compris mon humour. » De son côté, Britney racontait, en janvier 2017, lors d'une émission radio : « J'ai trouvé son numéro de téléphone dans mon sac et je me suis dit : "Ce type est vraiment mignon." Je l'ai appelé et je n'ai jamais cessé de le trouver marrant depuis. »

Britney et Sam se sont rapidement retrouvés autour de leur amour commun des sushis. Ils se sont aperçus qu'ils partageaient également une passion pour le sport et les activités d'extérieur. Sam a dû accepter que sa compagne soit souvent plus forte que lui. « Elle a des réflexes de félin, elle est très bonne, a-t-il expliqué. Quand on joue au tennis, c'est très compétitif entre nous, et elle me bat systématiquement au ping-pong. Elle est très forte au basket. »

Tous les couples doivent apprendre à gérer leur budget, mais le sujet est souvent délicat lorsque l'un des deux est riche, contrairement à l'autre. « Je sors avec une fille qui a des goûts de luxe, mais je m'efforce de la ramener à mon niveau de vie », expliquait Sam. Avoir à ses côtés un garçon qui ne la regardait pas pour son argent s'est révélé très sain pour Britney. Son médecin ne lui avait pas conseillé autre chose.

Elle a commencé à gagner en assurance, au point d'imaginer vivre un jour de façon plus libre. Dans un enregistrement dont le contenu a été publié par *Rolling Stone*, elle déclare : « J'ai envie de retrouver ma vie d'avant. Je veux pouvoir conduire ma voiture. Je veux vivre seule chez moi. Je veux être libre de recruter moi-même mon garde du corps. » Dans un message laissé sur le répondeur de ses avocats, elle se plaignait d'avoir été « menacée » par son père. Elle demandait à ses défenseurs de lui assurer que « tout va bien se passer, que vous vous occupez bien de tout, que toutes les mesures seront bien respectées ».

À mesure que Britney se sentait mieux dans sa peau, le grand public prenait conscience de ce qu'elle vivait, au point que les médias ont commencé à pencher en sa faveur. Les commentateurs ont exprimé des doutes sur les conditions de sa tutelle. « Certains se demandent si les proches de Britney n'abusent pas d'elle pour de mauvaises raisons », écrivait Michelle Lee, rédactrice en chef du magazine people *In Touch Weekly*. Elle ajoutait : « Il est difficile de savoir si les gens qui l'entourent sont là pour son bien. »

Il est facile de pointer Jamie du doigt dans cette affaire, et c'est ce qu'ont fait de nombreux médias avec délectation en dénonçant sa cupidité supposée. La situation est plus complexe, il est utile à ce stade de se pencher sur le parcours de Jamie pour essayer de comprendre ce qui a pu se passer dans sa tête.

À en croire un journal de Kentwood, la mère de Jamie s'est suicidée sur la tombe du bébé qu'elle avait perdu. Emma Jean Spears avait lutté contre la dépression pendant neuf ans et fait trois tentatives de suicide avant de mettre fin à ses jours. Son décès a fait la une du *Kentwood News*, et les habitants du cru ont appris la nouvelle avec stupéfaction. Le plus traumatisé de tous fut Jamie, qui avait treize ans à l'époque.

Quatre ans plus tard, il a survécu à un accident de voiture dans lequel un membre de son équipe de football américain a trouvé la mort. Son incapacité à sauver sa mère et cet ami a très bien pu le hanter, bien que sa responsabilité n'ait pas été engagée, dans un cas comme dans l'autre.

Son fils aîné, Bryan, a également été source d'angoisses pour lui. Atteint d'une grave infection pulmonaire à la naissance, il a failli mourir sous les yeux de ses parents impuissants.

Lynne n'a pas non plus été épargnée par la tragédie avant la naissance de Britney. Un jour, son frère, Sonny, a été grièvement blessé par la chute d'un élément de tracteur. Comme il souffrait beaucoup, elle a voulu le conduire à l'hôpital, mais ils ont été victimes d'un drame en chemin. Dans ses mémoires, Lynne se souvient que les routes étaient « détrempées par la pluie » et qu'elle a brusquement vu deux petits garçons qui circulaient à vélo en abordant un carrefour. Elle a très vite compris que, même en freinant, elle ne pourrait éviter l'un des deux enfants. Anthony Winters, âgé de douze ans, a été tué. À son arrivée à l'hôpital, Lynne a entendu les « hurlements à glacer le sang » de la mère. L'enquête ayant conclu à un accident, elle n'a jamais été inculpée.

Au moment où Lynne et Jamie ont vu leur fille perdre les pédales, il est probable qu'ils ont repensé à ces moments tragiques et décidé de prévenir un nouveau drame. Debbie Sanders Cross, la première femme de Jamie, avec lequel elle est restée en bons termes, a déclaré au *New York Times* que « son enfance difficile » avait joué sur sa réaction : « Je crois vraiment que c'est la raison pour laquelle il cherche autant à protéger Britney. »

C'est avec la hantise de ce passé douloureux que Jamie a pris en charge le quotidien de sa fille. Lynne ayant également connu des moments difficiles, les parents de Britney avaient toutes les raisons de se montrer anxieux. En outre, pour tous ceux qui n'ont pas connu le même niveau de célébrité et d'opulence que Britney et les siens, il est difficile d'imaginer combien le succès peut être pesant.

Il ne fait guère de doute que leurs vies respectives ont basculé lorsque Britney est entrée en crise. Les années qui ont suivi ont été difficiles pour Jamie alors que son rôle de tuteur était scruté à la loupe. Britney et les siens étaient accoutumés à vivre en pleine lumière, mais jamais le regard du public n'avait été aussi envahissant, et hostile. Lorsque Britney a rencontré le succès, tout le monde l'adorait. Ses fans se sont ensuite inquiétés pour elle, après quoi ils lui en ont voulu.

Ce processus s'est accompagné d'une contradiction. À la suite de sa mise sous tutelle, sa carrière s'est épanouie. Elle veillait pourtant à se montrer discrète en accordant de rares interviews soigneusement cadrées. Les journalistes se plaignaient d'avoir le plus grand mal à la rencontrer. Entre les albums, les concerts, les émissions de télévision, les contrats publicitaires et la télé-réalité, elle était soumise à un rythme échevelé dont on a peine à croire qu'il aurait pu être soutenu par une personne placée sous tutelle. Britney était-elle vulnérable au point de ne pouvoir rester autonome, ou bien était-ce un bourreau de travail au courage inépuisable ? Où se situait la vérité ?

10

LIBÉREZ BRITNEY !

Les réseaux sociaux ont donné aux fans des stars de la pop un poids qu'ils n'avaient pas avant l'avènement du numérique.

Les fans du monde entier sont capables d'allier leurs forces d'un clic de souris afin d'être entendus. Des artistes tels que Justin Bieber ou One Direction doivent pour beaucoup leur succès aux médias sociaux, ce qui n'était pas le cas des idoles pop qui les ont précédés. La masse des internautes peut contribuer à placer une star sur un piédestal, elle peut également prendre sa défense si elle est menacée.

Cette nouvelle réalité ne s'est jamais manifestée plus clairement qu'à la naissance du mouvement #FreeBritney. Depuis quelques années, les fans de la chanteuse mettaient la pression pour que leur idole soit libérée de sa tutelle. Ils examinaient à la loupe les décisions de justice, passaient les réseaux sociaux au crible, à la recherche d'éléments concrets. Il ne faut jamais sous-estimer le pouvoir des fans les plus motivés, surtout lorsque les avancées technologiques jouent en leur faveur. À force de monter, la pression a fini par provoquer une explosion.

Les responsables du podcast *Britney's Gram*, Tess Barker et Barbara Gray, ont joué un rôle de premier plan dans ce phénomène. Chaque semaine, ces deux humoristes commentaient et disséquaient le compte Instagram de la chanteuse. « La drôlerie du podcast tenait au fait qu'on traitait avec le plus grand sérieux un sujet aussi banal, a déclaré Barker au *Los Angeles Times*. On ne souhaitait pas vraiment proposer une satire, mais plutôt poser un regard humoristique sur ce compte Instagram. On se disait que le décrypter de façon aussi poussée était drôle. »

Le projet a changé de tonalité quand les deux femmes ont compris, à la lecture des posts de Britney, que tout ne tournait pas rond dans sa vie. « Il y avait dans ses posts un je-ne-sais-quoi qui nous a titillées, a raconté Barker. On ne savait pas encore de quoi il retournait, mais ça ne tournait pas rond. C'est ce qui nous a incitées à y regarder de plus près. » Ce désir d'aller plus loin a tout fait basculer.

Dans un épisode crucial, les deux humoristes ont expliqué qu'un lanceur d'alerte, dans un message laissé sur leur répondeur, signalait que Britney avait été internée dans un établissement psychiatrique contre son gré, à la suite de mesures punitives prises par son père. « On fréquente le milieu du spectacle depuis suffisamment longtemps pour prêter une certaine attention aux rumeurs qui circulent de façon répétée, explique Barker. On a pu s'en rendre compte avec Bill Cosby et Harvey Weinstein. Les rumeurs ne naissent pas du jour au lendemain, certains bruits circulent de longue date. C'est exactement ce qui s'est passé avec ce message laissé sur notre répondeur. »

La vérité n'avait pas encore éclaté, mais les premières fissures commençaient à poindre. Nombre de fans de Britney avaient des soupçons depuis des années, ils se demandaient ce qui se tramait vraiment derrière la façade officielle. En quoi consistait précisément cette mise sous tutelle et comment était-elle organisée ? S'agissait-il de protéger leur idole pour son bien, ou bien Britney était-elle une victime ?

La diffusion de ce message semblait confirmer les doutes et il devenait impératif d'apporter des réponses à certaines questions. Une première manifestation a eu lieu en avril 2019 à l'appel de *Britney's Gram* et une vingtaine de fans se sont rassemblés devant la mairie de West Hollywood en brandissant des pancartes sur lesquelles on pouvait lire : « La vérité peut la libérer ». Les manifestants, pour la plupart porteurs de vêtements à la gloire de Britney, se sont contentés de diffuser ses chansons, paisiblement massés face au bâtiment. Les quelques journalistes venus couvrir l'événement ont cru à une plaisanterie. La suite allait les détromper.

Barker et Gray ont alors décidé de se lancer dans une véritable enquête baptisée *Toxic: The Britney Spears Story*, disponible en podcast. Elles ont contacté des proches de l'entourage de Britney. « La même histoire revenait constamment, a écrit par la suite Barker. Depuis son placement sous tutelle en 2008, Britney n'avait plus accès aux gens qu'elle aimait. » Les humoristes ont cru comprendre que Britney n'était « pas libre de manger ce qu'elle voulait ou de ses mouvements ». Barker raconte que « de nombreuses autres personnes décidaient de la façon de dépenser une fortune qui n'avait fait que croître puisqu'elle travaillait énormément ». Un informateur a déclaré aux deux créatrices du podcast : « Vous avez mis le doigt sur un os. » Brusquement, le mouvement Libérez Britney a pris corps.

Cette prise de conscience a permis de fédérer de nombreux fans et l'objectif du mouvement s'est rapidement élargi. Wu, l'un des membres de l'organisation, déclarait dans le documentaire *Framing Britney Spears* : « Il y avait [dans le mouvement] des gens décalés comme moi, et d'autres qui souhaitaient le devenir. On sait maintenant que Britney n'était pas parfaite. Elle était obligée de naviguer entre ce qu'elle pouvait faire et ce qu'on lui disait de faire, et ce type d'aliénation et de perte d'identité a trouvé un écho chez beaucoup de gens. » Un autre membre de l'organisation, cité dans le livre *Being Britney* de Jennifer Otter Bickerdike, déclarait : « Ça va bien au-delà de Britney Spears, star de la pop. Il s'agit avant tout d'une affaire de droits humains et de droit des femmes. Je ne fais pas confiance au système. Ce n'est pas nouveau, mais la situation est encore pire à présent[1]. »

Les militants commençaient à se réveiller. Et puis le *New York Times* a fait état des allégations de Britney lors d'une audience à huis clos en mai 2019, au cours de laquelle elle affirmait avoir été enfermée dans une institution psychiatrique contre son gré. À en croire le journal, il s'agissait d'une punition parce qu'elle s'était plainte lors d'une répétition à Las Vegas alors qu'elle avait quarante de fièvre. Jamie et ses avocats se sont empressés de nier toute mauvaise gestion de la vie et de la carrière de Britney.

Très vite, la campagne est passée du stade d'une simple plaisanterie à celui d'un sujet de préoccupation général. De l'avis de ceux qui y ont participé, la bataille a été rude. Les partisans de Britney organisaient des manifestations à travers le pays et assuraient la promotion de leur cause sur Internet. Certains d'entre eux sont allés jusqu'à déménager pour se rapprocher du cœur de l'action à Los Angeles. On l'aura compris, on était en présence d'individus motivés, prêts à tout pour défendre leur idole.

L'origine du mouvement est sans doute plus ancienne qu'on ne l'imaginait. S'il était couramment admis que le

---

1. Jennifer Otter Bickerdike, *Being Britney: Pieces of a Modern Icon*, Nine Eight Books, 2021 (non traduit en français).

podcast *Britney's Gram* se trouvait à l'origine du mouvement #FreeBritney, certains commentateurs estiment que tout a commencé dès 2009. Un site dédié aux fans de Britney, BreatheHeavy.com, a lancé une campagne « Libérez Britney » dès la mise sous tutelle de la chanteuse. Le jour où le propriétaire du site, Jordan Miller, a appris que Jamie avait retiré son téléphone portable à Britney, il a écrit : « Ouvrez les yeux ! Libérez Britney ! »

Peu après, Miller raconte avoir reçu un coup de téléphone d'un Jamie furieux qui le menaçait d'exiger la fermeture du site au prétexte qu'il avait enfreint la loi relative aux droits d'auteur en reproduisant sur le Net les paroles de chansons de Britney. Miller a refusé de se laisser intimider. « Cette histoire de paroles de chansons n'est qu'un prétexte, a-t-il déclaré à l'*Independent*. La véritable raison, c'est que je dénonce une injustice et que ça les dérange. Ils cherchent à maîtriser tout ce qui touche Britney, y compris les structures qui ne leur appartiennent pas. »

De la même façon, la campagne #FreeBritney affirme avoir fait l'objet d'une enquête diligentée par Jamie. À en croire certains comptes rendus, une agence de sécurité engagée par ce dernier s'est intéressée au mouvement. Elle a dépêché des espions lors des manifestations et rédigé un rapport afin d'évaluer le « degré de dangerosité » des fans. En réponse à la controverse, un avocat représentant la firme Black Box s'est déclaré « fier du travail effectué pour assurer la sécurité de Mme Spears », affirmant agir « dans un cadre professionnel, moral et légal ».

Jamie Spears n'a pas fait mystère de son opinion lorsqu'il s'est exprimé au sujet de #FreeBritney. Il a déclaré dans le magazine *Page Six* du *New York Post* que ce mouvement était « une plaisanterie ». Il ajoutait : « Tous ces adeptes des théories du complot ne savent rien.

Personne ne sait rien. C'est à la justice californienne de décider ce qui est le mieux pour ma fille. Cela ne regarde personne d'autre. J'aime ma fille. J'aime tous mes enfants, et ce sujet relève de notre vie privée. »

À la lecture d'un discours aussi musclé, on comprend que l'intéressé ait été furieux d'être soupçonné de s'approprier une partie des revenus de Britney. « Je rends compte chaque année aux autorités judiciaires du moindre sou dépensé, se justifiait Jamie. Comment voudriez-vous que je vole quoi que ce soit ? » Il précisait que la campagne menée par les adversaires de la mise sous tutelle avait des effets délétères sur les garants de la tutelle. « Ils sont victimes de harcèlement et reçoivent des menaces de mort, affirmait-il. C'est horrible. On ne veut pas de ces fans-là. »

L'ancien avocat de Britney a reconnu par la suite n'avoir jamais soupçonné Jamie de malversations. « Jamie est un drôle de type, il veut tout contrôler, a estimé Adam Streisand. Je ne crois pas du tout qu'il avait des intentions criminelles. » Jamie, sans sortir grandi d'un tel jugement, n'en était pas moins blanchi des principaux reproches qu'on lui adressait.

Un fossé semble s'être creusé à un certain moment entre Jamie et ses petits-fils. Jayden s'en est pris ouvertement à lui dans un commentaire posté sur Instagram : « C'est carrément un gros c… En plus c'est un p… de pédé. Qu'il crève. » On a connu des grands-pères mieux traités par leurs petits-enfants. L'avocat de la famille Federline a tenté de minorer cet incident en y voyant « la réaction d'un ado de treize ans ».

La position de Lynne, la mère de Britney, était particulièrement intéressante. Alors que la campagne #FreeBritney prenait de l'ampleur, elle aurait posté des « likes » sur des comptes Instagram favorables au mouvement « Libérez Britney », ce qui n'est pas anodin. Le jour où une fan de Britney a déclaré sur les réseaux sociaux avoir remarqué que certains de ses commentaires favorables à Britney étaient systématiquement effacés, Lynne a réagi en disant qu'il lui était arrivé la même mésaventure : « Je constate que vous êtes une vraie fan et que vous aimez Britney, merci d'avoir abordé cette question car vous n'êtes pas la seule », écrivait-elle. Bryan, le frère de Britney, a déclaré à son tour dans un podcast que sa sœur souhaitait la fin de sa tutelle depuis « un certain temps », ajoutant : « Elle a toujours voulu en être libérée. »

Les théories complotistes sur les réseaux sociaux ont pris de l'ampleur à mesure que le mouvement #FreeBritney gagnait du terrain. Des fans passaient au crible le moindre de ses commentaires sur Instagram, soucieux d'apporter la preuve qu'elle n'en était pas vraiment l'auteur, ou bien qu'elle envoyait des messages codés. Il suffisait qu'elle poste une émoticône au lieu d'un emoji pour que certains fans soient persuadés que le message n'émanait pas d'elle.

De la même façon, le jour où elle a posté un jeu de Scrabble aux lettres mélangées, certains ont voulu y voir le mot « quitter » écrit à l'envers et l'ont interprété comme un appel au secours. Et quand elle a lancé une remarque en disant que les gens devraient s'occuper davantage du « gamin qui mange tout seul à la cantine[1] », le message était clair pour certains : Britney était en danger.

Ils ont cherché à lui envoyer des messages. L'un de ses adeptes lui a demandé de porter un t-shirt jaune sur sa prochaine intervention vidéo si elle avait besoin d'aide : dans son post suivant, Britney apparaissait en débardeur jaune. Un fan l'a enjointe sur Twitter de poster une image de colombes si elle se sentait en danger : un peu plus tard,

1. Cette expression qui fait florès sur Internet désigne les premiers de la classe mis à l'écart par leurs camarades.

Britney postait le tableau d'un artiste autrichien sur lequel figuraient cinq colombes. Tous ces incidents ont eu des répercussions bien au-delà des réseaux sociaux, poussant l'entourage de Britney à réagir dans le *New Yorker*: « Ce n'est pas une prisonnière privée de tous ses droits. » Par la suite, la femme qui gère les réseaux sociaux de Britney a déclaré qu'elle « vivait normalement et souhaitait s'amuser sur Instagram », précisant que certains fans avançaient des « théories inexactes ».

Le soutien à Britney n'en continuait pas moins de grossir. L'Union américaine des Libertés civiles a évoqué en ces termes dans un tweet le combat juridique que menait la star contre son père : « Les personnes souffrant d'un handicap ont le droit d'avoir une existence propre sans renoncer à leurs libertés civiles. Si Britney Spears souhaite retrouver les siens et échapper à sa mise sous tutelle, nous sommes tout disposés à l'aider. »

Est arrivé le jour où Britncy a fait allusion pour la première fois à la campagne #FreeBritney, dans le texte d'une requête auprès du tribunal soumise par son défenseur : « La mise sous tutelle de Britney a fait l'objet d'un intérêt sans précédent dans les médias comme sur les réseaux sociaux. Loin d'être une théorie complotiste ou une "plaisanterie", comme l'a déclaré James [Spears] aux médias, cette démarche est la conséquence logique et prévisible de la façon agressive dont James met à profit son rôle pour minimiser depuis des années l'importance des informations dont dispose le public. » Cette requête ajoutait de façon théâtrale, voire inquiétante, la phrase suivante : « Le monde observe ce qui se passe. » Ce même document légitimait la campagne en déclarant : « Britney reconnaît et apprécie le soutien de ses nombreux fans. »

Deux mois plus tard, l'avocat de Britney déclarait que celle-ci ne se produirait plus sur scène tant que Jamie serait son tuteur, ajoutant sur NBC News : « Ma cliente m'a informé qu'elle craignait son père. » Il était clair que les enjeux n'étaient brusquement plus les mêmes et que Britney s'enhardissait. La juge n'a pas retiré la tutelle à Jamie, mais elle a décidé de lui adjoindre la société Bessemer Trust. Dans le même temps, Jamie demandait à la justice d'élargir le champ de ses prérogatives en requérant d'avoir pleine autorité sur sa fille lorsqu'elle se déplaçait en Louisiane, et potentiellement en Floride comme à Hawaï, ce que le jugement initial ne spécifiait pas.

Si Jamie portait un regard négatif sur la campagne #FreeBritney au cours de ses premiers mois d'existence, il n'avait encore rien vu. *Framing Britney Spears*, le documentaire du *New York Times* sorti en 2021, a été largement vu et commenté. Il dressait du père de Britney un portrait peu favorable. En retraçant l'ascension fulgurante de la chanteuse, le film diffusait des remarques incendiaires de Kim Kaiman, l'ancien responsable marketing du label Jive : « La seule phrase que me serinait Jamie, c'était : "Ma fille va gagner tellement d'argent qu'elle pourra m'acheter un bateau." »

Le documentaire s'intéressait aussi, avec beaucoup d'à-propos, à la contradiction entre la raison initiale de la mise sous tutelle – l'incapacité de Britney à gérer ses affaires – et le fait qu'elle n'en poursuive pas moins sa carrière. Tous ceux qui ont regardé le film ne pouvaient que s'interroger sur la réalité de cette incapacité. Felicia Culotta, amie de longue date et ancienne assistante de Britney, s'est dite aussi perplexe que tout le monde sur les conditions de tutelle, « en particulier dans le cas de quelqu'un d'aussi jeune dont je connais d'expérience les capacités bien réelles ».

Variety estimait que le documentaire brossait « le portrait de quelqu'un qu'on a privé de sa liberté et qui ne s'en étonne pas». Nick Levine, de *NME*, évoquait «une histoire humaine déchirante qui n'a pas encore trouvé son happy end». Fiona Sturges, de l'*Independent*, jugeait, quant à elle, que le film péchait par son «manque de rigueur journalistique».

Framing Britney Spears a été bien accueilli par le mouvement #FreeBritney. «Il retrace remarquablement bien le regard que nous portons sur Britney et fait preuve de bienveillance à son égard en montrant à quel point elle n'a pas été bien traitée. Il fait comprendre à tout le monde les raisons pour lesquelles on se bat en son nom», déclarait Leanne Simmons, l'une des organisatrices de #FreeBritney qui témoignait dans le documentaire. «C'est un problème de droits humains.»

Les enjeux et les tensions se sont encore accrus à la suite de la diffusion du film. Il semblait évident que la situation était sur le point de basculer. Sam Asghari, le compagnon de Britney, traitait Jamie de «sale c...» sur Instagram en lui reprochant de vouloir espionner sa relation avec Britney. Alors que volaient les commentaires désobligeants entre les deux camps, les avocats de Jamie ont fait savoir que la chanteuse aurait pu mettre un terme à sa tutelle «à tout moment», mais qu'elle ne l'avait jamais souhaité.

Dans le sillage du documentaire, Britney a fait sur Instagram un certain nombre d'allusions voilées à sa situation. Elle a notamment écrit: «Je prends le temps d'apprendre à vivre normalement. Je suis heureuse de profiter des joies simples de l'existence!!! N'oubliez jamais qu'on ne sait jamais aussi bien que l'autre ce qu'il vit vraiment!»

Dans un post sur Instagram supprimé depuis, Britney disait s'être sentie «gênée» en regardant le début de *Framing Britney Spears*: «Il faut beaucoup de force intérieure pour CONFIER sa vulnérabilité à l'univers, j'ai tellement été jugée, insultée, et mise dans l'embarras par les médias, et ça continue aujourd'hui!!! Je n'ai pas regardé [tout le] documentaire, mais de ce que j'en ai vu, je me suis sentie gênée par la façon dont je suis présentée. J'ai pleuré pendant quinze jours et je dois dire qu'il m'arrive encore de pleurer!!! »

Un mois après la sortie du film, Ingham demandait à la justice de retirer sa tutelle à Jamie et de la confier à Jodi Montgomery, qui l'avait déjà assumée pendant la maladie du père de Britney. L'avocat de la chanteuse allait plus loin encore en déclarant devant les magistrats de la cour supérieure de Los Angeles : « Britney souhaite s'adresser directement à vous. » La voix de Britney, qui avait fait vibrer des milliards de fans à travers le monde, était restée relativement silencieuse tout au long de l'affaire, et voilà qu'elle s'exprimait enfin. Ceux qui s'intéressaient à la question étaient portés par l'espoir qu'elle « chante comme un oiseau » et mette à bas les décisions prises à son encontre.

En juin 2021, Britney déclarait à la juge : « Je voudrais retrouver ma vie d'avant. » Au terme d'un drame qui avait duré de longues années, elle donnait enfin sa version des faits. Lors d'un témoignage de vingt-trois minutes diffusé en streaming depuis la salle d'audience, elle expliquait à la cour qu'elle avait été droguée, qu'on l'avait obligée à travailler contre son gré et qu'on lui avait refusé de retirer son stérilet au nom de la décision de justice qui gouvernait son quotidien depuis plus de treize ans. « Je suis sincèrement convaincue d'avoir subi une mise sous tutelle abusive, déclarait-elle. Je n'ai pas le sentiment de vivre pleinement ma vie. » Lors de son audition, elle accusait également ses tuteurs de la traiter de « façon abusive » et de la « tyranniser ».

Elle décrivait à la cour les préparatifs de la série de shows qu'elle avait donnés en 2018 à Las Vegas, et insistait sur son autonomie : « C'est moi qui ai essentiellement assuré la direction de ce spectacle. J'ai écrit la plupart des chorégraphies en les détaillant moi-même à mes danseurs. Je prends très au sérieux tout ce que j'entreprends. Il existe des tonnes de vidéos de mes répétitions. Je n'étais pas bonne, j'étais excellente. J'ai dirigé les répétitions d'un groupe de seize danseurs. » Une fois de plus, la contradiction était flagrante : on demandait à Britney de travailler d'arrache-pied et d'asseoir son autorité auprès de ses équipes, tout en lui imposant une tutelle au nom de sa naïveté et de ses déficiences supposées.

Elle a poursuivi son exposé en expliquant que son père aimait « exercer son autorité sur quelqu'un d'aussi fort que moi, il adorait imposer son autorité à sa fille pour la faire souffrir à 100 000 %. Il adorait ça ». Elle affirmait avoir travaillé sept jours sur sept « sans aucune journée de repos, arguant : "En Californie, le seul exemple comparable à ça est celui de la traite sexuelle" ». Elle ajoutait que son « précieux corps, mis au service de [s]on père pendant ces p… de treize années, en [s]'efforçant d'être sage et belle », était épuisé.

Elle a raconté comment elle avait dû « mentir et dire au monde entier que tout allait bien et que j'étais heureuse. Je me disais qu'à force de le répéter, j'arriverais peut-être à y croire, mais j'étais dans le déni. J'étais sous le choc. Je suis traumatisée. Vous savez ce qu'on dit, quand on se force, on finit par y arriver. Sauf que je vous dis maintenant la vérité, OK ? Je ne suis pas heureuse. Je n'arrive pas à dormir. Je suis en colère à en devenir dingue. Et je suis dépressive. Je pleure tous les jours ».

À ce stade de son intervention, elle a enchaîné les révélations à un rythme échevelé, au point que la juge lui a demandé de parler moins vite afin que la greffière puisse suivre. Au sujet des cures de désintoxication qu'on lui imposait, Britney précisait: «Je ne bois même pas d'alcool. Je devrais, quand on voit ce que j'ai subi.» Elle s'est ensuite lancée dans une description impitoyable de ses tuteurs: «Je ne dois rien à ces gens, d'autant que c'est moi qui assure le gîte et le couvert d'une tonne de gens quand je suis en tournée. Ce que j'ai vécu est à la fois dérangeant et démoralisant.»

À ce stade de son audition, elle entreprenait de traduire en mots, avec une simplicité désarmante, ses rêves et ses aspirations: «Je ne veux rien d'autre que disposer de mon argent à ma guise, voir se terminer cette situation, et la possibilité pour mon petit ami de m'inviter à bord de sa p... de voiture.»

De façon plus spécifique et objective, elle envisageait l'avenir en termes juridiques. «Je me suis bien renseignée, madame, déclarait-elle avec ce sens du respect qui lui a été inculqué dès l'enfance. Beaucoup de juges mettent un terme à une tutelle sans que les personnes concernées aient besoin d'être évaluées en permanence. Les seules exceptions concernent ceux dont les proches signalent qu'ils ont un problème.»

En s'exprimant de la sorte, Britney mettait le doigt sur un obstacle potentiel: «Étant donné que ma famille vit de ma mise sous tutelle depuis treize ans, je ne serais pas surprise que l'un ou l'autre vienne vous dire: "On n'est pas d'accord pour que ça s'arrête, elle a besoin d'être assistée." Surtout si on me donne l'occasion de raconter ce qu'ils m'ont fait.» L'expérience avait rendu Britney méfiante, de façon bien compréhensible. Expliquant les raisons pour lesquelles elle ne voulait plus consulter de psychothérapeutes et de psychiatres, elle lançait un appel déchirant au reste du monde en prononçant crûment des paroles effrayantes: «J'ai peur des gens. Ce n'est pas normal qu'on m'oblige à faire ce que je n'ai pas envie de faire.»

Elle est ensuite revenue sur l'affirmation selon laquelle on l'avait empêchée de tomber enceinte : « Je voudrais aller de l'avant progressivement dans ma vie, avec tout ce que ça comporte. Je veux pouvoir me marier et avoir un bébé. Dans la situation présente, on me dit que je n'ai pas le droit de me marier et d'avoir un enfant. Je porte actuellement [un stérilet], ce qui m'empêche de tomber enceinte. Je voudrais le retirer de façon à essayer d'avoir un autre bébé, sauf que mon entourage refuse que j'aille voir un médecin parce qu'on ne veut pas que j'aie des enfants. D'autres enfants. »

Malgré les rumeurs selon lesquelles elle voulait uniquement que son père ne soit plus son tuteur, Britney déclarait à la juge Brenda Penny de la cour supérieure du comté de Los Angeles : « Je rêve de ne plus vivre dans ces conditions, c'est mon désir. » Ce terrible exposé terminé, la juge répondait : « Je tiens à vous préciser que je suis sensible à tout ce que vous venez d'évoquer, à ce que vous ressentez, j'ai bien conscience qu'il vous a fallu beaucoup de courage pour dire ce que vous nous avez dit aujourd'hui. Je tiens à ce que vous sachiez combien la cour apprécie votre démarche en faisant état de votre ressenti. »

Le public et les journalistes ont également réagi avec bienveillance. Britney faisait partie de leur vie depuis si longtemps qu'ils s'étaient attachés à elle et que son témoignage les accablait. Adam White, de l'*Independent*, a raconté avoir été présent lors d'un concert à Londres durant lequel Britney avait expliqué ce qui lui avait été imposé. « Quand j'ai entendu les mots de Britney retransmis en streaming sur Internet, j'ai immédiatement repensé à ce concert donné à l'O2 Arena, écrivait-il. Des milliers de spectateurs se bousculaient dans la salle et chantaient ses tubes en chœur en agitant des bâtons fluos. Peu d'entre eux se sont posé la question que tout le monde aurait dû se poser. »

Des amis comme d'autres vedettes du show-biz se sont exprimés à la suite de la confession de Britney, à commencer par Justin Timberlake. « Après ce qu'on a vu aujourd'hui, on devrait tous apporter notre soutien à Britney, a-t-il écrit sur Twitter. Indépendamment des bons et des mauvais souvenirs, de ce qui s'est passé il y a longtemps, ce qui lui arrive n'est pas normal. Aucune femme ne devrait être privée du droit de décider de son propre corps. »

Madonna a publié sur le Net une photo d'elle avec un t-shirt au nom de Spears, accompagnée d'un post : « Rendez sa vie à cette femme. Mort au patriarcat cupide qui impose ça aux femmes depuis des siècles. Britney, on va te sortir de prison ! » Au même moment, la grande rivale supposée de Britney, Christina Aguilera, envoyait le tweet suivant : « Les jours derniers, j'ai pensé à Britney et à tout ce qu'elle subit. Il est inacceptable qu'une femme quelle qu'elle soit, que n'importe quel être humain ne soit pas autorisé à mener l'existence qu'il veut s'il a le désir de prendre en main son propre destin. » Ariana Grande, quant à elle, laissait un commentaire sur le compte Instagram de Britney : « Sache qu'on t'aime et qu'on te soutient. »

Une semaine plus tard, à la lumière du témoignage bouleversant de Britney, la société de gestion de fortune Bessemer Trust renonçait à exercer sa tutelle. « Le requérant a pris conscience que la personne placée sous tutelle remettait en cause cette dernière et désirait y mettre un terme, précisait la requête adressée à la cour. Le requérant a pris note de la position de la personne placée sous tutelle dont il accepte les souhaits. »

Jamie s'est trouvé en position délicate lorsque le *New York Times* a publié des documents confidentiels inédits indiquant qu'il contrôlait le quotidien de sa fille au point de choisir lui-même la couleur de ses placards de cuisine. L'article concerné révélait que si Britney n'avait jamais évoqué sa situation publiquement jusque-là, elle en parlait en coulisses depuis quelque temps. Dès 2016, elle s'était plainte auprès d'un enquêteur nommé par la cour d'en avoir « assez qu'on profite d'elle », estimant que c'était « elle qui travaillait et gagnait de l'argent servant à rémunérer tout son entourage », ainsi que le précisait l'article.

Elle avait également informé l'enquêteur de son désir de ne plus se trouver sous tutelle, apparemment au prétexte que son père était « obsédé » par l'idée de l'avoir sous son autorité. « Elle argue du fait que sa mise sous tutelle est devenue une forme d'oppression, un outil pour la surveiller », écrivait l'enquêteur, ajoutant que Britney lui avait dit : « Je suis trop surveillée. Bien trop ! » L'article du *New York Times* citait certains documents selon lesquels Britney avait des problèmes avec son père depuis l'audience de tutelle de 2014, précisant qu'à l'alcoolisme de Jamie s'ajoutait « une longue liste » de doléances. Le *New York Times* expliquait qu'elle tentait de mettre un terme à sa mise sous tutelle au moins depuis le milieu des années 2010. Autant de révélations explosives au moment où Britney en avait le plus besoin.

Les détails fournis par l'article venaient battre en brèche les affirmations de Jamie selon lesquelles sa fille avait toujours été libre de mettre un terme à sa tutelle si elle le souhaitait. À en croire les propos de l'avocate de Jamie, Vivian Lee Thoreen, tels que les rapportait le magazine *People*, il lui suffisait de « s'adresser à son avocat et d'introduire une requête auprès de la cour, un droit dont elle dispose depuis le début et qu'elle n'a jamais voulu exercer. Britney sait que son papa l'aime, qu'il sera toujours là pour elle en cas de besoin, comme il l'a toujours été, tutelle ou pas».

L'opinion publique avait cependant pris fait et cause pour Britney. L'affaire faisait la une des médias. De façon sans doute inévitable, le cynisme de certains cédait peu à peu la place au complotisme. Plusieurs commentateurs ont laissé entendre que les parties adverses s'étaient entendues entre elles pour que l'affaire traîne en longueur, dans le seul but de maintenir Britney au cœur de l'actualité alors que la plupart des stars de sa génération étaient oubliées depuis longtemps.

Mais comment souscrire à une telle thèse après le témoignage de Britney devant la cour? Tous ceux qui l'avaient entendu en avaient été marqués. L'avocat de Jamie, s'exprimant au nom de son client devant la juge, le reconnaissait lui-même: «Il est désolé de voir sa fille souffrir autant.»

11

C'EST À ELLE DE DÉCIDER

En 2021, alors que l'épidémie de Covid-19 s'éternisait, certains acteurs de l'industrie discographique ont mis à profit cette parenthèse pour réfléchir. L'avenir de Britney faisait l'objet de toutes les attentions, la pression sur la justice était à son paroxysme. Au même moment, d'autres murmures de mécontentement se faisaient entendre. En Angleterre, plusieurs anciens candidats à l'émission « The X Factor » se plaignaient de la façon dont ils avaient été traités par la production. Rebecca Ferguson, Jedward, Lloyd Daniels et Cher Lloyd faisaient partie de ceux qui avaient décidé de parler. Ferguson allait jusqu'à demander une enquête parlementaire afin de dénoncer les dérives de la pop au Royaume-Uni. De l'autre côté de l'Atlantique, les magnats de l'industrie musicale américaine s'inquiétaient de voir leurs propres stars se révolter.

La demande de justice au nom de Britney se faisait toujours plus forte. Une lumière est apparue au bout du tunnel en juillet 2021 lorsque la juge Penny a accordé à Britney le droit de choisir elle-même son avocat. Il s'agissait d'une victoire majeure pour la chanteuse qui a porté son choix sur l'ancien procureur fédéral Mathew Rosengart. La crédibilité de ce dernier ne constituait pas un atout négligeable, mais la symbolique de ce geste était plus cruciale encore. Un témoin a rapporté au magazine *Page Six* que Rosengart avait eu de « nombreuses conversations » avec Britney, ajoutant : « Il se tient informé de l'affaire depuis un certain temps et le témoignage [de la chanteuse] l'a marqué. »

Rosengart a démarré en fanfare en demandant le réexamen de toute la procédure de tutelle, exigeant que Jamie soit immédiatement déchargé de son rôle de tuteur. En août, lorsque le père de Britney a déclaré qu'il se retirerait « le moment venu », on a compris que le dénouement était proche. Le communiqué officiel précisait « son intention de travailler main dans la main avec la cour et le nouveau défenseur de sa fille afin de préparer l'arrivée d'un autre tuteur ». Il ne s'agissait pas de la victoire à laquelle aspirait Britney, mais c'était une avancée importante, et le début de la fin.

En septembre 2021, les conseils de Jamie ont introduit une requête auprès de la cour supérieure de Los Angeles en annonçant son retrait. Les documents officiels mentionnaient « le plaidoyer passionné » délivré par Britney face à la cour à deux reprises, en juin et en juillet. « Ainsi que l'a dit et répété M. Spears, il ne veut que le bien de sa fille, affirmait le document. Si Mme Spears souhaite mettre un terme à sa tutelle en s'estimant capable de gérer sa propre vie, M. Spears estime qu'il doit lui accorder cette possibilité. »

Lors d'une déclaration à l'*Independent*, l'avocat de Britney considérait cette position de façon moins conciliante et plus cynique. « Ses abus, tout comme sa volonté indue de prendre sa fille en otage afin de négocier un accord portant sur plusieurs millions de dollars ayant été mis au jour, déclarait Rosengart, M. Spears accepte sa défaite. »

L'homme de loi considérait la reddition de Jamie comme une « victoire juridique majeure » pour sa cliente tout en précisant que ses équipes continuaient d'enquêter sur « la mauvaise gestion financière comme sur les autres questions ». Il estimait que « M. Spears s'imagine être dispensé de rendre des comptes à la justice et de déposer sous serment ». Il annonçait également son intention d'« examiner sa requête, envoyée aux médias de façon tout à fait inappropriée avant même d'avoir été transmise à la partie adverse, et de continuer à explorer toutes les possibilités ».

Le 29 septembre 2021, Jamie était officiellement déchu de son tutorat. « La situation actuelle n'est pas tenable », déclarait la juge Penny après avoir entendu les arguments des deux parties. Faisant allusion, peut-être inconsciemment, à l'un des plus grands succès de Britney, la juge ajoutait que cette tutelle « est le reflet d'un environnement toxique ».

De nouvelles révélations continuaient d'arriver. Une suite au documentaire *Framing Britney Spears*, intitulée *Controlling Britney Spears*, voyait le jour au même moment. Elle contenait un certain nombre d'allégations, en particulier la présence, dans la chambre de Britney, de matériel de surveillance permettant d'écouter ses conversations. Il semble aussi que Jamie ait eu accès aux appels et aux messages de Britney. L'avocat de cette dernière accusait son père « d'ingérence monstrueuse et inadmissible dans la vie privée de sa fille adulte », et exigeait la cessation immédiate de sa tutelle. Le conseil de Jamie rétorquait que Britney et son représentant avaient toujours été au courant de cette surveillance.

Un comptable, appelé John Zabel, était alors nommé tuteur provisoire de la fortune de Britney, estimée à 60 millions de dollars, conformément à une requête introduite par Britney. Jodi Montgomery restait dans l'intervalle la tutrice de sa personne.

Le moment tant attendu par Britney est survenu en novembre lorsque la juge Penny a mis fin à la tutelle de Britney, ainsi que l'avait demandé celle-ci. Aucune des parties n'a cherché à contester cette décision. « La cour décide que le placement sous tutelle de la personne et du patrimoine de Britney Jean Spears n'est plus nécessaire », déclarait la juge lors d'une audience dans l'après-midi. Elle ajoutait que toute évaluation psychologique de Britney était désormais inutile. La juge allait toutefois devoir rendre un jugement relatif au volet financier de l'affaire.

Une experte s'étonnait auprès du *New York Times* que la tutelle prenne fin sans qu'il soit procédé à une évaluation psychologique de Britney. « Quand on connaît son dossier et les problèmes mentaux dont elle a souffert, je suis choquée qu'on puisse mettre un terme à sa tutelle sans nouvelle évaluation psychiatrique, déclarait Victoria J. Haneman, professeure de droit à la Craighton University. Je ne doutais pas de l'issue du dossier, mais je n'aurais jamais imaginé qu'une telle décision intervienne aujourd'hui. »

Britney n'était pas présente au prononcé du jugement, mais elle s'était manifestée peu auparavant sur Internet. Dans une vidéo postée sur Instagram par son fiancé, Sam Asghari, on la voyait avec un t-shirt #FREEBRITNEY sur lequel était imprimé le slogan « Mouvement de défense des droits humains », sa chanson « Work Bitch » en sourdine derrière elle. « Cette semaine sera drôlement intéressante pour moi ! avait-elle écrit en accompagnement de la vidéo. Je n'ai jamais autant prié de ma vie ! »

L'annonce de cette décision de justice a été source d'espoir et de joie pour Britney et ses soutiens. Paris Hilton écrivait sur Twitter : « Je suis si heureuse de cette nouvelle. Ça faisait si longtemps qu'on attendait, je suis vraiment contente de savoir que Britney sera bientôt entièrement libre. Avec tout mon amour ! »

De son côté, l'intéressée célébrait elle-même la nouvelle sur son compte Instagram en disant qu'il s'agissait du « plus beau jour de [s]a vie » avant d'ajouter à l'intention de ses trente-cinq millions de followers : « Je crois que je vais pleurer. Un grand jour. Gloire au Seigneur. Amen, tout le monde !!! », le tout avec le hashtag #FreeBritney. Sur son compte Twitter, elle rendait hommage à tous les militants qui avaient fait campagne pour elle : « À tous ceux du mouvement #FreeBritney, je n'ai pas de mots. Grâce à vous tous, grâce à votre ténacité sans faille à me libérer de cette tutelle, ma vie va désormais dans la bonne direction !!!!! » Asghari n'était pas en reste sur Instagram. « C'est une page d'histoire qui s'écrit aujourd'hui. Britney est libre ! », déclarait-il avec une image du mot « LIBERTÉ ».

Les fans de Britney, massés devant le tribunal, étaient sur un nuage. Jason Rivera du Connecticut, trente et un ans, agitait un drapeau « LIBÉREZ BRITNEY ». Il a décrit la scène à la presse : « C'était bouleversant. On a assisté à une marée de cris et de larmes. C'était presque irréel ! Je ne suis pas quelqu'un qui pleure en public, alors j'ai ravalé mes larmes. C'est incroyable de participer à un tel événement qui vous dépasse. »

Joshua Duran, un Californien de vingt-neuf ans venu avec sa mère de cinquante et un ans, déclarait que la décision de la cour était « un poids en moins pour tout le monde ». Il ajoutait : « On le sentait très bien dans la foule. Tout le monde hurlait de joie. C'est une immense victoire pour Britney, mais aussi pour tous ceux qui se trouvent sous tutelle. »

Mathew Rosengart, l'avocat de Britney, s'est adressé à la foule en sortant du tribunal : « James P. Spears a dévoyé cette tutelle. Comme nous le savons tous, il est établi que James P. Spears s'est approprié entre 3 et 4 millions de dollars, en plus du salaire qu'il exigeait. Il prélevait un pourcentage sur tout ce qu'a pu gagner sa fille à Las Vegas et ailleurs. » Il rendait également hommage au « courage » de Britney tout au long des audiences, exprimant sa fierté qu'elle ait attiré l'attention du grand public « sur la question des tutelles, de l'État de Californie à celui de New York ». Il ajoutait que grâce au témoignage de Britney, de nouvelles lois avaient été promulguées, « pour s'assurer que des procédures de tutelle de ce genre ne puissent plus jamais exister ».

La prise de conscience des problèmes soulevés par l'affaire Britney Spears a effectivement contribué à une modification de la loi américaine. En 2021, la Chambre des représentants a examiné la loi FREE (Freedom and Right to Emancipate from Exploitation)[1]. Le texte de loi prévoyait de « permettre à toute personne placée sous tutelle d'exiger qu'un tuteur désigné par la justice puisse être remplacé par un tuteur officiel, un membre de la famille ou toute personne privée, sans qu'il soit besoin de prouver l'existence d'abus ».

L'un des auteurs de cette loi a déclaré : « Les tutelles abusives relèvent parfois du cauchemar. De façon tragique, nous ne savons pas exactement combien de personnes sont aujourd'hui retenues contre leur gré du fait d'un système inadapté. » Pourtant, ainsi que l'a souligné Otter Bickerdike dans son livre *Being Britney*, de nombreux défenseurs du mouvement #FreeBritney se sont élevés contre la nouvelle loi, estimant qu'elle conduirait à l'explosion du nombre des tuteurs professionnels sans que cela remette en cause le principe même des tutelles abusives.

1. Liberté et droit d'émancipation de toute forme d'exploitation.

Lorsqu'il a été demandé à Rosengart, à sa sortie du tribunal, si Britney remonterait un jour sur scène, il a répondu que, pour la première fois depuis très longtemps, c'était « à elle de décider ».

12

NOUVEAU DÉPART

Le jour où Sam Asghari a voulu demander Britney en mariage, il a soigneusement veillé à préserver son secret. Il s'est contenté de demander à ses sœurs et à une amie de l'aider à choisir la bague. « Connaissant sa simplicité, je me suis dit qu'elle n'aurait pas envie d'un événement digne d'une superstar, a-t-il raconté par la suite. En pareil cas, le fiancé sort une bague à un million de dollars qui ne lui coûte souvent rien car le bijoutier la lui donne pour faire sa pub, mais je voulais une bague qui ait un sens. Je voulais une bague qui vienne du cœur, et je ne voulais pas l'acheter chez un grand bijoutier. Je voulais m'adresser à une grande firme, mais à condition qu'elle soit d'accord pour fabriquer ce que je voulais. » À savoir, de son propre aveu, « une très belle bague, digne d'une princesse, pour quelqu'un qui est une princesse dans la vraie vie ».

Asghari a fait graver le mot « Lionne » à l'intérieur de la bague. « J'ai eu cette idée parce que les lions mâles, en dépit de leur paresse, sont considérés comme les rois de la jungle, a-t-il expliqué. Or ce n'est pas vrai. C'est en fait la femelle qui règne sur la jungle, elle est forte et indépendante. En plus, le mot "lionne" est beau, ça m'est venu comme ça. » En dehors du choix de la bague, Asghari a agi seul, dans le plus grand secret. « Pour être honnête, je n'en ai parlé à personne. Je ne voulais pas que quiconque s'en mêle, ça ne regardait qu'elle et moi. » Il a fait sa déclaration chez eux. « Je n'ai pas filmé la scène, ce sera un souvenir qui n'appartiendra qu'à nous », a-t-il précisé. On sait juste que, sur le moment, Britney a cru qu'il voulait lui offrir un chiot.

Asghari a ensuite relayé l'information sur les réseaux sociaux dans le seul but de confirmer au public que le couple souhaitait se marier. « Notre vie est un vrai conte de fées », écrivait-il sous une photo sur laquelle on les voyait s'embrasser, Britney tendant son annulaire vers l'objectif. « Bonne fête des Mères à toi, ma future reine », ajoutait Asghari.

De façon symbolique, Britney a célébré une nouvelle fois la fin de sa tutelle, au mois d'avril 2022, en annonçant qu'elle attendait un bébé. Dans un post sur Instagram, elle avouait avoir fait un test à force d'entendre Asghari se moquer régulièrement de ses « fringales de grossesse ». Au cours des mois précédents, elle avait déjà annoncé son intention de « fonder une famille » avec son compagnon. Elle ajoutait cette fois : « J'avais perdu beaucoup de poids pour aller à Maui, et voilà que je grossissais à nouveau. J'en arrivais à me demander ce qui m'arrivait. Mon mari m'a dit : "Mais non, ce sont des fringales de grossesse !" Alors j'ai acheté un test et… voilà… je vais avoir un bébé. Quatre jours plus tard, j'avais une nouvelle fringale, comme quoi le bébé grandit !!! »

Cet événement a rappelé à Britney les soucis qu'elle avait connus précédemment : « J'ai souffert de dépression périnatale par le passé. C'est un truc horrible. Les femmes n'en parlaient pas à l'époque, beaucoup de gens pensaient que les femmes qui ont un bébé dans le ventre ne doivent pas se plaindre. De nos jours, les femmes n'hésitent plus à aborder le problème, grâce à Dieu, nous ne sommes plus obligées de garder notre souffrance pour nous. » Elle concluait sur une note plus positive : « Cette fois, je compte faire du yoga tous les jours !!! Manifester ma joie et mon amour !!! » Il serait pourtant exagéré de dire que Britney ne s'inquiète pas du tout. Une semaine après avoir révélé sa grossesse, elle signalait à ses fans sur Instagram sa « peur de mettre au monde un bébé, surtout en Amérique ».

Kevin Federline n'a pas tardé à lui envoyer tous ses vœux de bonheur par le biais de son avocat : « Kevin a pris connaissance de la déclaration de Britney sur Instagram. Il lui souhaite une grossesse heureuse et la félicite, ainsi que Sam Asghari, de bientôt devenir parents. » Le lendemain, Britney dévoilait son « petit ventre » dans un nouveau post : « J'ai vraiment un petit ventre, mais je peux encore enfiler mes pantalons. Plus pour longtemps !!! » Elle ajoutait dans un post-scriptum : « Si vous vous demandez pourquoi j'ai l'air aussi mince devant cette porte [sur la vidéo], on s'est dit que c'était sans doute l'angle de prise de vue. »

Lors d'un entretien avec Mario Lopez dans l'émission « Access Daily », Asghari a précisé qu'il laissait à Britney le soin d'annoncer elle-même le sexe du bébé : « C'est à elle de décider, je ne veux pas le savoir. Je préfère avoir la surprise. Si c'est une fille, ce sera la princesse la plus gâtée de la planète. Si c'est un garçon, ce sera le fils le plus dur de la planète. »

Quelques semaines plus tard, Britney procédait à une nouvelle annonce, moins spectaculaire cette fois : « Je compte rester à l'écart des réseaux sociaux pendant un petit moment !!! écrivait-elle le 24 avril sur Instagram. Je vous envoie plein de bisous, que Dieu vous bénisse. » De façon humoristique, elle illustrait son message avec un bébé dans un fauteuil, des lunettes de soleil en forme de cœurs sur le nez et des bigoudis roses dans les cheveux.

Son retour sur Instagram quelques semaines plus tard a choqué ses fans qui lui ont demandé de ne plus poster de photos d'elle nue. En l'espace de cinq heures, elle avait publié à trois reprises sur son compte des photos tirées d'une même série. Le premier des posts était accompagné de la légende suivante : « Des photos de mon dernier séjour au Mexique AVANT d'avoir un bébé dans le ventre. Je me demande bien pourquoi j'ai l'air d'avoir dix ans de moins quand je suis en vacances. » On la voyait sur six clichés différents, en plus ou moins gros plan. Elle cachait ses seins avec ses mains et son sexe avec l'emoji d'un cœur rose. L'un de ses followers a aussitôt réagi : « On n'a pas besoin de voir ce genre de truc, surtout cinq fois de suite. » Un autre écrivait de façon similaire : « Tu pourrais avoir un peu plus de respect pour toi-même comme pour tes enfants », suivi par un troisième : « À quoi tu joues, arrête », puis un quatrième : « Oh non, Britney, pas ça ».

Cet épisode somme toute anodin est bien la preuve que la plupart des fans de Britney se montrent très protecteurs avec elle, surtout après avoir constaté combien elle était vulnérable pendant tant d'années. Sa mise sous tutelle leur a montré qu'ils devaient surveiller de près leur idole fragile. De l'avis de Jo Hemmings, une psychologue consultée par la rubrique Femail du *Daily Mail*, ce type de comportement est assez courant :

> *Au terme d'une période de surveillance forcée, qu'il s'agisse d'un conjoint abusif ou d'une mise sous tutelle, les gens sont susceptibles de réagir de deux façons différentes : soit ils prennent des risques inconsidérés en abusant de leur liberté toute neuve, de façon à rattraper le*

« temps perdu », soit ils peinent à échapper à l'emprise dont ils ont souffert, au point de se lancer dans une autre relation qui leur donnera un sentiment de sécurité artificiel.

Le couple a fait à nouveau parler de lui peu après, avec nettement moins d'insouciance. Britney annonçait ainsi avoir perdu son « bébé miracle tôt dans la grossesse ». Elle déclarait sur Instagram que son compagnon et elle auraient « peut-être » été mieux inspirés d'attendre « un peu plus longtemps » avant de dire qu'elle était enceinte. Elle partageait la nouvelle de sa fausse couche « avec beaucoup de tristesse ». Le couple déclarait : « Notre amour est notre force », ajoutant que c'était « un événement bouleversant pour n'importe quel parent ». Britney et Sam précisaient toutefois leur intention de « continuer à vouloir agrandir notre belle famille ».

Britney a fait preuve d'un regain d'activité sur Instagram à cette époque. Quelques jours plus tard, elle publiait une vidéo sur laquelle on la voyait danser en écoutant « Halo » de Beyoncé, accompagnée du commentaire : « Je traverse une période particulière en ce moment. La musique m'aide à enrichir mon regard et ma perspective. »

Dans un montage de son séjour au Mexique, on la découvrait avec une petite fille dans les bras, à qui elle faisait un bisou. La légende précisait qu'elle était « tombée raide amoureuse » de la petite. On la voyait également en bikini, et même seins nus sur une plage en compagnie de son fiancé. Un autre post plus grave a suivi : « Mon père m'a appris à être gentille au premier abord car on a toujours le loisir de se comporter durement par la suite. Mais une fois que vous l'avez fait, les autres ne croiront plus jamais à votre gentillesse. Le mieux est d'être gentil, très gentil, avant d'arrêter le jour venu et de détruire les autres. »

Dans un entretien accordé un peu plus tard à *GQ*, Asghari évoquait la fausse couche de façon positive, faisant appel à sa spiritualité. Lorsque son interlocuteur lui a rétorqué que c'était la meilleure façon de guérir d'un traumatisme, Asghari a répondu : « Oui, on est positifs. Ça arrive à beaucoup de gens. On m'a dit un truc très beau : le bébé arrive toujours quand il est prêt. C'est un processus normal, le corps de la femme est extraordinaire, le corps humain en général est si extraordinaire qu'il se guérit tout seul. Quand le bébé arrive, c'est que c'est le bon moment. »

Un mois plus tard, des fans s'inquiétaient de voir Britney poster des photos d'elle qu'elle avait déjà envoyées quelques semaines plus tôt. Ils en arrivaient à se demander si son compte Instagram n'était pas géré par quelqu'un d'autre, et si elle n'était pas malade.

Ces soupçons n'ont fait que grandir lorsque Lance Bass, un ancien membre du boys band *NSYNC, a évoqué au magazine *Page Six* sa conviction que Britney n'était pas entièrement libérée de sa tutelle. Il ajoutait qu'il n'avait jamais pu la joindre depuis la décision de la cour en novembre 2021, malgré tous ses efforts. « Je n'ai jamais réussi. C'est comme s'il y avait un mur autour d'elle. Pour une raison qui m'échappe, ces gens ne veulent pas que ses anciens amis occupent la moindre place dans sa vie. »

Britney et Asghari ont officialisé leur relation en se mariant le jeudi 9 juin 2022 dans leur maison de Thousand Oaks, à Los Angeles. Cette cérémonie privée en forme de conte de fées vient clore ce livre sur une note heureuse.

En prévision de ce grand jour, le couple s'était adressé à Jeffrey Best de l'agence Best Events, spécialiste des événements réservés aux stars. « On voulait à la fois que ce soit intime et merveilleux pour nos familles et nos amis, s'est confiée Britney à *Vogue*. On avait envie de couleurs chaleureuses et féminines. » La maquilleuse Charlotte Tilbury a évoqué la « beauté naturelle de Britney » et ses « grands yeux bruns ». La parure de la mariée était ornée de soixante-quatre carats de pierres précieuses fournies par Stephanie Gottlieb, la bijoutière des stars. Britney portait notamment un diamant rond et des pendants ovales, un tour du cou orné d'un diamant en forme de cœur, et un bracelet en diamants.

Elle avait choisi une robe sur mesure Versace fendue sur le côté et un voile traditionnel bordé de satin. Asghari brillait dans un smoking également commandé à Versace. Britney avait choisi une double alliance pour compléter sa bague de fiançailles et Asghari portait aussi un double anneau de platine. Devant l'entrée de la maison, recouverte de roses blanches et roses pour l'occasion, se trouvait une calèche tirée par un cheval blanc à sabots d'or. « Personne n'a conduit Britney jusqu'à l'autel. Elle était resplendissante dans sa robe blanche, a rapporté un témoin au magazine *Elle*. Elle a versé quelques larmes et passé une soirée merveilleuse. Elle qui voulait un mariage de conte de fées a été comblée. »

La liste des invités, très restreinte, n'en était pas moins brillante puisqu'il y avait là Madonna, Selena Gomez, Drew Barrymore, Kathy Hilton, Maria Menounos, Ansel Elgort, will.i.am, le manager de Britney, Cade Hudson, et Donatella Versace. Paris Hilton, pour ne pas rater l'événement, avait refusé l'invitation du président Joe Biden, ce dernier ayant souhaité qu'elle assure le rôle de DJ le même soir au dîner du Sommet des Amériques à la Villa Getty.

La cérémonie, longue d'une dizaine de minutes seulement, s'est déroulée sous une tente mauve. Les formalités achevées, Britney a remercié ses invités de leur présence en enfilant pas moins de trois tenues différentes, toutes signées Versace : une minirobe noire, un ensemble bicolore, et enfin une minirobe rouge. Le couple a sacrifié à la tradition en découpant le gâteau, une création vanille-fraise.

À défaut d'ouvrir le bal, Britney et Sam ont dansé avec leurs amis sur une playlist préparée par DJ Albert. Le clou de la soirée aura sans nul doute été le moment où Selena Gomez, Madonna et Britney ont tournoyé sur son tube « Toxic », avant que Britney ne chante en duo avec Paris Hilton la chanson « Stars Are Blind » de cette dernière. L'atmosphère est restée joyeuse tout au long de la soirée. Madonna et Britney ont même réédité le baiser qu'elles avaient partagé le soir des MTV Music Awards, en 2003. Britney a expliqué par la suite qu'elle portait ce soir-là un string orné de diamants. La fête terminée, les jeunes mariés se sont éclipsés triomphalement à 22 h 15 à bord d'une Rolls-Royce, suivis par leurs invités armés de cierges magiques.

Le représentant d'Asghari, Brandon Cohen, a confirmé le bon déroulement du mariage aux médias : « Je suis ravi que ce jour soit arrivé, ils sont bel et bien mariés. Je sais qu'il le souhaitait depuis très longtemps. Il s'est toujours montré attentionné et solidaire. » Britney, de son côté, partageait sa joie avec ses fans sur Instagram dans une série de posts : « Les contes de fées existent » « ON L'A FAIT !!! ON S'EST MARIÉS !!! Gééééniaal !!! », « La cérémonie s'est déroulée comme dans un rêve, la fête qui a suivi était encore mieux !!! Je suis encore sous le choc. »

Ses parents et sa sœur, Jamie Lynn, n'étaient pas présents, les affrontements liés à la tutelle ayant pesé sur les relations familiales au sein du clan Spears. Jamie Lynn a pourtant apporté son soutien à son aînée en likant les photos. Lynne a marqué son approbation de ce mariage, en commentant une photo du mariage sur laquelle on voyait la chanteuse et son nouveau mari s'embrasser sur un balcon : « Tu es radieuse et tu as l'air si heureuse ! Ton mariage est un mariage de "rêve" ! »

L'événement aurait pu tourner au cauchemar si Jason Alexander, le garçon que Britney avait épousé sur un coup de tête à Las Vegas, avait eu son mot à dire. Dans un direct sur Instagram, il s'est filmé dans les collines voisines comme pendant l'altercation qu'il a eue avec les agents de sécurité postés à l'entrée de la maison de la star à Thousand Oaks. On l'entendait hurler : « Je suis Jason Alexander ! Son premier mari ! J'ai décidé de m'inviter au mariage ! » Il est parvenu ensuite à s'introduire sous la tente où devait se dérouler la cérémonie quelques heures plus tard en criant : « C'est ma première et seule femme ! » Maîtrisé et immobilisé au sol, il a été inculpé de violation de domicile, de vandalisme et de coups et blessures. Quelques jours plus tard, un témoin déclarait au magazine *Page Six* : « Britney est secouée par l'incident, mais elle ne veut pas se laisser impressionner. Tout le monde est sain et sauf, heureusement, Jason n'est plus sur place. »

Britney n'a toutefois pas l'intention de pardonner à son ex, ainsi que l'a expliqué son avocat à *Page Six* : « Alexander a été incarcéré, conformément à la loi. Je tiens à remercier le sergent Cyrus Zadeh, l'inspecteur Ken Michaelson ainsi que le bureau du shérif du comté pour leur rapidité et leur efficacité, précisait Rosengart. Je serai heureux de collaborer avec les autorités pour qu'Alexander soit jugé et, espérons-le, condamné comme il le mérite. »

À en croire l'inculpation dont *Page Six* a réussi à se procurer un exemplaire, Alexander s'est rendu coupable de « violation de domicile répétée », ayant été avisé qu'il

« n'était pas le bienvenu ». Le magazine en ligne expliquait qu'Alexander était armé d'un couteau au moment de son arrestation. Lors de son procès, il a plaidé non coupable de toutes les charges retenues contre lui. D'après CNN, la police s'est aperçue en l'arrêtant qu'il était recherché pour vol dans le comté de Napa.

À bien des égards, le mariage de Britney résume à lui seul son parcours. En voulant réaliser son rêve, la chanteuse a pu s'apercevoir que le succès avait un prix. L'intrusion de Jason Alexander ce jour-là est une métaphore du rôle joué dans sa vie par les paparazzi comme par tous ceux qui ont fait une obsession sur elle depuis son plus jeune âge.

L'absence de sa famille le jour du mariage est le symbole de sa mise sous tutelle, un épisode qui la marquera durablement. En juin 2022, *Entertainment Tonight* a fait état de documents officiels selon lesquels Jamie souhaiterait obliger sa fille à déposer officiellement devant la justice. Il semble que Britney refuse de témoigner, car elle aurait signé un contrat de 15 millions de dollars pour consacrer un livre à des événements qu'elle ne souhaite pas évoquer devant un juge.

Les avocats de Jamie, citant les commentaires de Britney sur Instagram, pointent du doigt cette contradiction : « Britney accepte de parler publiquement des problèmes qu'elle évoque (notamment pour toucher un chèque de 15 millions de dollars), alors qu'elle trouve dans le même temps "trop pesante" l'action en justice lancée par son conseil, ce qui est ridicule. » Quant à Lynne, elle a voulu se montrer plus conciliante, malgré le passif qui l'oppose à sa fille. Lorsque des journalistes lui ont demandé comment elle avait réagi en apprenant que sa fille ne la conviait pas à son mariage, elle a répondu : « Je ne veux que son bonheur. »

De façon compréhensible, la réconciliation sera difficile. En juillet 2022, Britney a accusé sa mère d'avoir contribué à sa mise sous tutelle. « Tu as abusé de moi », lui a reproché Britney sur Instagram. Elle répondait à Lynne, celle-ci s'étant défendue lorsque Britney l'accusait de ne pas lui avoir envoyé le moindre SMS lors de son séjour dans un établissement psychiatrique en 2019. Lynne affirmait que Britney ne « disait pas tout ».

Les fans de la chanteuse attendent la publication de ses mémoires avec impatience. Il semble qu'elle prenne désormais le temps de respirer et d'envisager la suite de sa carrière, au lieu d'être esclave d'un projet éditorial purement lucratif.

Britney était âgée de huit semaines lorsque son nom est apparu pour la première fois dans un journal. À deux ans, elle prenait ses premières leçons de danse et donnait son premier concert à quatre. Elle a toujours brûlé les étapes pendant que d'autres décidaient pour elle. On comprend que ses fans soient désireux de voir leur idole retourner en studio et remonter sur scène, mais tous ceux qui prennent vraiment à cœur son intérêt se réjouiront qu'elle puisse enfin s'accorder une pause.

Comme le disait l'avocat de Britney le jour où sa tutelle était enfin levée : « C'est à elle de décider. »

ÉPILOGUE

« Mon histoire. Avec mes mots. Enfin. »

Le 24 octobre 2023, *La Femme en moi*, l'autobiographie de Britney tant attendue, paraît simultanément dans vingt-six pays. Partout en vitrine, la star s'affiche en noir et blanc, de profil, ses mains couvrant ses seins nus. Vendu en quelques semaines à plus d'un million d'exemplaires dans le monde, cet ouvrage est l'un des plus grands événements éditoriaux de l'année. Sur les réseaux sociaux, Britney a aussitôt remercié ses fans pour leur soutien. Après avoir sauvé leur idole en alertant l'opinion sur les abus qu'elle subissait, ils font de ses confessions un succès retentissant.

À l'heure où la mythologie pop est relue au prisme du féminisme, l'histoire de Britney, qui tend à l'Amérique un miroir inquiétant, a déjà un retentissement considérable. La presse internationale salue son courage. Avec esprit, humour et sans fard, Britney Spears met en lumière dans ses mémoires le pouvoir indéfectible de la musique et de l'amour, ainsi que l'importance, pour une femme, de se réapproprier son histoire. Elle nous offre un récit sans concession sur la façon de reprendre le contrôle de sa propre vie.

Sous haute surveillance

Elle se souvient du jour où son père lui a dit : « À partir de maintenant, Britney Spears, c'est moi. C'est donc moi qui décide. Toi, tu t'assieds là et tu attends que je te dise quoi faire. »

Son père et la compagne de celui-ci, Louise « Lou » Taylor, ont joué un rôle déterminant dans sa privation de liberté. Britney a vite compris que leur motivation principale était de nature financière. « En temps normal, la mise sous tutelle est réservée aux personnes qui ont perdu la raison, qui ne peuvent plus rien accomplir. Mais moi, j'étais fonctionnelle. Je faisais gagner beaucoup d'argent à beaucoup de gens, en particulier à mon père. À un moment, j'ai découvert qu'il se payait mieux qu'il ne me payait moi. Il s'est octroyé plus de 6 millions de dollars, et d'autres proches ont reçu des millions de dollars pour rien. Il avait mis en place deux formes de tutelles : l'une sur ma personne, l'autre sur mon patrimoine. Il avait le droit de choisir où je vivais, ce que je mangeais, si je pouvais conduire ma voiture ou pas… Je suis convaincue que tout cela avait été planifié, et que mon père, ma mère et Lou Taylor étaient tous impliqués… Ce qui est sûr, c'est que mon père et l'employé de Lou, Robin Greenhill, surveillaient le moindre de mes faits et gestes… Ils me traitaient comme une criminelle ou une prédatrice. »

Des conditions de tutelle dégradantes

Britney décrit en détail sa vie quotidienne sous contrôle. Ils décidaient des lieux où elle pouvait se rendre et des personnes qu'elle pouvait rencontrer. Ils avaient installé le contrôle parental sur son iPhone. Ses moindres gestes étaient scrutés. « Je me couchais tôt, puis je me réveillais et j'obéissais aux ordres. Encore, et encore, et encore. C'était comme dans le film *Un jour sans fin*, et ça a duré treize ans. » Sa vie amoureuse était également concernée. « Les rares fois où je sortais, l'équipe de sécurité fouillait la maison avant mon arrivée pour s'assurer qu'il n'y avait pas d'alcool, ni de drogue, ni même de médicaments. Avant un rendez-vous avec un homme, Robin Greenhill lui disait tout de mes antécédents médicaux et sexuels. Oui, oui, avant même le premier rendez-vous. C'était si humiliant… » Elle recevait une allocation restreinte, et se souvient d'un soir où elle n'a pas pu offrir à dîner à ses choristes. « J'ai essayé de payer l'addition pour tout le monde, elle s'élevait à 1 000 dollars. Mon paiement a été refusé. Je n'avais pas assez d'argent sur mon compte "allocation". »

En 2017, alors que Britney préparait une résidence à Las Vegas, les conditions de sa mise sous tutelle se sont aggravées. La star s'est opposée à certaines des nouvelles chorégraphies du spectacle *Domination* et, pour la réprimander, son père l'a forcée à se rendre en cure de désintoxication. « Ils m'ont enfermée contre mon gré pendant des mois. Je ne pouvais pas sortir. Je ne pouvais pas conduire. Je devais faire une prise de sang chaque semaine. Je ne pouvais pas prendre de bain en privé. » C'est là qu'elle a été mise sous lithium, « un médicament dangereux, dont je ne voulais pas et dont je n'avais pas besoin, car il rend extrêmement lent et léthargique. Sous lithium, je ne savais plus où j'étais, ni même parfois qui j'étais ».

Britney s'est sentie trahie par son père et par le reste de sa famille : « J'avais peur qu'ils essaient de me tuer. » Sa mère et sa sœur ont écrit des livres à son sujet alors qu'elle était au plus bas, gagnant beaucoup d'argent à son détriment. « Pendant que tout s'écroulait pour moi, ma mère rédigeait ses mémoires… Elle a raconté mes moindres erreurs à la télévision en faisant la promotion de son livre. Ce livre a été un gros succès pour elle, et tout cela à mes dépens. »

« Ils sont allés jusqu'à me voler ça »

Britney raconte que, pendant sa mise sous tutelle, son amour de la musique et de la scène a commencé à s'estomper, en particulier lorsqu'elle a été contrainte de se produire contre son gré. « J'étais devenue un robot… Sur scène, j'étais davantage une entité qu'une personne. J'avais toujours senti la musique vibrer dans mes os et dans mon sang ; ils sont allés jusqu'à me voler ça. Je n'avais plus le cœur à enregistrer. Je n'avais plus d'étincelle en moi, j'en avais ma claque. » Elle tentera de saboter certains de ses propres concerts : « Je dansais de manière à ne pas bouger le moindre cheveu. Tous ceux qui se faisaient de l'argent sur mon dos voulaient voir mes cheveux bouger, je le savais très bien. En me retenant sur scène, j'essayais de me rebeller comme je le pouvais. »

Une reconnaissance infinie envers ses fans

Britney se souvient d'avoir appris l'existence du hashtag #FreeBritney alors qu'elle se trouvait dans un centre de désintoxication, en 2018. « L'une des infirmières, la seule qui était honnête, m'a dit de venir devant son ordinateur. Elle regardait un *talk show* où des femmes parlaient de moi et de ma mise sous tutelle. Ma connexion avec mes fans les a aidés à savoir que j'étais en danger. Les voir défiler dans les rues en scandant “Libérez Britney !” est la chose la plus incroyable que j'aie vue de ma vie. » Elle dit ressentir une gratitude infinie envers les personnes qui se sont mobilisées et sont parvenues à la sortir de cette emprise.

Au chapitre des bonnes fées, citons aussi Madonna et Paris Hilton, deux amies qui l'ont épaulée après chacune de ses ruptures, ainsi que le chanteur Elton John qui, à la fin de sa tutelle, lui a proposé de collaborer à une version modernisée de ton tube « Tiny Dancer ». Ils s'étaient rencontrés dix ans plus tôt lors d'une soirée des Oscars. Le disque est sorti le 26 août 2022.

La vérité sur sa famille

Britney, enfin libre de ses mouvements et de ses propos, a décidé de dévoiler ce qui était tu, ses proches ayant jusque-là défini les contours de l'histoire « officielle ».

De sa petite enfance dans le sud des États-Unis, elle se rappelle que les relations houleuses de ses parents empoisonnaient la vie de famille. Son père était alcoolique et coléreux, agressif quand il buvait. Il lui arrivait de disparaître plusieurs jours de suite. Les moments d'accalmie étaient rares. Britney s'est réfugiée dans la musique, seul moyen pour elle de s'évader. Très tôt, elle a imaginé échapper à sa famille et à son milieu en devenant une star. « Dès que j'étais seule, mon esprit était envahi par les problèmes et l'anxiété. La musique a mis fin à ce bruit de fond. Elle m'a donné confiance en moi et m'a permis de dire et de faire ce que je voulais. Le chant a créé un pont entre réalité et imaginaire, entre le monde dans lequel je vivais et celui dans lequel je voulais vivre. » Après des années d'efforts constants pour réussir dans le monde du spectacle (durant lesquelles elle a pu compter sur le soutien sans faille de sa mère), sa carrière débute. Quand elle commence à dominer les palmarès avec des titres comme « ...Baby One More Time » et « Oops!... I Did It Again », le monde du show-biz et la presse la considèrent comme un objet. « MTV m'a forcée à regarder des inconnus donner leur avis sur ma performance… Ils disaient que je m'habillais trop sexy et que je donnais un mauvais exemple à la jeunesse. Si j'étais sexy, ils avaient l'air de penser que j'étais forcément stupide. Pour eux, il était impossible d'être belle et talentueuse. »

Justin

Au fil des pages, Britney revient sur sa relation très médiatisée avec Justin Timberlake, au début des années 2000. Elle affirme qu'il lui était infidèle. « Justin m'a trompée plusieurs fois », écrit-elle, admettant l'avoir elle aussi trompé une fois, avec le danseur Wade Robson. Mais quand elle est tombée enceinte de Justin, leur relation a périclité. « C'était une surprise, mais pour moi c'était loin d'être une tragédie. Justin, en revanche, ne voulait pas de ce bébé. Il m'a dit que nous n'étions pas prêts, que nous étions trop jeunes… Alors j'ai accepté de ne pas le garder. L'avortement, c'est quelque chose que je n'aurais jamais pu choisir de moi-même, mais vu les circonstances c'est ce qu'on a décidé… Si ça n'avait tenu qu'à moi, je n'aurais jamais avorté. » Britney dévoile que Justin Timberlake a mis fin à leur relation peu de temps après, alors qu'elle était en plein tournage de la vidéo « Overprotected ». En lui envoyant un simple SMS de rupture… Puis, afin de favoriser le lancement de son premier single solo (« Cry me a River »), Justin laisse entendre qu'elle l'a trompé et qu'il est resté inconsolable… attirant ainsi la compassion de toutes ses fans. Cette manipulation de l'opinion vaudra à Britney reproches et marques d'inimitié, alors qu'elle souffre de leur rupture : « Quand il m'a quittée, j'étais anéantie. »

En quête de soutien, la jeune star se lie d'amitié avec Madonna. « La confiance qu'elle m'a accordée m'a aidée à changer de regard sur beaucoup de choses. J'étais perdue, j'avais besoin de conseils. Madonna m'a initiée à la Kabbale, puis elle m'a donné une malle pleine de livres pour que j'apprenne à prier. Elle m'a expliqué que je devais absolument prendre soin de mon âme, alors c'est ce que j'ai tenté de faire. Elle m'a montré à quel point elle était forte, et m'a servi de modèle. » Peu après, les deux artistes ont collaboré sur l'album *Me Against the Music.*

Dépression

Kevin Federline, à qui elle sera mariée de 2004 à 2007, deviendra obsédé par sa carrière, allant jusqu'à refuser de la voir pendant l'enregistrement de son album solo. « Lui et ses potes passaient leur temps à se défoncer, et j'avais l'impression d'être un obstacle. Je n'étais plus invitée à leurs fêtes. À mesure qu'il s'éloignait, je me disais que tous les couples mariés étaient peut-être comme ça… Kevin ne me voyait même plus, il faisait comme si je n'existais pas. J'ai vu la célébrité et l'argent ravager pas mal de gens. Et j'ai eu tout le loisir de constater l'effet que ça a eu sur lui. » Elle souvent seule à la maison avec leurs enfants. « J'ai eu ces bébés en moi très longtemps et j'ai fait beaucoup de sacrifices. J'ai tout fait pour sauver notre mariage. »

Ces deux grossesses sont difficiles pour elle, et son mariage part à vau-l'eau sous les regards avides des paparazzis. « Devenir mère tout en subissant une telle pression, chez moi ou n'importe où, ça a été bien plus difficile que ce à quoi je m'attendais. Aujourd'hui, j'ai conscience d'avoir souffert d'une grave dépression *post-partum.* Je l'admets, j'avais l'impression que je n'allais pas y arriver. J'avais eu ces deux enfants l'un après l'autre. Mes hormones étaient à fleur de peau. J'étais devenue extrêmement méchante et autoritaire… Hélas, à cette époque, on ne parlait pas autant de santé mentale qu'aujourd'hui. J'espère que les futures mères qui lisent ces lignes et traversent une période difficile demanderont de l'aide au plus vite... Car, aujourd'hui, je sais que je présentais à peu près tous les symptômes de la dépression périnatale : tristesse, anxiété, fatigue. »

En 2007, sa dépression est aggravée par sa bataille pour la garde de ses enfants, car Kevin essaie de convaincre tout le monde qu'elle est folle. Il commence à dire qu'elle ne devrait plus voir ses enfants... Il lui interdit de les voir plusieurs semaines de suite. « Le 16 février 2007, alors que je n'avais pas pu voir mes fils pendant des semaines, Kevin a refusé de me laisser entrer chez lui. Les paparazzis observaient tout cela en temps réel. Ce soir-là, j'ai décidé de leur fournir de la matière. Je suis allée dans un salon de coiffure, j'ai saisi la tondeuse et je me suis rasé la tête. Tout le monde a trouvé ça hilarant. "Regardez comme elle est folle !" Personne ne comprenait que j'étais tout simplement folle de chagrin. On m'avait enlevé mes enfants. »

Elle fera les gros titres en frappant la voiture d'un paparazzi avec un parapluie, en cédant à un accès de colère : « J'ai attrapé la première chose à ma portée, un parapluie, et j'ai frappé la chose la plus proche, qui s'est trouvée être la voiture d'un paparazzi. C'était un geste désespéré de la part d'une personne désespérée. »

Dans cette autobiographie, un seul homme est épargné : son dernier mari Sam Asghari, dont elle voulait des enfants. En 2023, ils ont divorcé dans le calme après sept années de vie commune et un an de mariage.

Un cri de guerre

À la fin des années 2000, alors que Britney est en pleine tourmente personnelle, son travail fait l'objet de nombreux commentaires, aussi bien positifs (son magistral album pop *Blackout*) que négatifs (son interprétation de « Gimme More » aux MTV Video Music Awards en 2007). La star évoque cela en toute franchise : « L'album *Blackout* est la chose dont je suis le plus fière de toute ma carrière… et l'un des enregistrements les plus simples et les plus satisfaisants que j'aie faits. Même si c'était une période très difficile d'un point de vue personnel, sur le plan artistique, c'était génial. Cet album, c'était une sorte de cri de guerre. Après des années à être méticuleuse, à essayer de plaire à ma mère et à mon père, il était temps pour moi de leur dire d'aller se faire foutre. »

Pour l'instant, la musique n'est plus sa priorité

Britney conclut ses mémoires en donnant un aperçu de sa vie de femme libre : « J'essaie de m'amuser et d'être indulgente avec moi-même, de prendre les choses à mon rythme. » L'une des choses qu'elle apprécie, écrit-elle, c'est son compte Instagram, qui a fait couler beaucoup d'encre. « La première étape pour assurer ma liberté était que les gens comprennent que j'étais une personne à part entière. J'ai commencé à essayer des vêtements et à les présenter sur Instagram. J'ai trouvé ça hyper amusant. Beaucoup de gens ne comprennent pas pourquoi j'aime me prendre en photo nue ou dans de belles robes. Mais je pense que s'ils avaient été photographiés par des inconnus des milliers de fois contre leur gré, ils comprendraient la joie que j'éprouve à poser comme bon me semble. »

Bien qu'elle ait récemment sorti deux singles (« Hold Me Closer » et « Mind Your Business »), Britney explique qu'elle ne souhaite pas se mettre la pression pour composer. Pour l'instant, sa carrière musicale passe au second plan. « Mon but principal, c'est de mettre de l'ordre dans ma vie spirituelle, de prêter attention aux petites choses, de ralentir la cadence. Il est temps pour moi d'arrêter d'être ce que les autres veulent que je sois, et de me trouver moi-même. »

Elle termine ses confessions par ces mots : « Pendant longtemps, je me suis sentie déconnectée de ma propre vie, de ma capacité d'agir, de la femme en moi. Mais maintenant, je suis de retour. »

Patience… Une nouvelle Britney est en train d'éclore.

DISCOGRAPHIE

ALBUMS

...Baby One More Time (Jive, 1999)
Oops!... I Did It Again (Jive, 2000)
Britney (Jive, 2001)
In the Zone (Jive, 2003)
Blackout (Jive, 2007)
Circus (Jive, 2008)
Femme Fatale (Jive, 2011)
Britney Jean (RCA, 2013)
Glory (RCA, 2016)

SINGLES

«...Baby One More Time» (Jive, 1998)
«Sometimes» (Jive, 1999)
«(You Drive Me) Crazy» (Jive, 1999)
«Born to Make You Happy» (Jive, 1999)
«From the Bottom of My Broken Heart» (Jive, 1999)
«Oops!... I Did It Again» (Jive, 2000)
«Lucky» (Jive, 2000)
«Stronger» (Jive, 2000)
«Don't Let Me Be the Last to Know» (Jive, 2001)
«I'm a Slave 4 U» (Jive, 2001)

« Overprotected » (Jive, 2002)
« I'm Not a Girl, Not Yet a Woman » (Jive, 2002)
« I Love Rock 'n' Roll » (Jive, 2002)
« Boys » (Jive, 2002)
« Anticipating » (Jive, 2002)
« Me Against the Music » (Jive, 2003)
« Toxic » (Jive, 2004)
« Everytime » (Jive, 2004)
« Outrageous » (Jive, 2004)
« My Prerogative » (Jive, 2004)
« Do Somethin » (Jive, 2005)
« Someday (I Will Understand) » (Jive, 2005)
« Gimme More » (Jive, 2007)
« Piece of Me » (Jive, 2007)
« Break the Ice » (Jive, 2008)
« Womanizer » (Jive 2008)
« Circus » (Jive, 2008)
« If U Seek Amy » (Jive, 2009)
« Radar » (Jive, 2009)
« 3 » (Jive, 2009)
« Hold It Against Me » (Jive, 2011)
« Till the World Ends » (Jive, 2011)
« I Wanna Go » (Jive, 2011)
« Criminal » (Jive, 2011)
« Ooh La La » (Jive, 2013)
« Work Bitch » (RCA, 2013)
« Perfume » (RCA, 2013)
« Pretty Girls » (RCA, 2015)
« Make Me » (RCA, 2016)
« Slumber Party » (RCA, 2016)
« Mood Ring » (RCA, 2020)
« Swimming in the Stars » (RCA, 2020)

TABLE

Cet ouvrage a été composé
par Atlant'Communication
au Bernard (Vendée)

Impression réalisée par

NORMANDIE ROTO IMPRESSION S.A.S.
à Lonrai (Orne)

en janvier 2024
pour le compte des Éditions de l'Archipel
département éditorial
de la S.A.S. Écriture-Communication

Pour plus d'information :

#lisez! engagé
www.lisez.com

Imprimé sur du papier issu de forêts gérées durablement.

Imprimé en France
N° d'impression : 2305822
Dépôt légal : février 2024